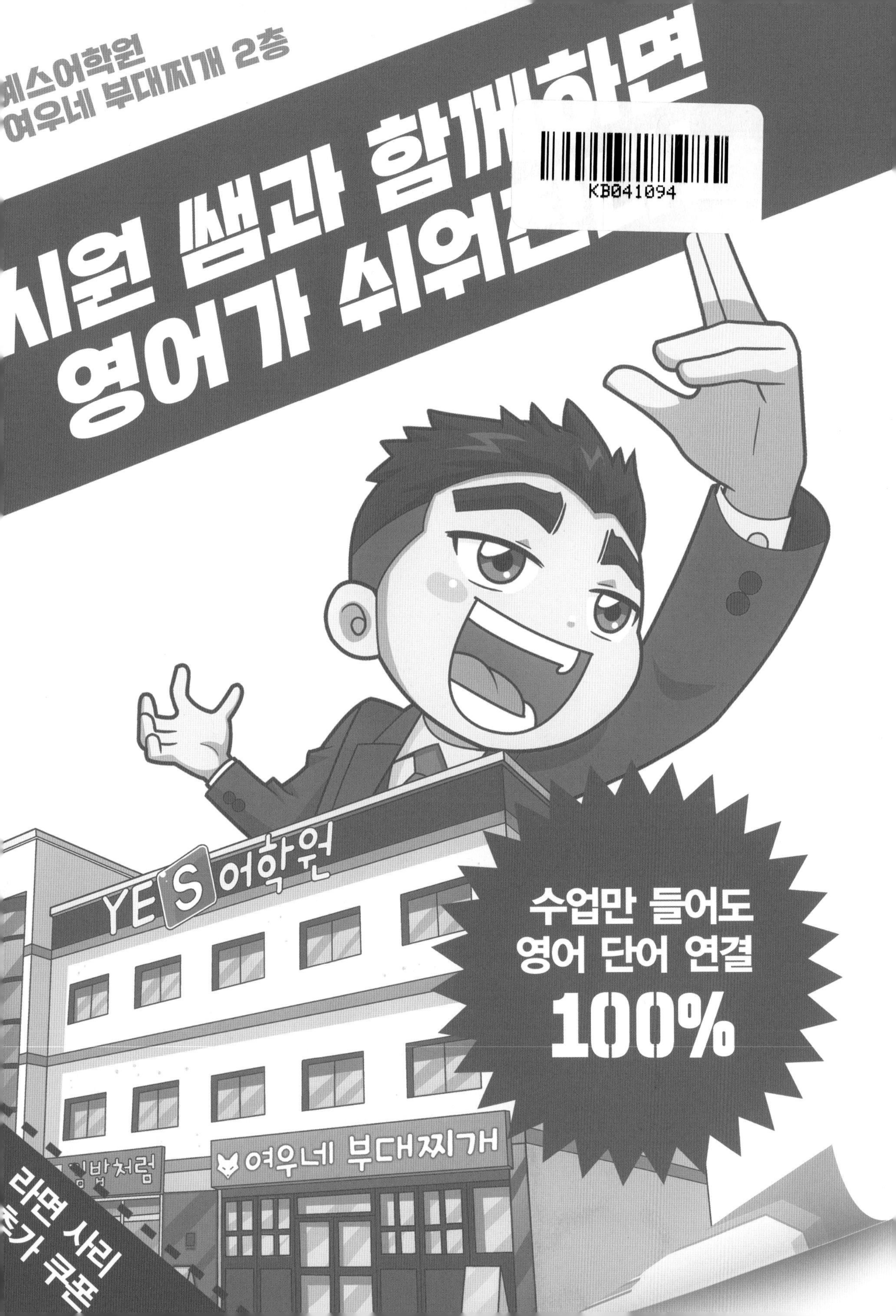
예스어학원
여우네 부대찌개 2층
시원 쌤과 함께하면
영어가 쉬워
YES어학원
수업만 들어도
영어 단어 연결
100%
여우네 부대찌개
라면 사리

예스잉글리시
신입 단원 모집

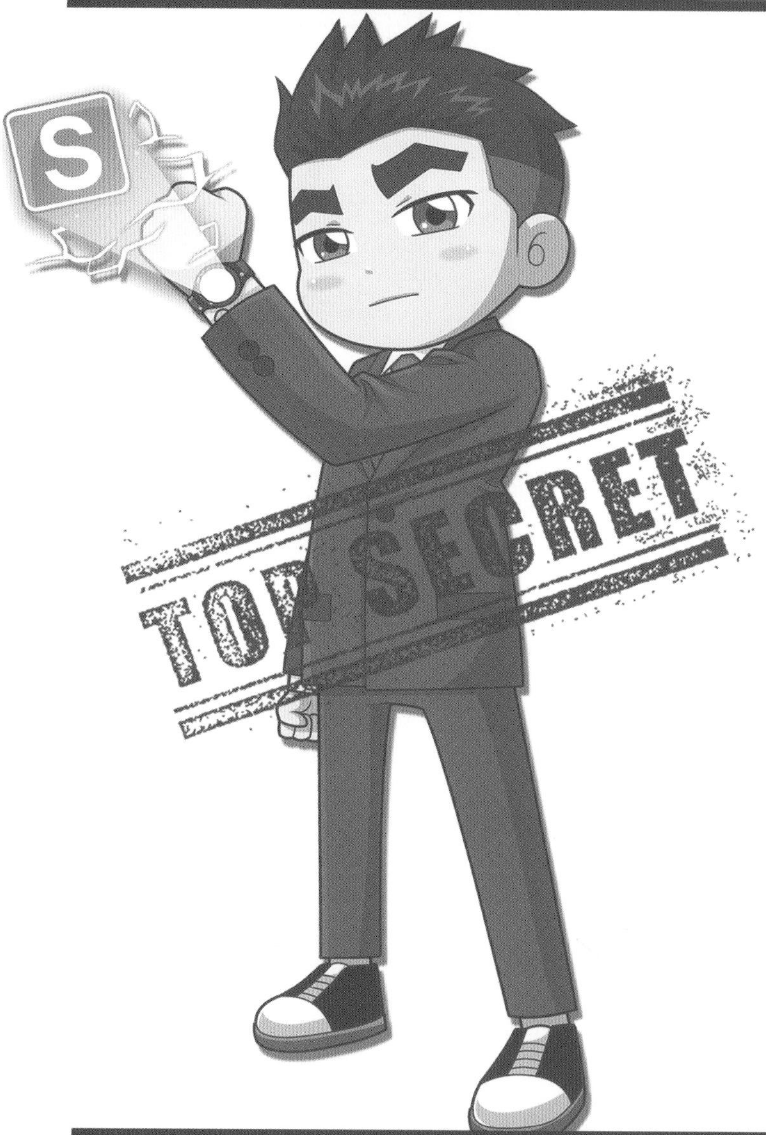

S
TOP SECRET

코드 네임 : 에스원 요원과
영어 유니버스를 구하라!

English Adventure

이시원의 영어 대모험

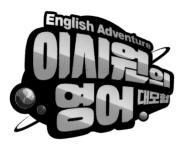

이시원의 영어 대모험 ②
명사의 단수와 복수

기획 시원스쿨 | **글** 박시연 | **그림** 이태영

1판 1쇄 발행 | 2020년 3월 18일
1판 3쇄 발행 | 2024년 7월 1일

펴낸이 | 김영곤
이사 | 은지영
키즈스토리본부장 | 김지은
키즈스토리2팀장 | 심다혜
기획개발 | 최지수 강혜인
아동마케팅영업본부장 | 변유경
아동마케팅1팀 | 김영남 손용우 최윤아 송혜수
아동마케팅2팀 | 황혜선 이규림 이주은
아동영업팀 | 강경남 김규희 최유성
e-커머스팀 | 장철용 양슬기 황성진 전연우
디자인 | 리처드파커 이미지웍스 **윤문** | 이선지

펴낸곳 | (주)북이십일 아울북
등록번호 | 제406-2003-061호
등록일자 | 2000년 5월 6일
주소 | 경기도 파주시 회동길 201(문발동) (우 10881)
전화 | 031-955-2155(기획개발), 031-955-2100(마케팅·영업·독자문의)
브랜드 사업 문의 | license21@book21.co.kr
팩시밀리 | 031-955-2177
홈페이지 | www.book21.com

ISBN 978-89-509-8493-9
ISBN 978-89-509-8491-5(세트)

Copyright©Book21 아울북·(주)에스제이더블유인터내셔널 2024
이 책을 무단 복사·복제·전재하는 것은 저작권법에 저촉됩니다.

• 잘못 만들어진 책은 **구입하신 서점**에서 교환해 드립니다.
• 가격은 책 뒤표지에 있습니다.
⚠ 주의 1. 책 모서리가 날카로워 다칠 수 있으니 사람을 향해 던지거나 떨어뜨리지 마십시오.
　　　 2. 보관 시 직사광선이나 습기 찬 곳을 피해 주십시오.

• 제조자명 : (주)북이십일
• 주소 및 전화번호 : 경기도 파주시 회동길 201(문발동) / 031-955-2100
• 제조연월 : 2024.7.1
• 제조국명 : 대한민국
• 사용연령 : 3세 이상 어린이 제품

만 화 로 시 작 하 는 이 시 원 표 초 등 영 어

English Adventure 이시원의 영어 대모험 2

기획 **시원스쿨**

글 **박시연**

그림 **이태영**

명사의 단수와 복수

아울북 × 시원스쿨닷컴

작가의 말

안녕하세요? 시원스쿨 대표 강사 이시원 선생님이에요. 여러분은 영어를 좋아하나요? 아니면 영어가 어렵고 두려운가요? 혹시 영어만 생각하면 속이 울렁거리고 머리가 아프진 않나요? 만약 그렇다면 지금부터 선생님이 영어와 친해지는 방법을 가르쳐 줄게요.

하나, 지금까지 배운 방식과 지식을 모두 지워요!

보기만 해도 스트레스를 받고, 나를 힘들게 만드는 영어는 이제 잊어버려요. 선생님과 함께 새로운 마음으로 영어를 다시 시작해 봐요.

둘, 하나를 배우더라도 정확하게 습득해 나가요!

눈으로만 배우고 지나가는 영어는 급할 때 절대로 입에서 나오지 않아요. 하나를 배우더라도 완벽하게 습득해야 어디서든 자신 있게 영어로 말할 수 있어요.

셋, 생활 속에서 자주 쓰이는 표현을 배워요!

우리 생활에서 쓸 일이 별로 없는 단어를 오래 기억할 수 있을까요? 자주 사용하는 단어 위주로 영어를 배워야 쓰기도 쉽고 잊어버리지도 않겠죠? 자연스럽게 영어가 튀어나올 수 있도록 여러 번 말하고, 써 보면서 잊지 않게 하는 것이 중요해요.

이 세 가지만 지키면 어느새 영어가 정말 쉽고, 재밌게 느껴질 거예요. 그리고 이 세 가지를 충족시키는 힘이 바로 이 책에 숨어 있어요. 여러분이 〈이시원의 영어 대모험〉을 읽는 것만으로도 최소한 영어 한 문장을 습득할 수 있어요.

단어와 단어를 연결하는 방법도 자연스럽게 익히게 될 거예요. 게다가 영어에 관련된 흥미로운 이야기들을 알게 되면 영어가 좀 더 친숙하고 재미있게 다가올 거라 믿어요!

자, 그럼 만화 속 '시원 쌤'과 신나는 영어 훈련을 하면서 모두 함께 영어의 세계로 떠나 볼까요?

시원스쿨 기초영어 대표 강사 **이시원**

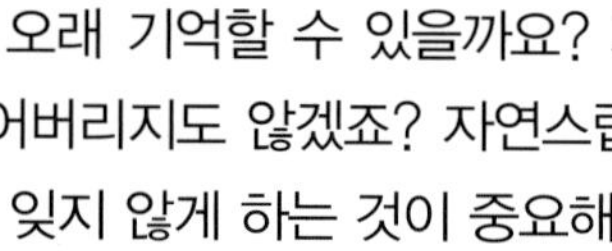

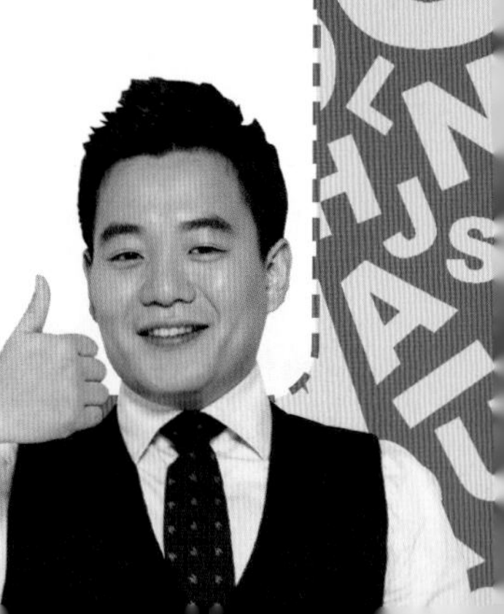

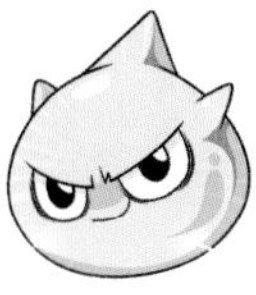

영어와 친해지는 영어학습만화

영어는 이 자리에 오기까지 수많은 경쟁과 위험을 물리쳤답니다. 영어에는 다른 언어와 부딪치고 합쳐지며 발전해 나간 강력한 힘이 숨겨져 있어요. 섬나라인 영국 땅에서 시작된 이 언어가 어느 나라에서든 통하는 세계 공용어가 되기까지는 마치 멋진 히어로의 성장 과정처럼 드라마틱하고 매력적인 모험담이 있었답니다. 이 모험담을 듣게 되는 것만으로도 우리 어린이들은 영어를 좀 더 좋아하게 될지도 몰라요.

영어는 이렇듯 강력하고 매력적인 언어지만 친해지기는 쉽지 않아요. 우리 어린이들에게 영어는 어렵고 힘든 시험 문제를 연상시키지요. 영어를 잘하면 장점이 많다는 것은 알지만 영어를 공부하는 과정은 어렵고 힘들어요. 이 책에서 시원 쌤은 우리 어린이 주인공들과 영어 유니버스라는 새로운 세계로 신나는 모험을 떠난답니다.

여러분도 엄청난 비밀을 지닌 시원 쌤과 미지의 영어 유니버스로 모험을 떠나 보지 않을래요? 영어 유니버스의 어디에선가 영어를 좋아하게 된 자신의 모습을 발견하게 될지도 몰라요.

글 작가 **박시연**

영어의 세계에 빠져드는 만화

영어 공부를 시작하는 어린이들은 모두 자기만의 목표를 가지고 있을 거예요. 영어를 잘해서 선생님께 칭찬받는 모습부터 외국 친구들과 자유롭게 영어로 소통하는 모습, 세계적인 유명인이 되어서 영어로 멋지게 인터뷰하는 꿈까지도요.

이 책에서는 어린이들이 공감할 수 있도록 영어를 배우며 느끼는 기분, 상상한 모습들을 귀엽고 발랄한 만화로 표현했어요. 이 책을 손에 든 어린이들은 만화 속 인물들에게 무한히 공감하며 이야기에 빠져들 수 있을 거예요. 마치 내가 시원 쌤과 함께 멋진 모험을 떠나는 것 같은 기분을 느낄 수 있도록요.

보는 재미와 읽는 재미를 함께 느낄 수 있는 만화를 통해 영어의 재미도 발견하기를 바라요!

그림 작가 **이태영**

차례

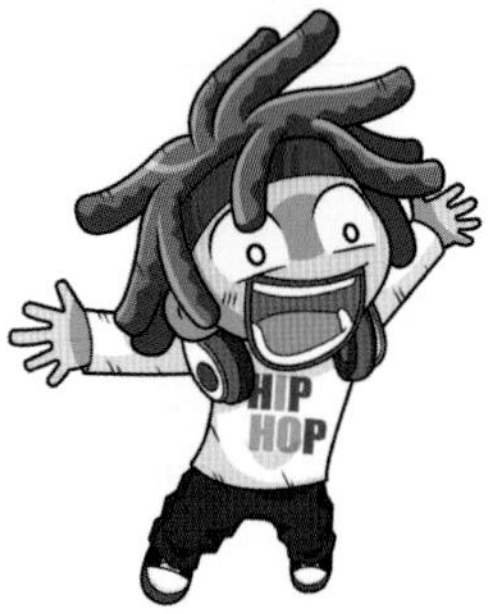

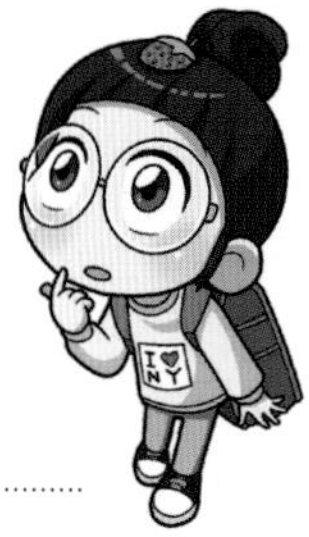

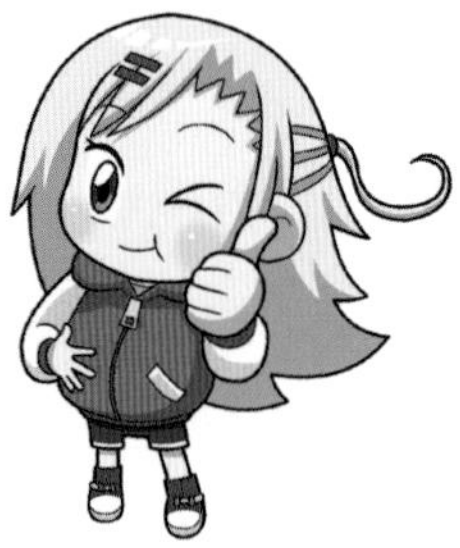

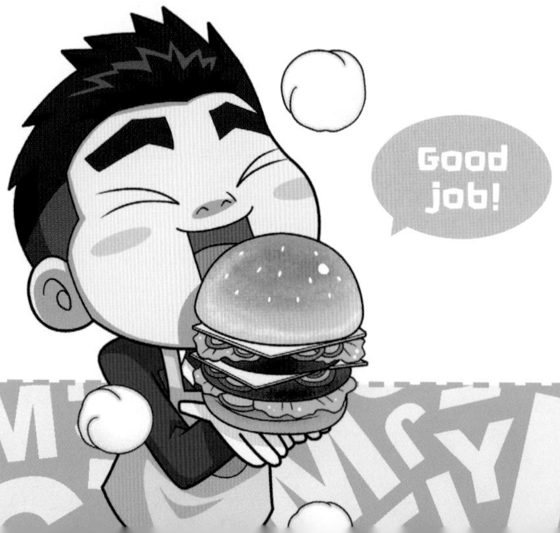
Good job!

예스어학원 수업 시간 · 140

등장인물

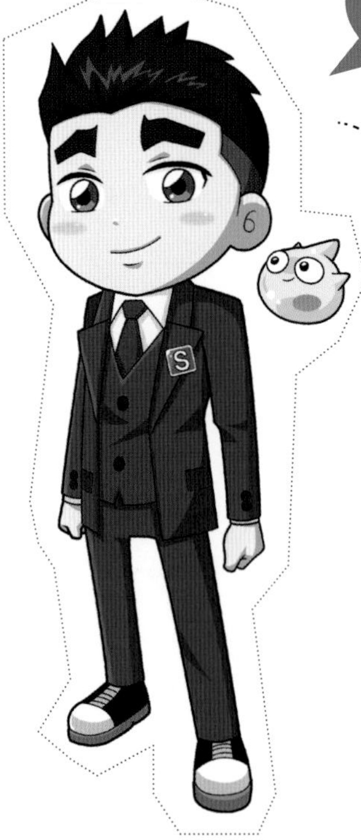
영어를 싫어하는 자,
모두 다 나에게로 오라!
굿 잡!

시원 쌤

비밀 요원명 에스원(S1)
직업 영어 선생님
좋아하는 것 영어, 늦잠, 햄버거, 구기 종목
싫어하는 것 노잉글리시단
취미 방 탈출 게임
특기 수제 햄버거 만들기
성격 귀차니스트 같지만 완벽주의자
좌우명 영어는 내 인생!

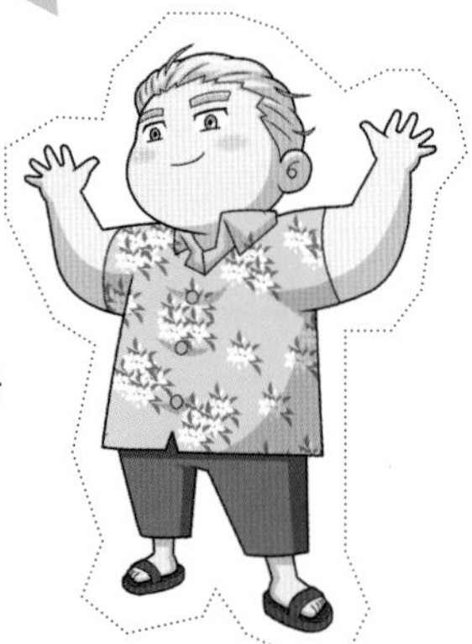
부대찌개 먹으러
우리 가게에 와용,
오케이?

폭스

비밀 요원명 에프원(F1)
직업 여우네 부대찌개 사장님

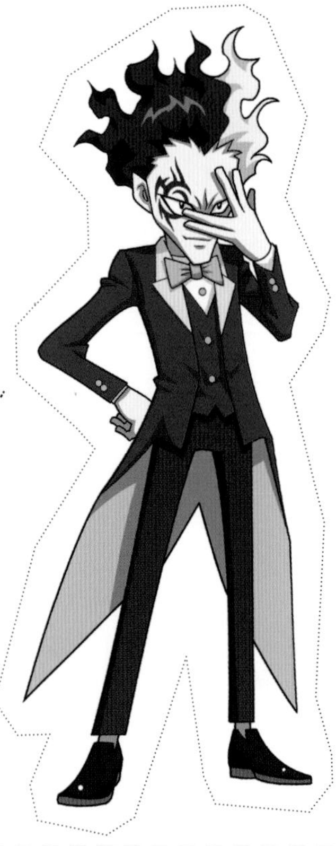
영어가 싫다고?!
내가 더더더 싫어지게
만들어 주마!

트릭커

직업 한두 개가 아님
좋아하는 것 영어 싫어하는 아이들
싫어하는 것 영어, 예스잉글리시단
취미 맛집 탐방
특기 약속 어기기
성격 우기기 대마왕
좌우명 영어 없는 세상을 위하여!

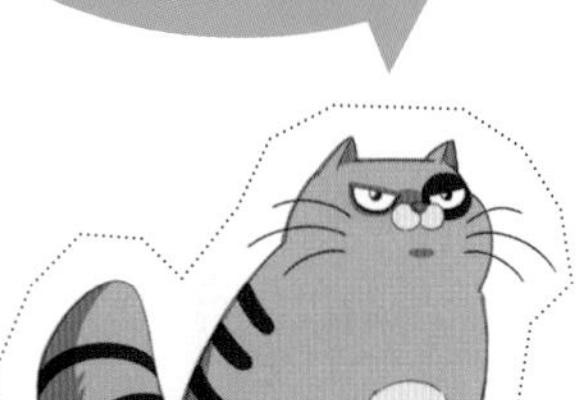
냥냥라이드에 태워 줄 테니
쭈루 하나만 줄래냥~!

빅캣

좋아하는 것 캐트닙, 까나리
싫어하는 것 개껌

내 방송
꼭 구독 눌러 줘!

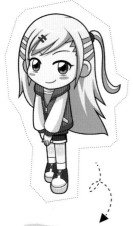

루시

좋아하는 것 너튜브 방송
싫어하는 것 나우
좌우명 일단 찍고 보자!

헤이~요! 나는 나우!
L.A.에서 온 천재 래퍼!

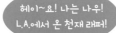

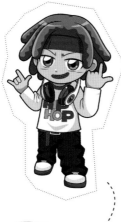

나우

좋아하는 것 랩, 힙합,
루시 골탕 먹이기
싫어하는 것 영어로 말하기,
사투리 쓰기
좌우명 인생은 오로지 힙합!

…….

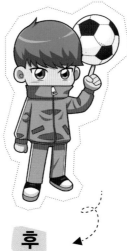

후

좋아하는 것 축구
싫어하는 것 말하기
좌우명 침묵은 금이다

예스어학원 친구들,
만나서 반가워!

리아

좋아하는 것 우주의 모든 것
싫어하는 것 빅캣 타임
좌우명 우주인이 될 거야!

으아아, 우리
유니버스에 이런
무서운 일이 생기다니!

대장

나는 무시무시한
에일리언이다!

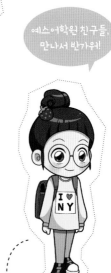

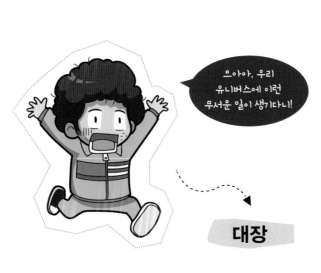

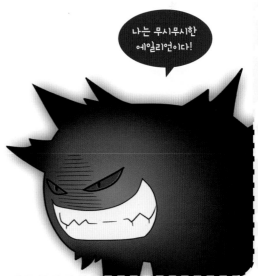

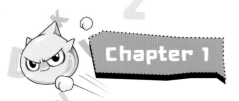

Chapter 1

새 친구의 합류

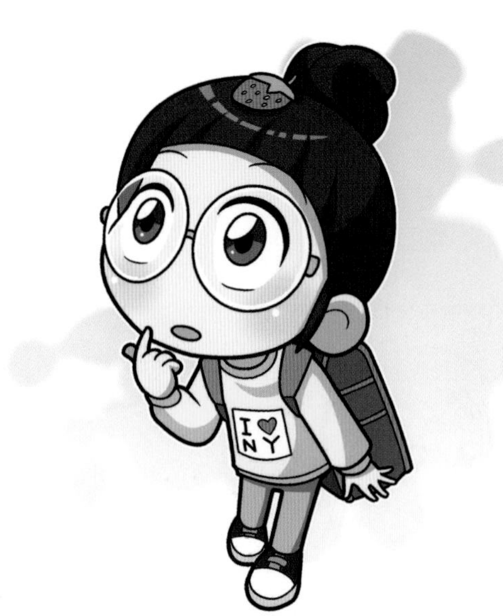

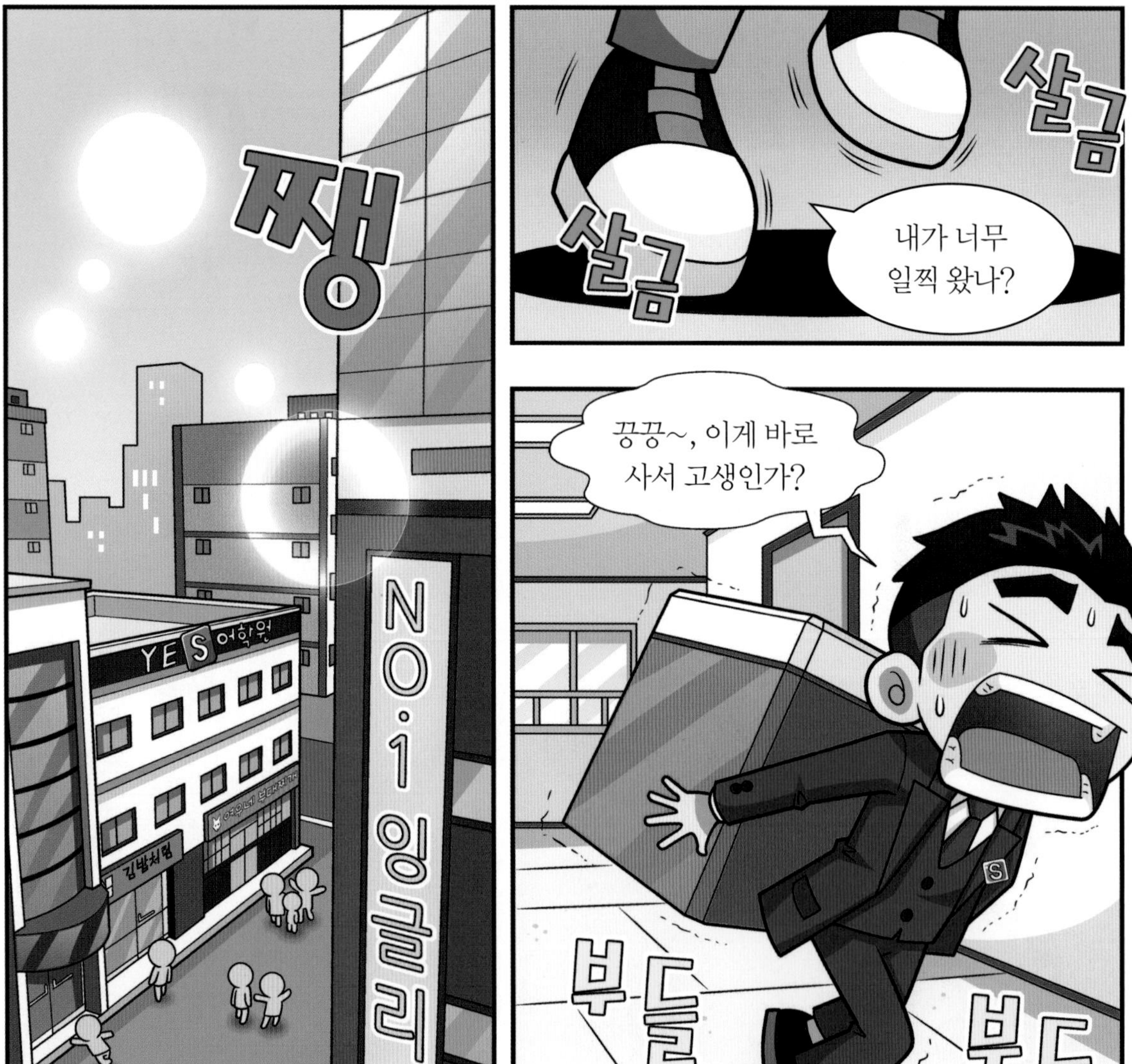

쨍
YES S 어학원
NO.1 잉글리시
살금
살금
내가 너무 일찍 왔나?
끙끙~, 이게 바로 사서 고생인가?
부들
부들

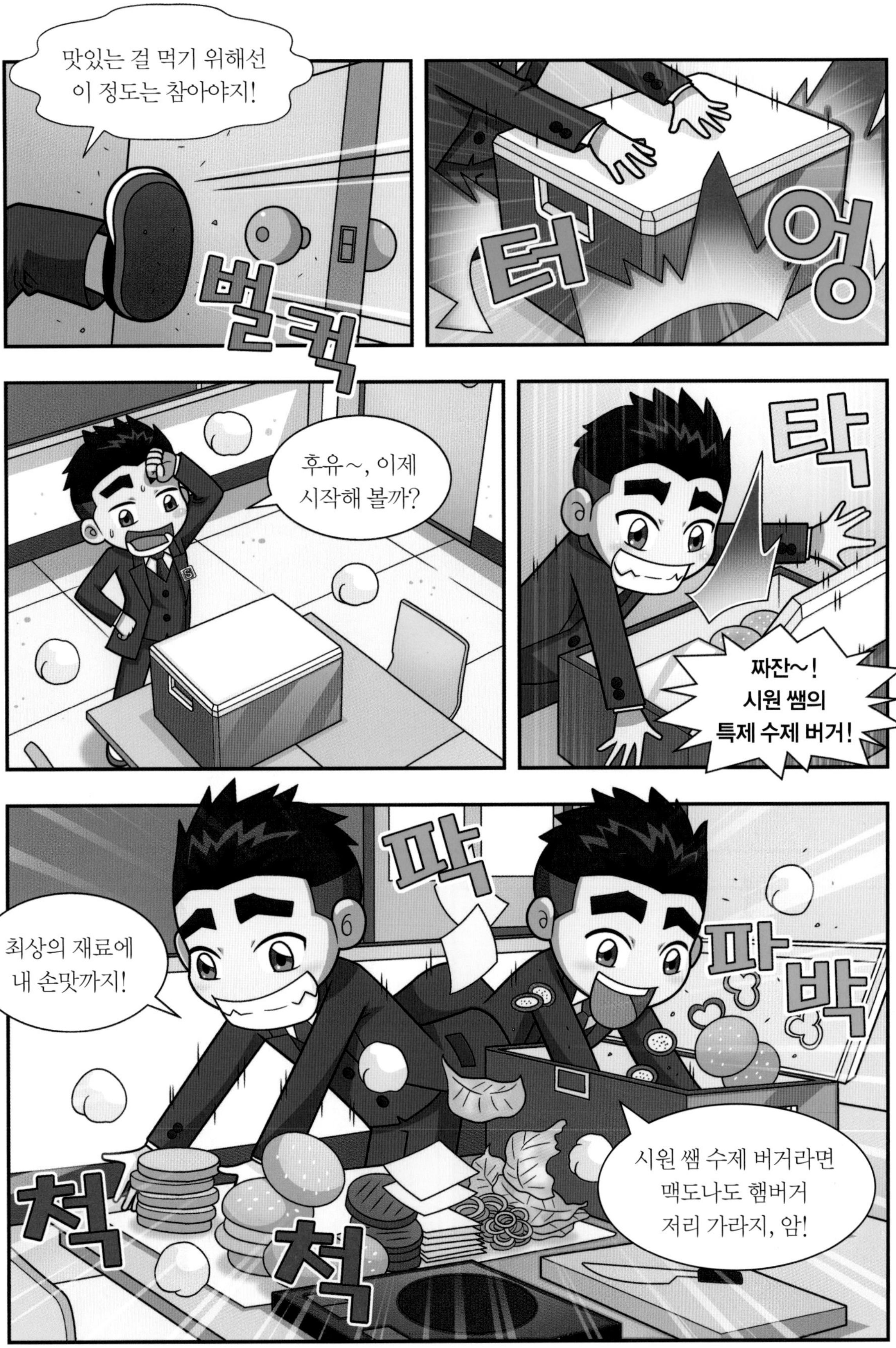
맛있는 걸 먹기 위해선
이 정도는 참아야지!
벌컥
터
엉
후유~, 이제
시작해 볼까?
탁
짜잔~!
시원 쌤의
특제 수제 버거!
팍
최상의 재료에
내 손맛까지!
파
박
시원 쌤 수제 버거라면
맥도나도 햄버거
저리 가라지, 암!
척
척

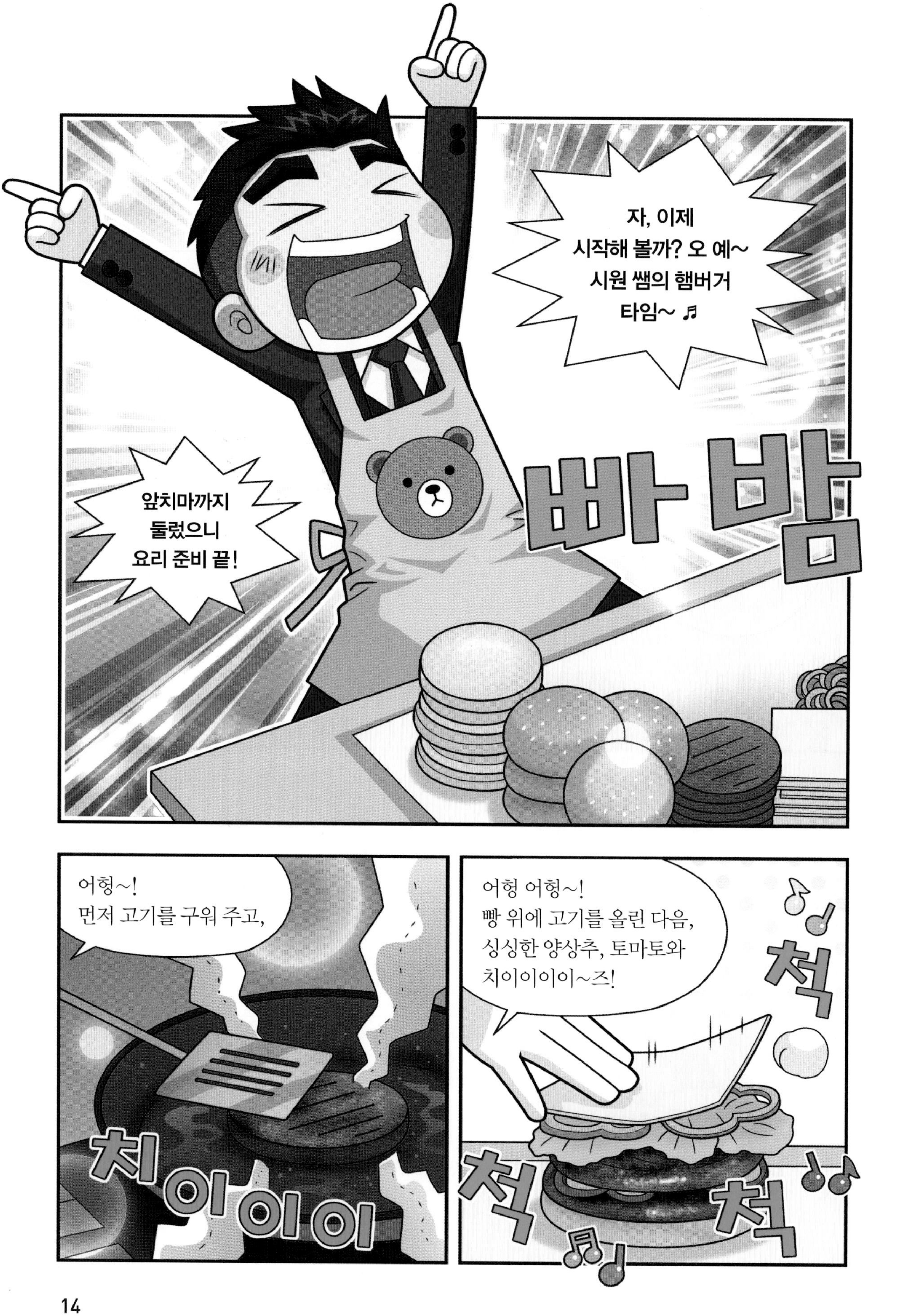
자, 이제 시작해 볼까? 오 예~ 시원 쌤의 햄버거 타임~ ♬
앞치마까지 둘렀으니 요리 준비 끝!
빠 밤
어헝~! 먼저 고기를 구워 주고,
치이이이이
어헝 어헝~! 빵 위에 고기를 올린 다음, 싱싱한 양상추, 토마토와 치이이이이~즈!
척
척
척

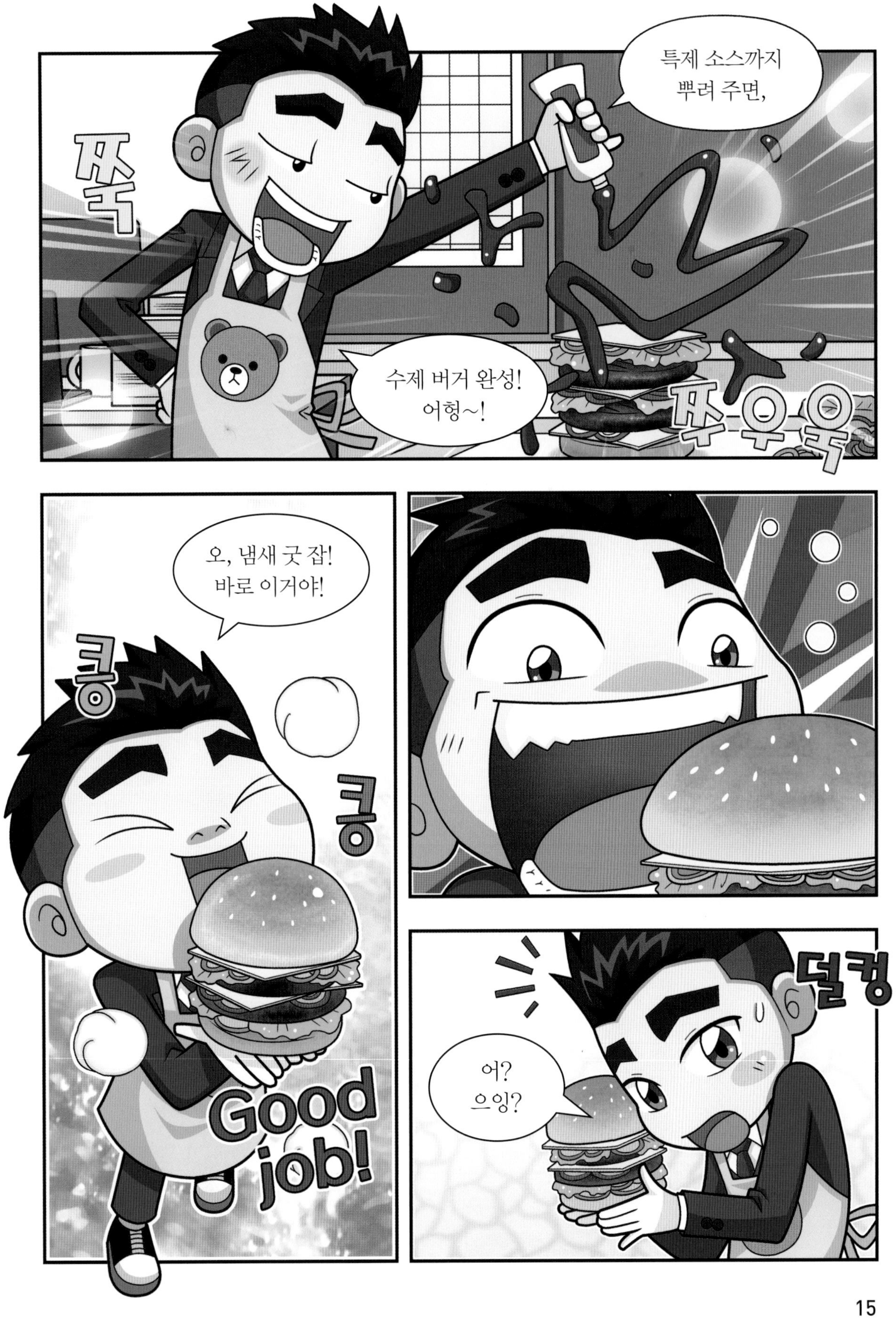
쭉
특제 소스까지 뿌려 주면,
수제 버거 완성! 어헝~!
쭈우욱
오, 냄새 굿 잡! 바로 이거야!
쿵
쿵
Good job!
덜컹
어? 으잉?

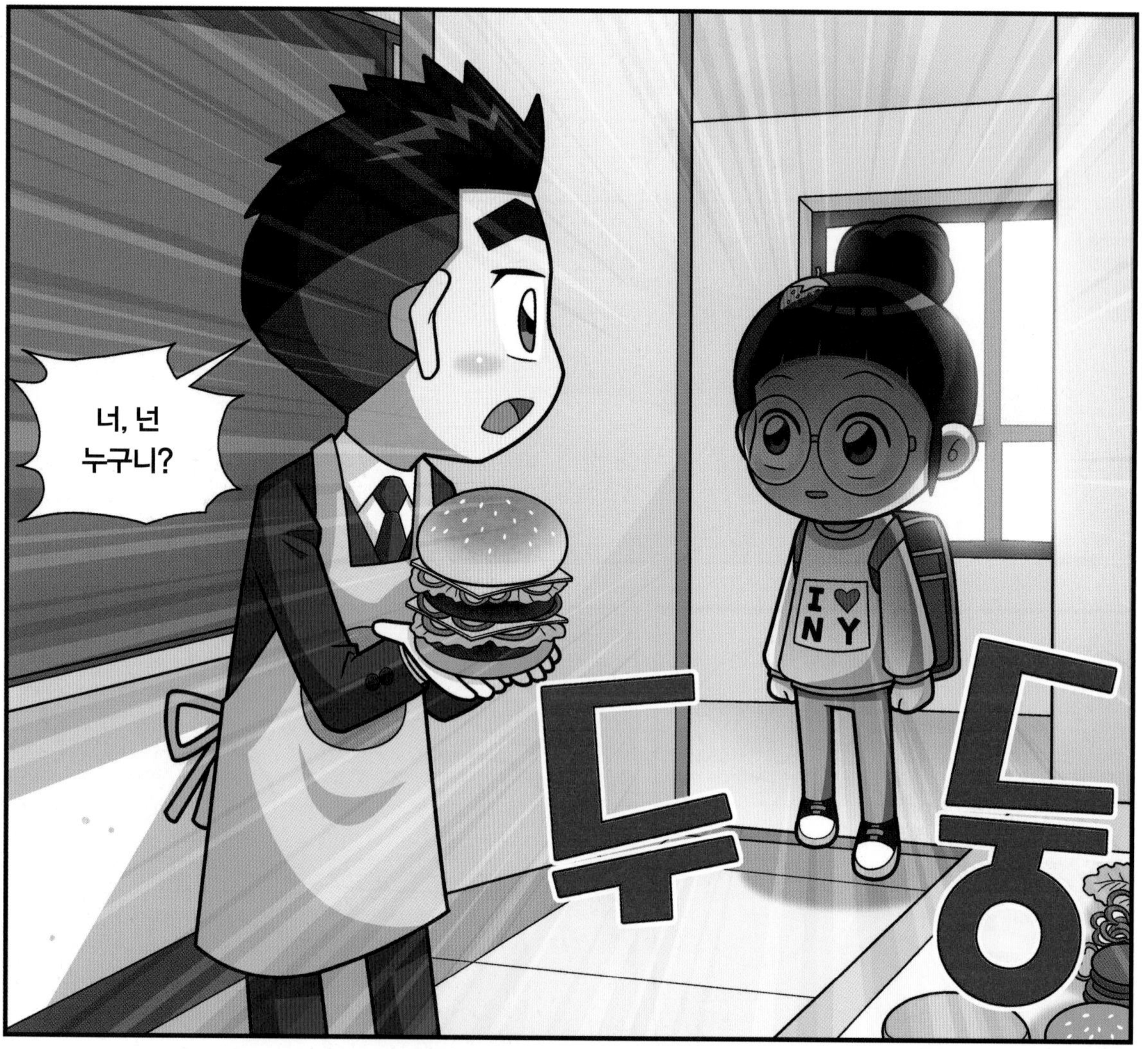
너, 넌
누구니?
두둥

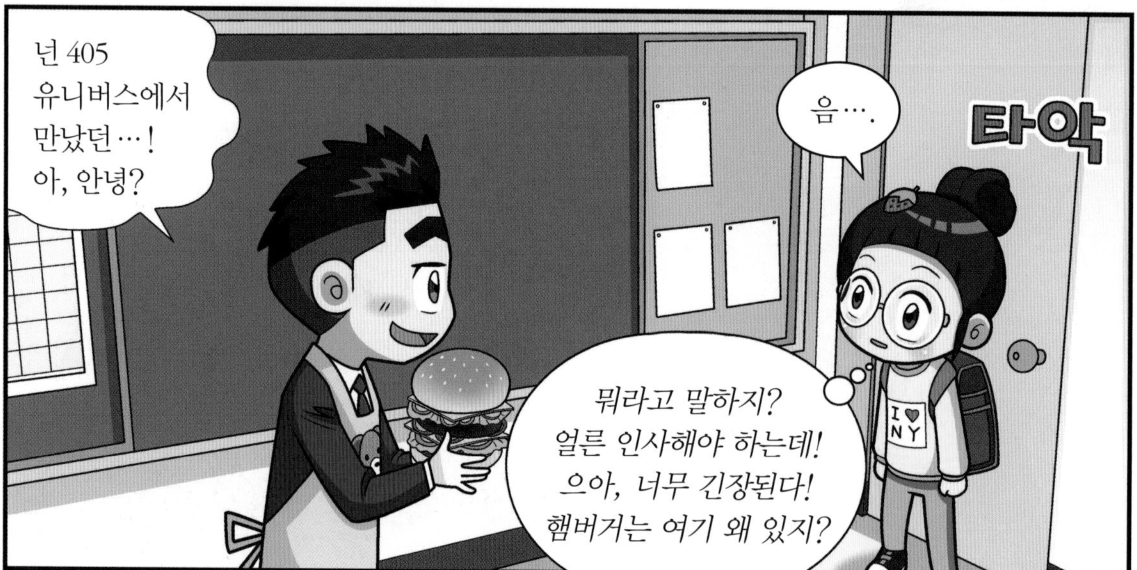
넌 405
유니버스에서
만났던…!
아, 안녕?
음….
타악
뭐라고 말하지?
얼른 인사해야 하는데!
으아, 너무 긴장된다!
햄버거는 여기 왜 있지?

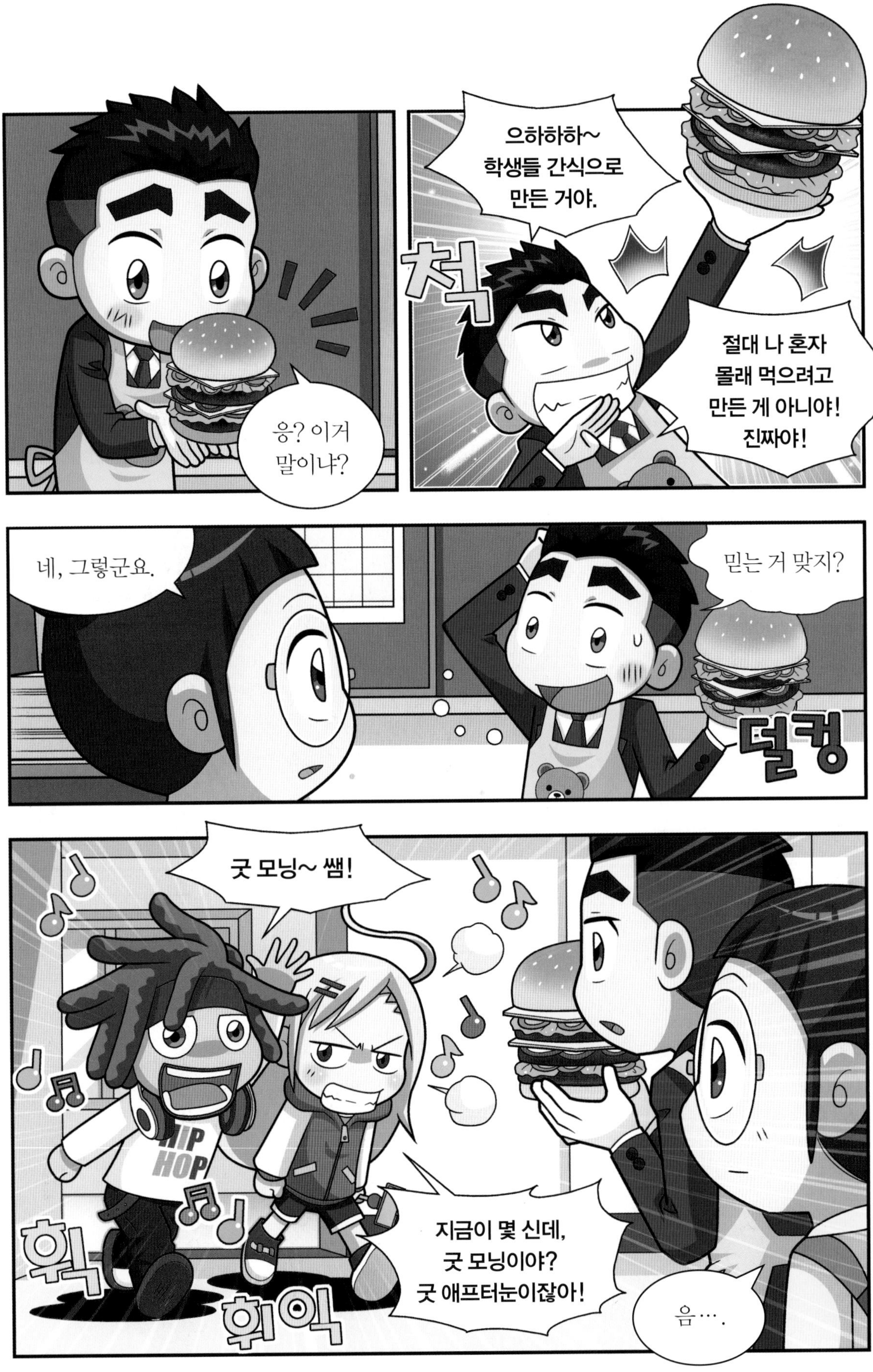
응? 이거 말이냐?
척
으하하하~ 학생들 간식으로 만든 거야.
절대 나 혼자 몰래 먹으려고 만든 게 아니야! 진짜야!
네, 그렇군요.
믿는 거 맞지?
덜컹
굿 모닝~ 쌤!
HIP HOP
지금이 몇 신데, 굿 모닝이야? 굿 애프터눈이잖아!
휙
휘익
음….

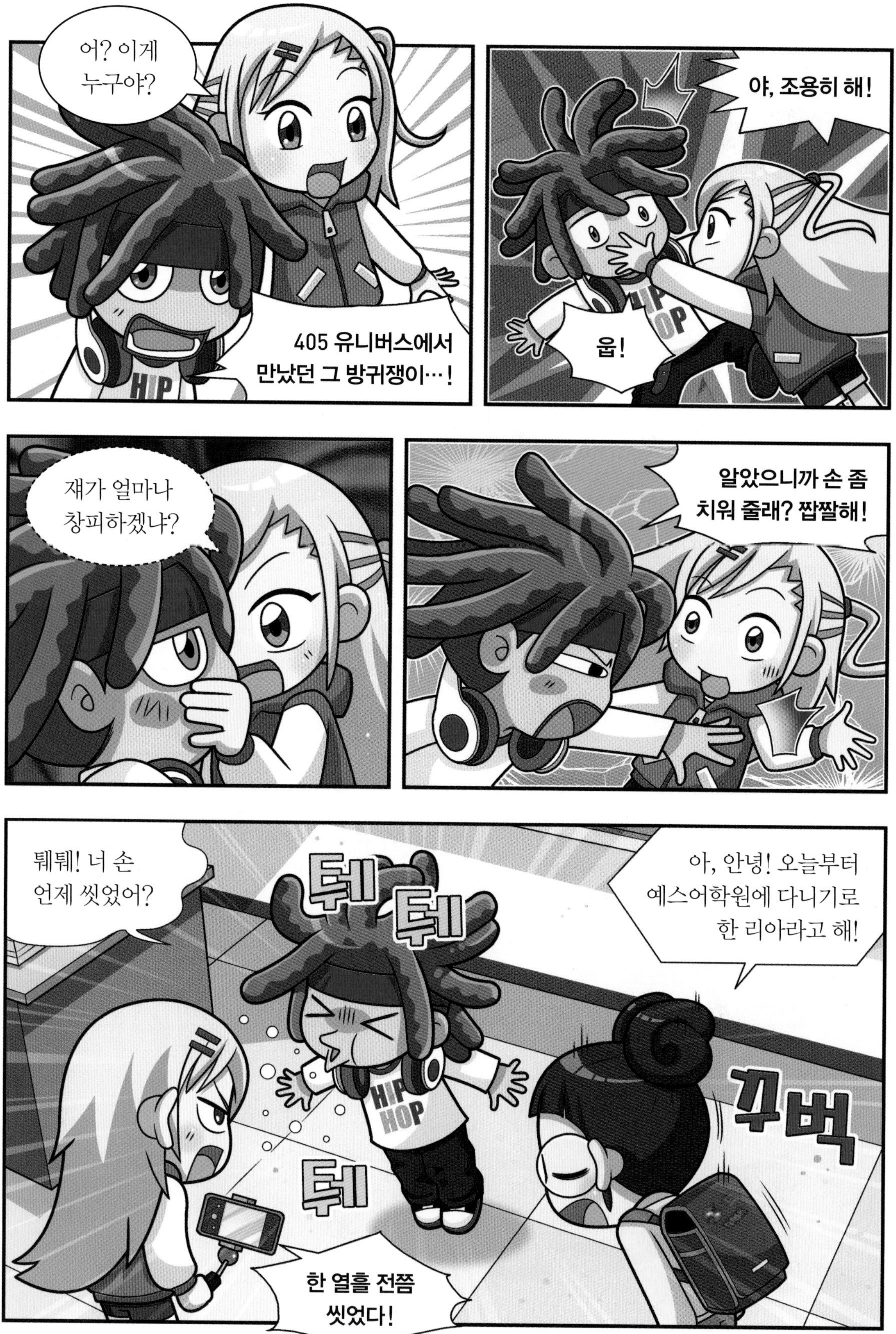
어? 이게 누구야?
405 유니버스에서 만났던 그 방귀쟁이…!
야, 조용히 해!
읍!
쟤가 얼마나 창피하겠냐?
알았으니까 손 좀 치워 줄래? 짭짤해!
퉤퉤! 너 손 언제 씻었어?
퉤
퉤
퉤
한 열흘 전쯤 씻었다!
아, 안녕! 오늘부터 예스어학원에 다니기로 한 리아라고 해!
꾸벅

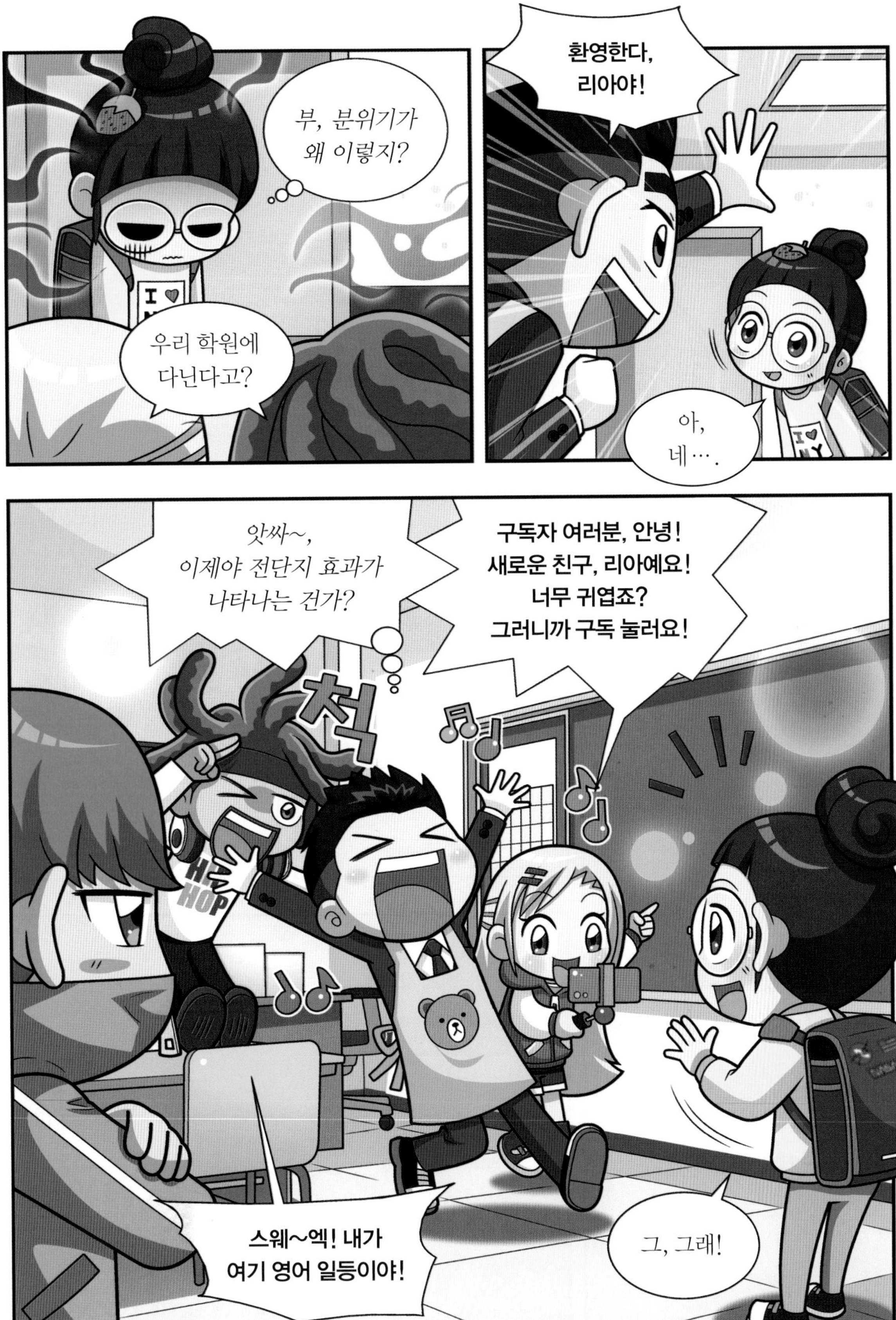
부, 분위기가
왜 이렇지?
우리 학원에
다닌다고?
환영한다,
리아야!
아,
네….
앗싸~,
이제야 전단지 효과가
나타나는 건가?
구독자 여러분, 안녕!
새로운 친구, 리아예요!
너무 귀엽죠?
그러니까 구독 눌러요!
척
스웨~엑! 내가
여기 영어 일등이야!
그, 그래!

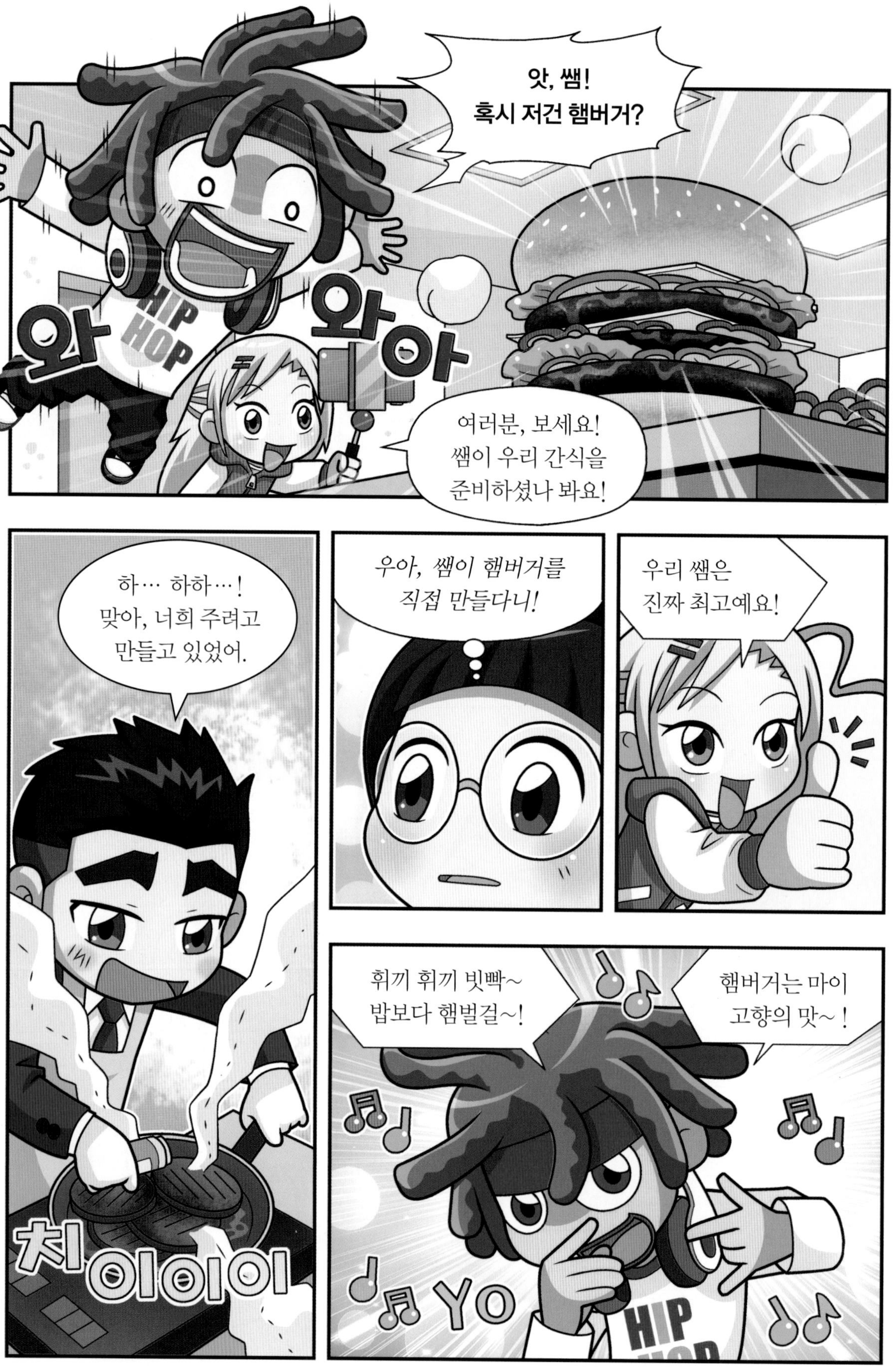
앗, 쌤!
혹시 저건 햄버거?
와
와아
HIP HOP
여러분, 보세요! 쌤이 우리 간식을 준비하셨나 봐요!
하… 하하…! 맞아, 너희 주려고 만들고 있었어.
치이이이이
우아, 쌤이 햄버거를 직접 만들다니!
우리 쌤은 진짜 최고예요!
휘끼 휘끼 빗빡~ 밥보다 햄벌걸~!
햄버거는 마이 고향의 맛~!
YO

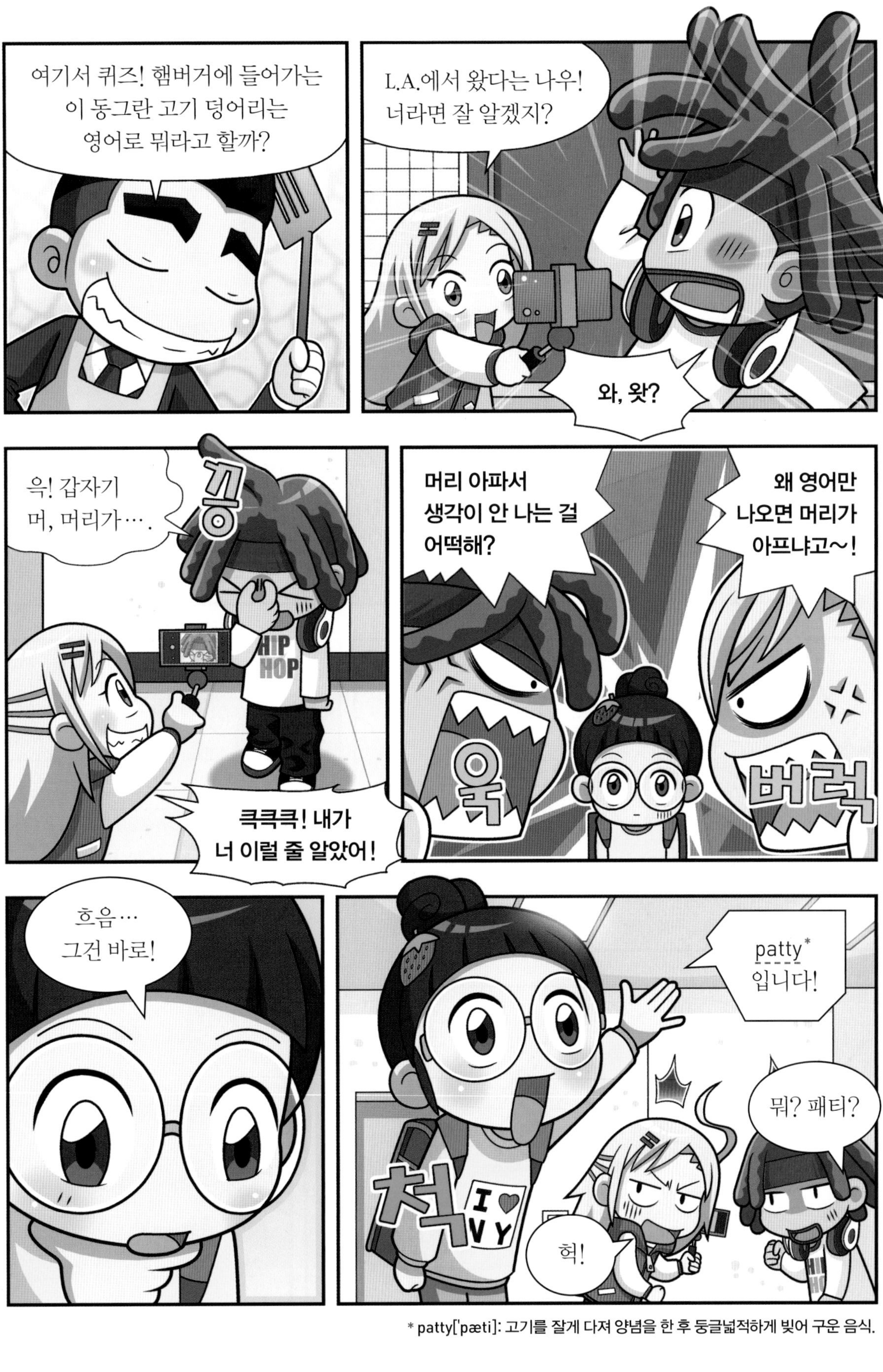
여기서 퀴즈! 햄버거에 들어가는 이 동그란 고기 덩어리는 영어로 뭐라고 할까?
L.A.에서 왔다는 나우! 너라면 잘 알겠지?
와, 왓?
윽! 갑자기 머, 머리가….
띵
HIP HOP
큭큭큭! 내가 너 이럴 줄 알았어!
머리 아파서 생각이 안 나는 걸 어떡해?
왜 영어만 나오면 머리가 아프냐고~!
욱
버럭
흐음… 그건 바로!
patty* 입니다!
척
I ♥ VY
뭐? 패티?
헉!

* patty['pæti]: 고기를 잘게 다져 양념을 한 후 둥글넓적하게 빚어 구운 음식.

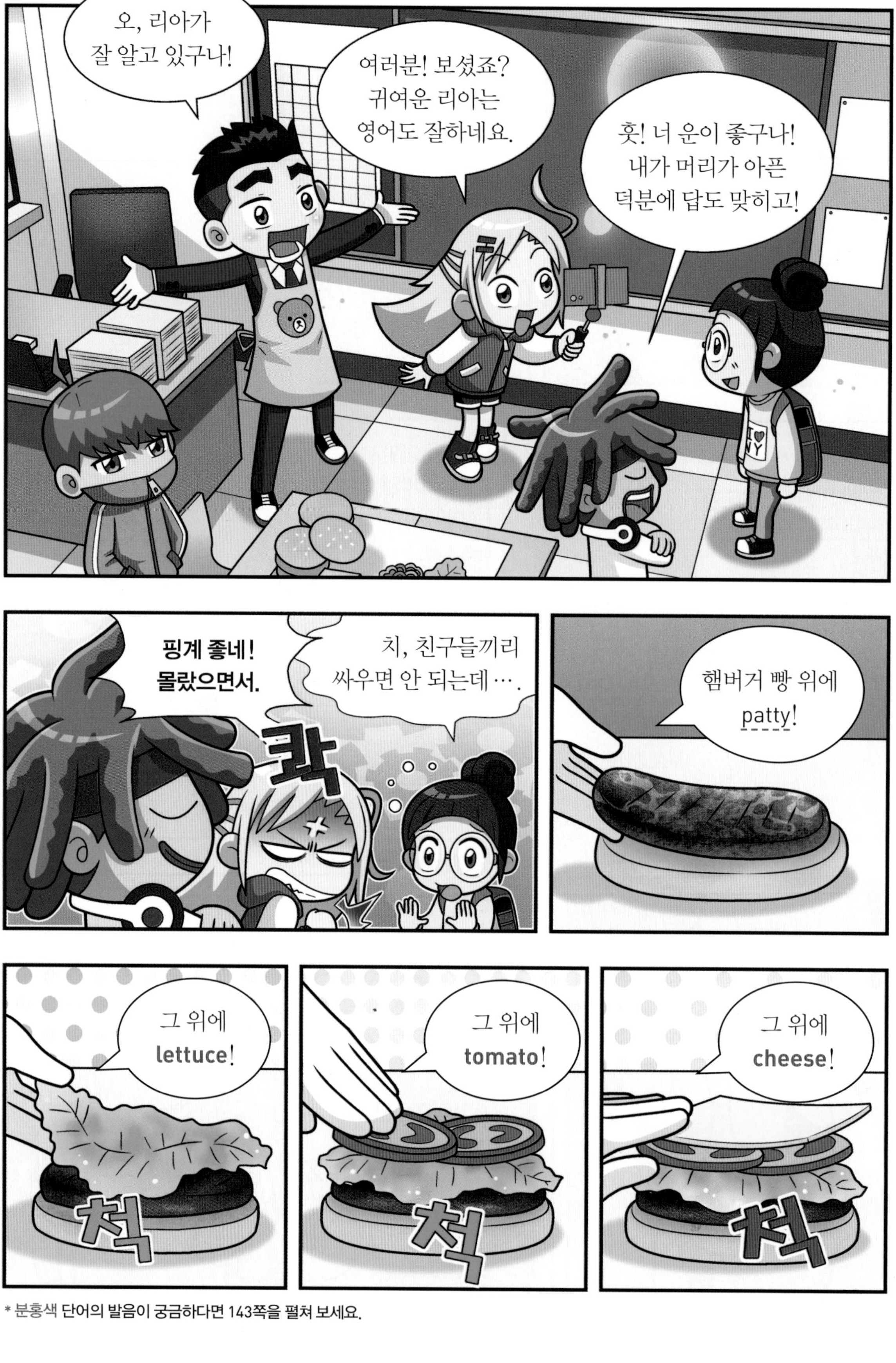
오, 리아가
잘 알고 있구나!
여러분! 보셨죠?
귀여운 리아는
영어도 잘하네요.
훗! 너 운이 좋구나!
내가 머리가 아픈
덕분에 답도 맞히고!
핑계 좋네!
몰랐으면서.
치, 친구들끼리
싸우면 안 되는데….
콱
햄버거 빵 위에
patty!
그 위에
lettuce!
척
그 위에
tomato!
척
그 위에
cheese!
척

* 분홍색 단어의 발음이 궁금하다면 143쪽을 펼쳐 보세요.

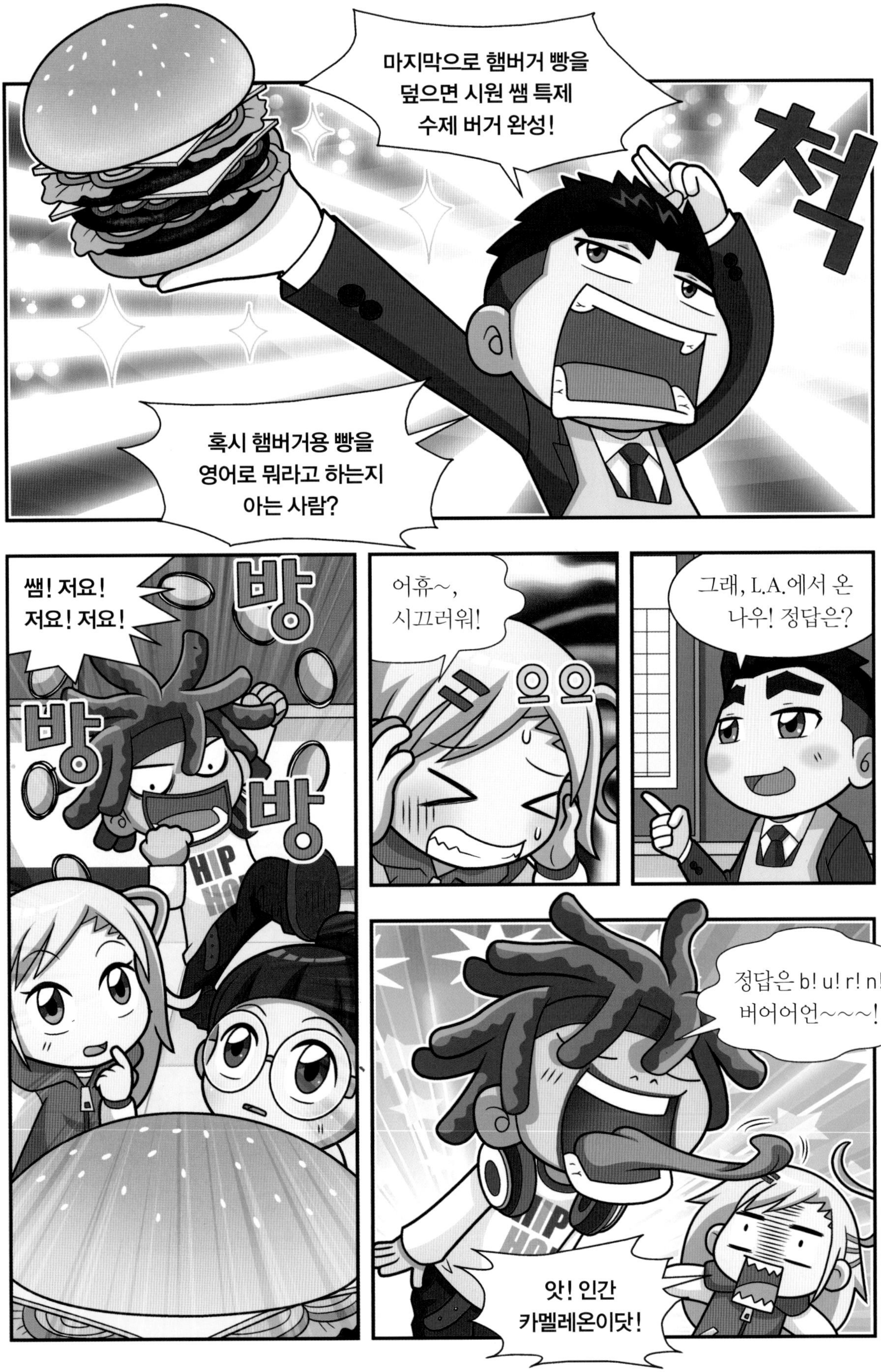

마지막으로 햄버거 빵을 덮으면 시원 쌤 특제 수제 버거 완성!
척
혹시 햄버거용 빵을 영어로 뭐라고 하는지 아는 사람?
쌤! 저요! 저요! 저요!
방
방
방
HIP HOP
어휴~, 시끄러워!
으으
그래, L.A.에서 온 나우! 정답은?
정답은 b! u! r! n! 버어어언~~~!
HIP HO
앗! 인간 카멜레온이닷!

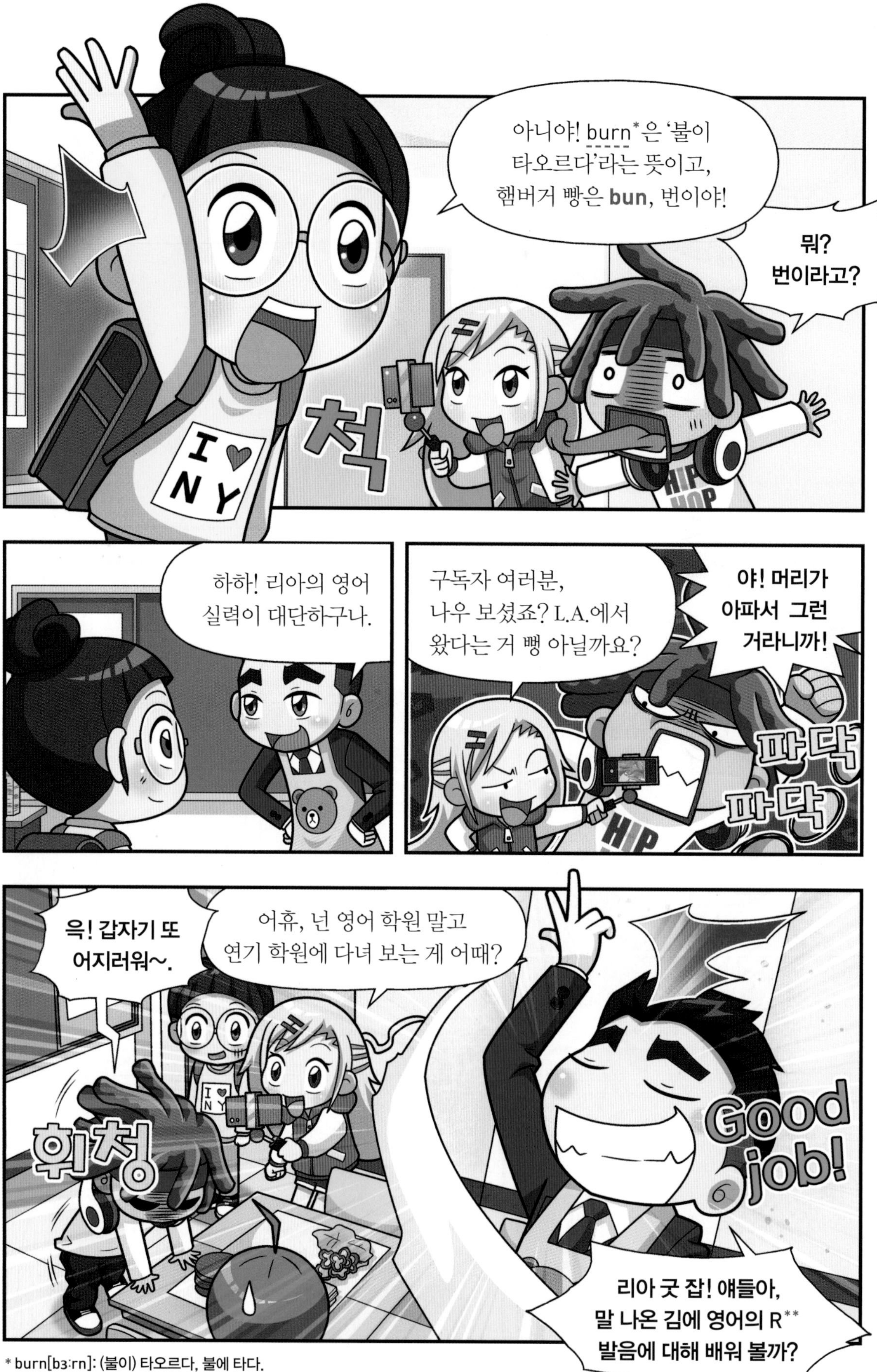
아니야! burn* 은 '불이 타오르다'라는 뜻이고, 햄버거 빵은 bun, 번이야!
뭐? 번이라고?
척
하하! 리아의 영어 실력이 대단하구나.
구독자 여러분, 나우 보셨죠? L.A.에서 왔다는 거 뻥 아닐까요?
야! 머리가 아파서 그런 거라니까!
파닥 파닥
윽! 갑자기 또 어지러워~.
어휴, 넌 영어 학원 말고 연기 학원에 다녀 보는 게 어때?
휘청
Good job!
리아 굿 잡! 얘들아, 말 나온 김에 영어의 R** 발음에 대해 배워 볼까?

* burn[bɜːrn]: (불이) 타오르다, 불에 타다.
* 분홍색 단어의 발음이 궁금하다면 143쪽을 펼쳐 보세요.
** R[ɑː(r)]: 알파벳의 열여덟째 글자.

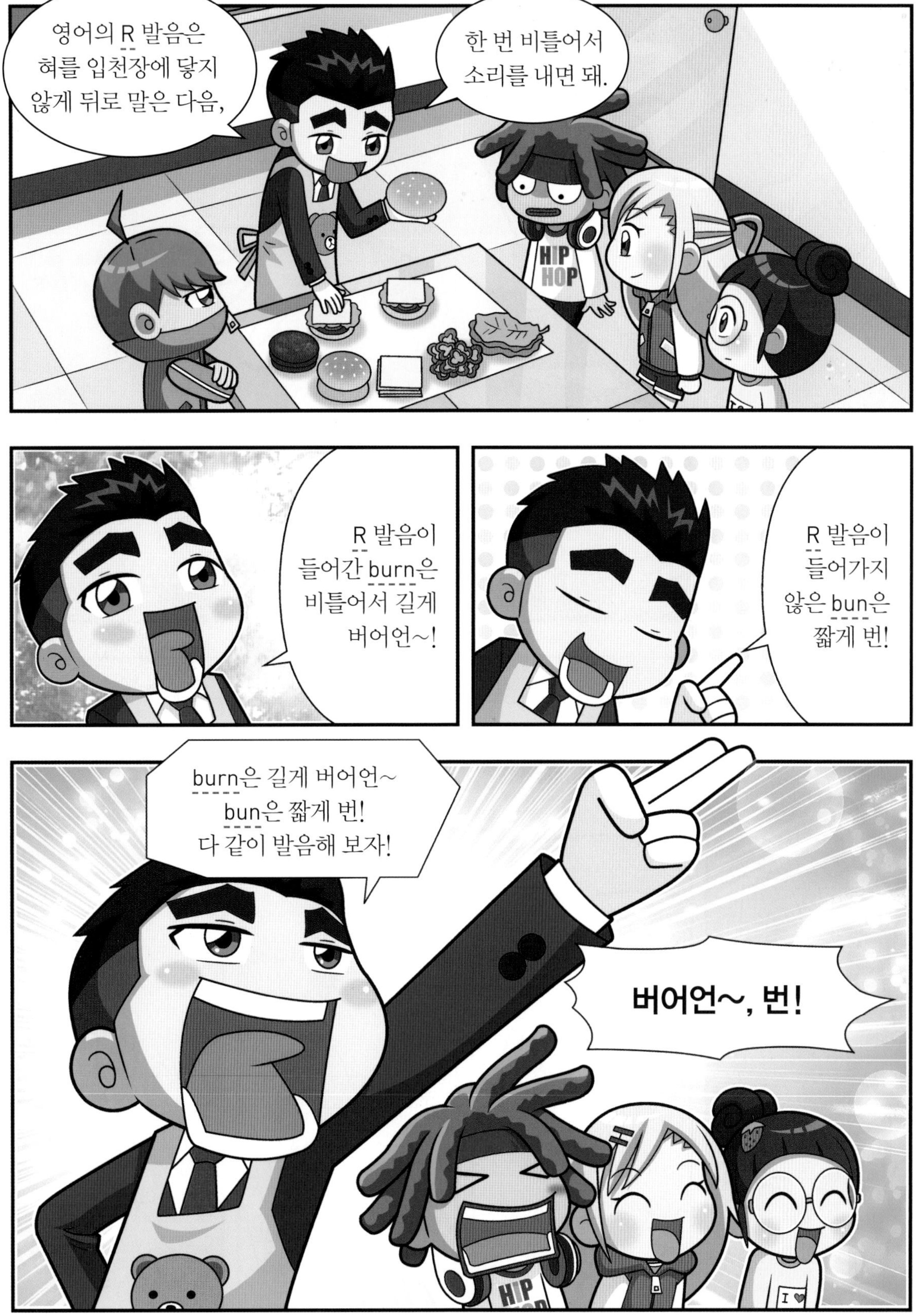
영어의 R 발음은
혀를 입천장에 닿지
않게 뒤로 말은 다음,
한 번 비틀어서
소리를 내면 돼.
HIP HOP
R 발음이
들어간 burn은
비틀어서 길게
버어언~!
R 발음이
들어가지
않은 bun은
짧게 번!
burn은 길게 버어언~
bun은 짧게 번!
다 같이 발음해 보자!
버어언~, 번!

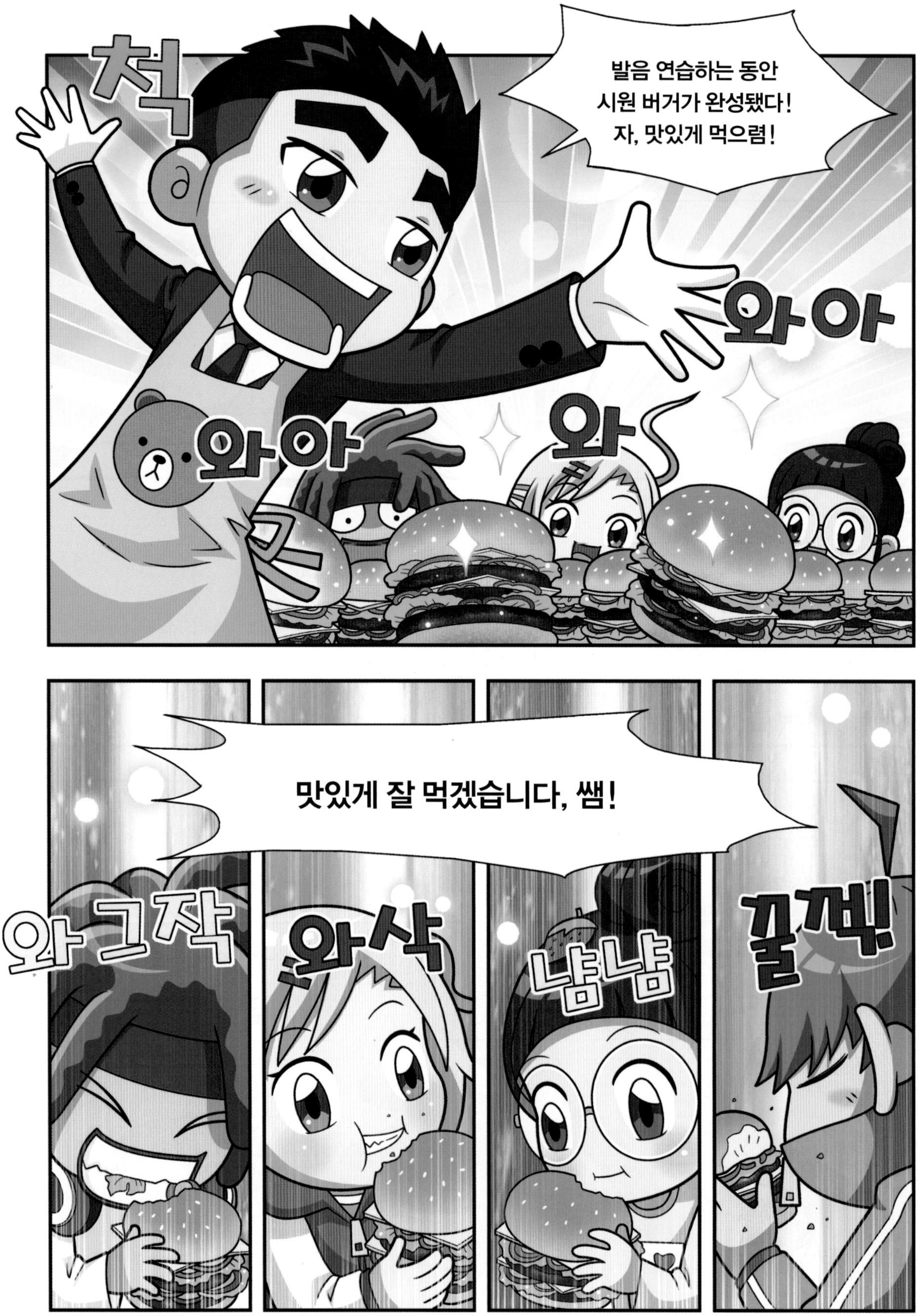

척
발음 연습하는 동안
시원 버거가 완성됐다!
자, 맛있게 먹으렴!
와아
와아
와
맛있게 잘 먹겠습니다, 쌤!
와그작
와삭
냠냠
꿀꺽!

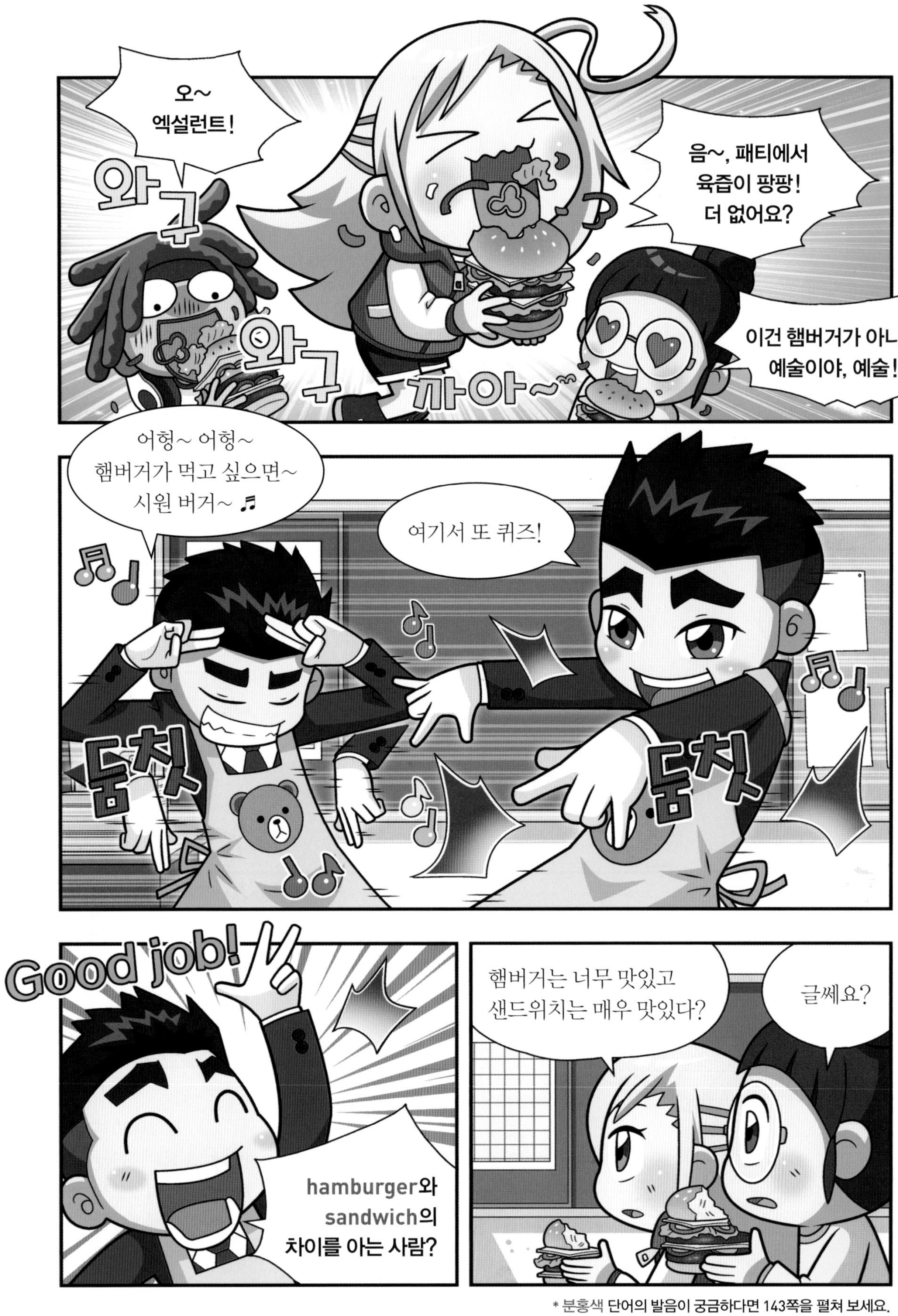
오~
엑설런트!
와구
와구
음~, 패티에서
육즙이 팡팡!
더 없어요?
이건 햄버거가 아니라
예술이야, 예술!
까아~
어헝~ 어헝~
햄버거가 먹고 싶으면~
시원 버거~ ♬
여기서 또 퀴즈!
둠칫
둠칫
Good job!
hamburger와
sandwich의
차이를 아는 사람?
햄버거는 너무 맛있고
샌드위치는 매우 맛있다?
글쎄요?

* 분홍색 단어의 발음이 궁금하다면 143쪽을 펼쳐 보세요.

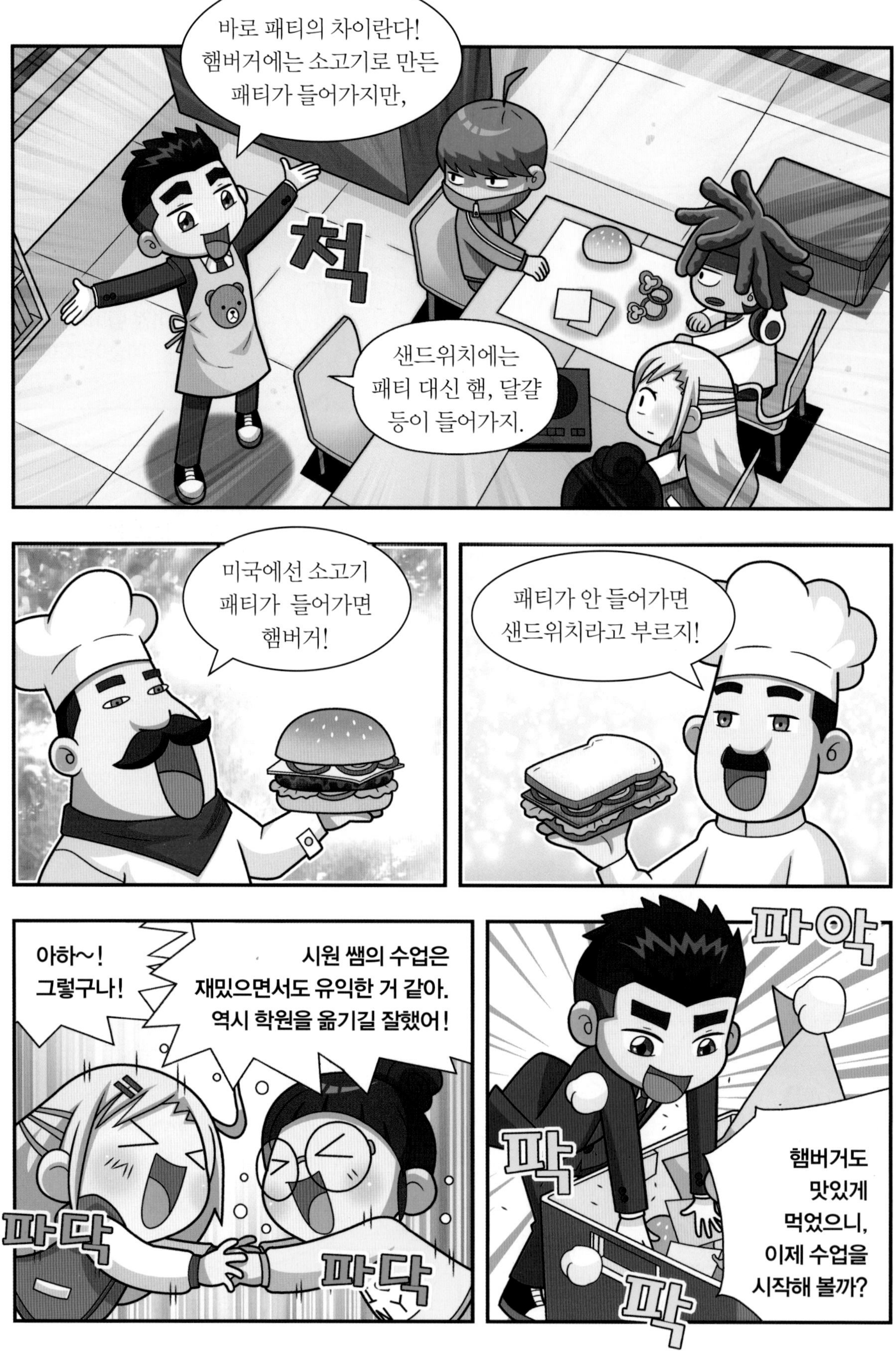
바로 패티의 차이란다! 햄버거에는 소고기로 만든 패티가 들어가지만,
척
샌드위치에는 패티 대신 햄, 달걀 등이 들어가지.
미국에선 소고기 패티가 들어가면 햄버거!
패티가 안 들어가면 샌드위치라고 부르지!
아하~! 그렇구나!
시원 쌤의 수업은 재밌으면서도 유익한 거 같아. 역시 학원을 옮기길 잘했어!
파닥
파닥
파악
팍
팍
햄버거도 맛있게 먹었으니, 이제 수업을 시작해 볼까?

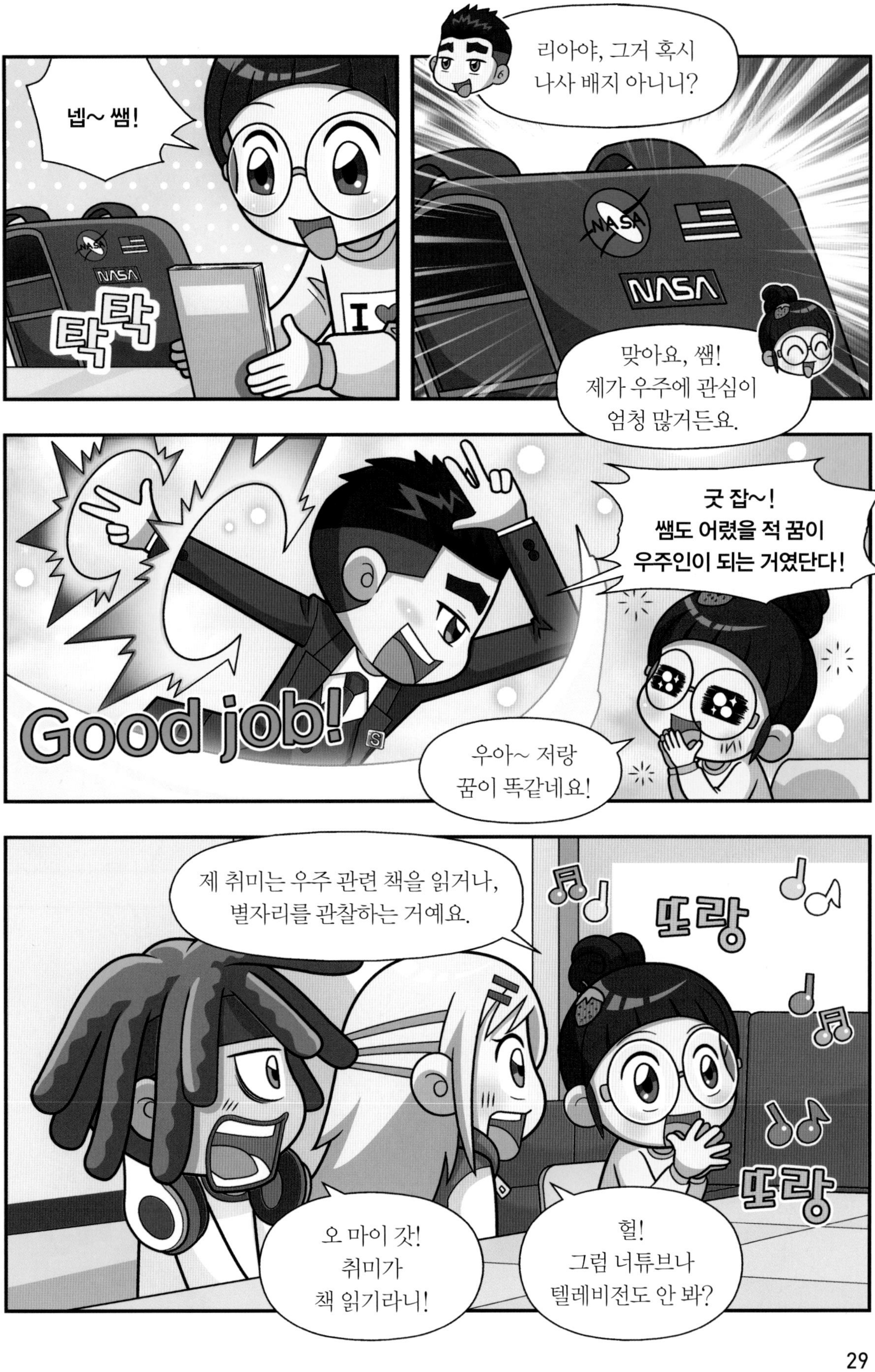
넵~ 쌤!
탁
탁
리아야, 그거 혹시 나사 배지 아니니?
맞아요, 쌤! 제가 우주에 관심이 엄청 많거든요.
굿 잡~! 쌤도 어렸을 적 꿈이 우주인이 되는 거였단다!
Good job!
우아~ 저랑 꿈이 똑같네요!
제 취미는 우주 관련 책을 읽거나, 별자리를 관찰하는 거예요.
또랑
또랑
오 마이 갓! 취미가 책 읽기라니!
헐! 그럼 너튜브나 텔레비전도 안 봐?

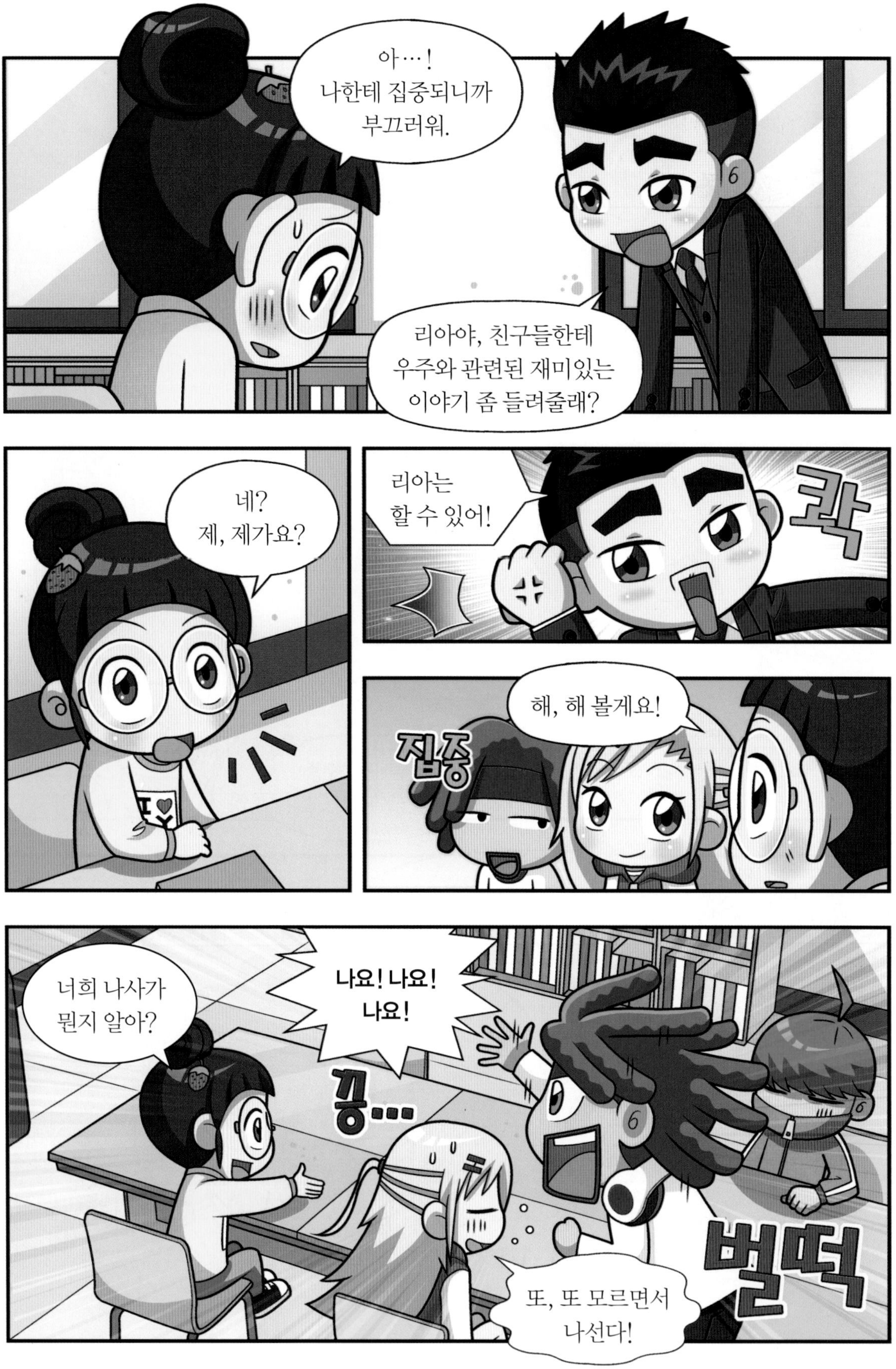

아…!
나한테 집중되니까
부끄러워.
리아야, 친구들한테
우주와 관련된 재미있는
이야기 좀 들려줄래?
네?
제, 제가요?
리아는
할 수 있어!
콱
해, 해 볼게요!
집중
너희 나사가
뭔지 알아?
나요! 나요!
나요!
끙…
벌떡
또, 또 모르면서
나선다!

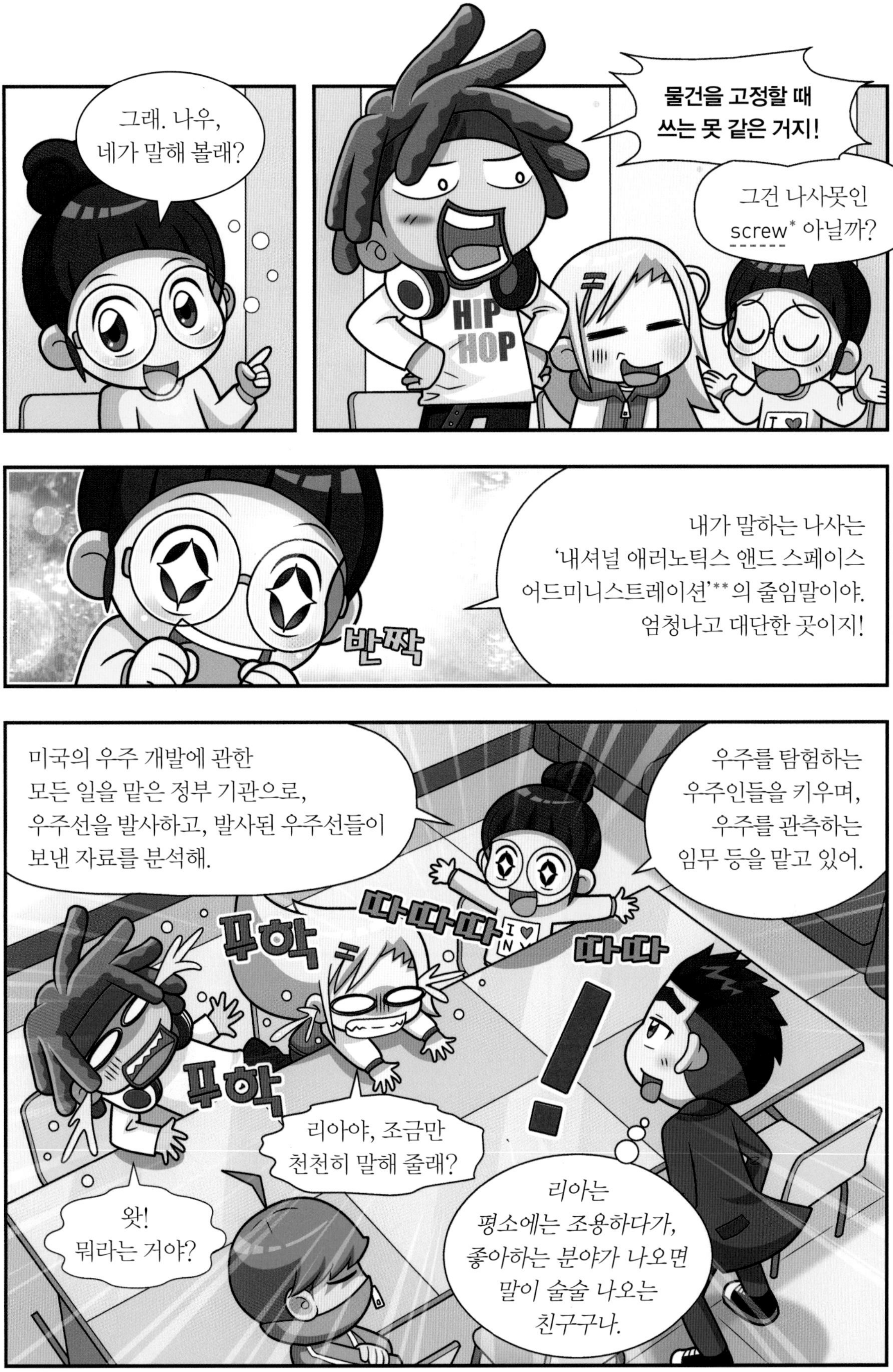
그래. 나우,
네가 말해 볼래?
물건을 고정할 때
쓰는 못 같은 거지!
그건 나사못인
screw* 아닐까?
내가 말하는 나사는
'내셔널 애러노틱스 앤드 스페이스
어드미니스트레이션'** 의 줄임말이야.
엄청나고 대단한 곳이지!
반짝
미국의 우주 개발에 관한
모든 일을 맡은 정부 기관으로,
우주선을 발사하고, 발사된 우주선들이
보낸 자료를 분석해.
우주를 탐험하는
우주인들을 키우며,
우주를 관측하는
임무 등을 맡고 있어.
따따따
따따
푸학
푸학
리아야, 조금만
천천히 말해 줄래?
왓!
뭐라는 거야?
리아는
평소에는 조용하다가,
좋아하는 분야가 나오면
말이 술술 나오는
친구구나.

* screw[skruː]: 나사 또는 나사못. 몸의 표면에는 나사 모양으로 홈이 나 있고, 머리에는 드라이버로 돌릴 수 있도록 홈이 나 있음.

** National Aeronautics and Space Administration: 미국 항공 우주국. 줄여서 NASA.

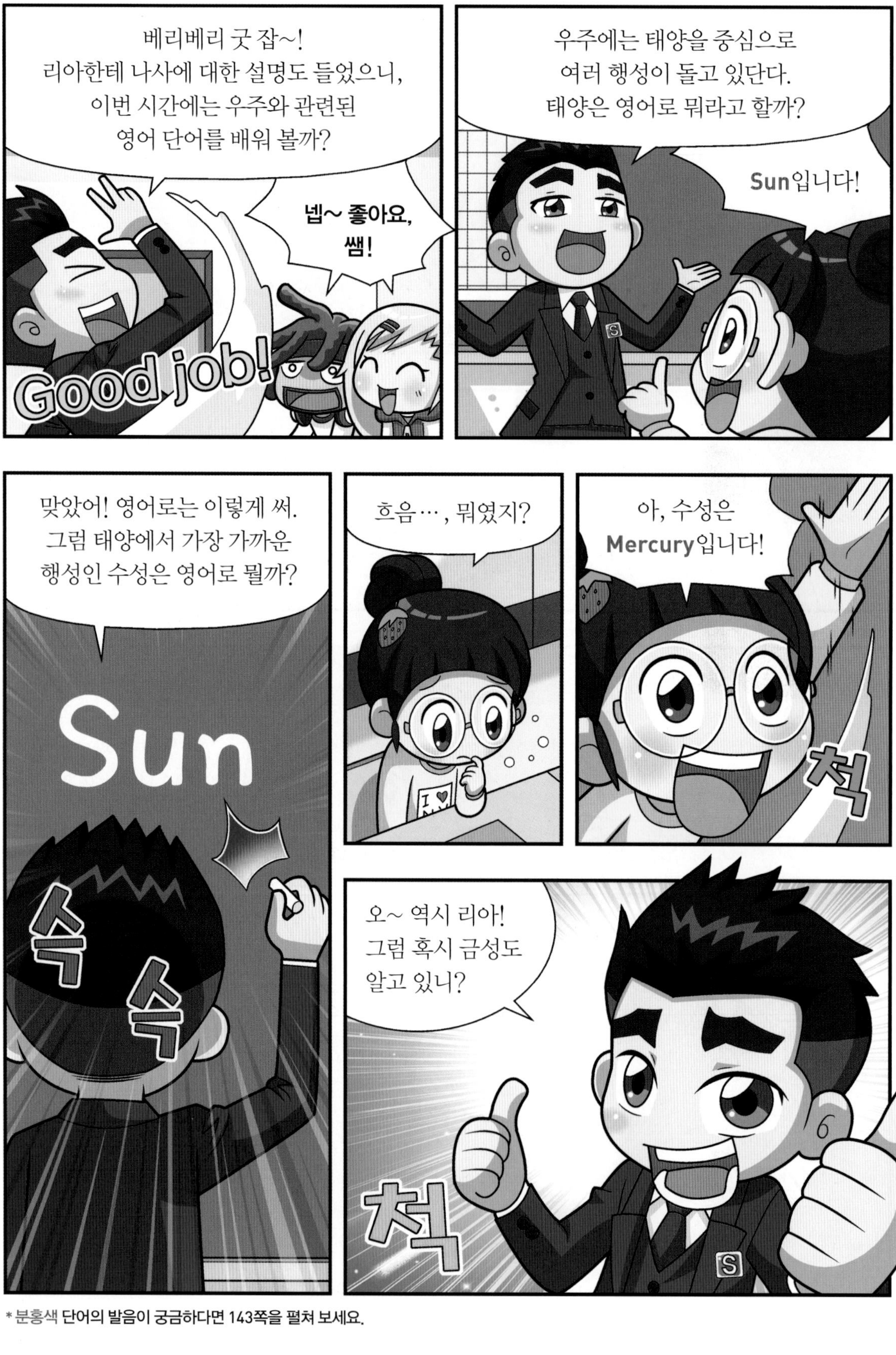

베리베리 굿 잡~!
리아한테 나사에 대한 설명도 들었으니,
이번 시간에는 우주와 관련된
영어 단어를 배워 볼까?
Good job!
넵~ 좋아요,
쌤!
우주에는 태양을 중심으로
여러 행성이 돌고 있단다.
태양은 영어로 뭐라고 할까?
Sun입니다!
맞았어! 영어로는 이렇게 써.
그럼 태양에서 가장 가까운
행성인 수성은 영어로 뭘까?
Sun
슥 슥
흐음…, 뭐였지?
아, 수성은
Mercury입니다!
척
오~ 역시 리아!
그럼 혹시 금성도
알고 있니?
척

* 분홍색 단어의 발음이 궁금하다면 143쪽을 펼쳐 보세요.

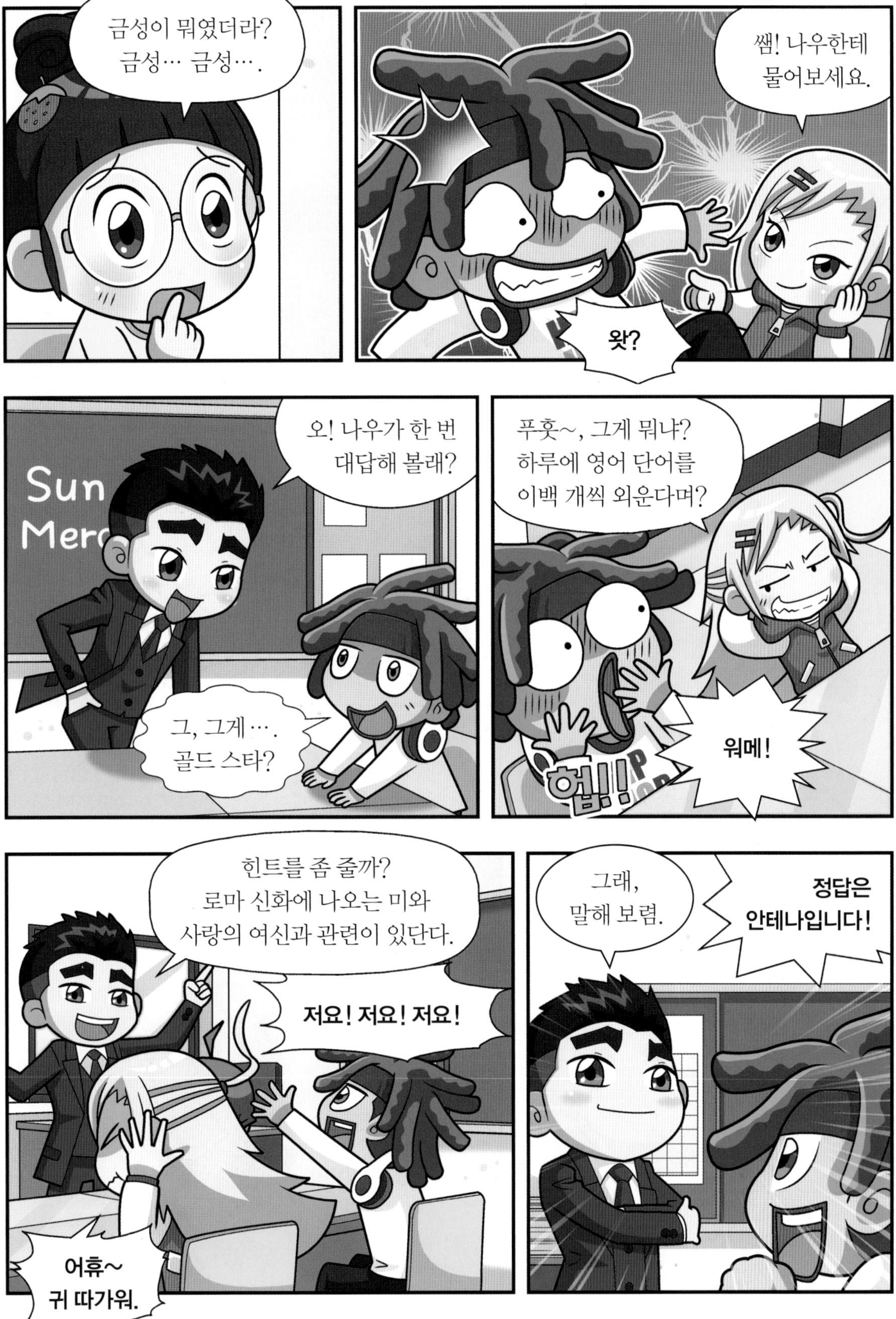

금성이 뭐였더라?
금성… 금성….
쌤! 나우한테
물어보세요.
왓?
오! 나우가 한 번
대답해 볼래?
Sun
Merc
그, 그게….
골드 스타?
푸훗~, 그게 뭐냐?
하루에 영어 단어를
이백 개씩 외운다며?
헙!!
워메!
힌트를 좀 줄까?
로마 신화에 나오는 미와
사랑의 여신과 관련이 있단다.
저요! 저요! 저요!
어휴~
귀 따가워.
그래,
말해 보렴.
정답은
안테나입니다!

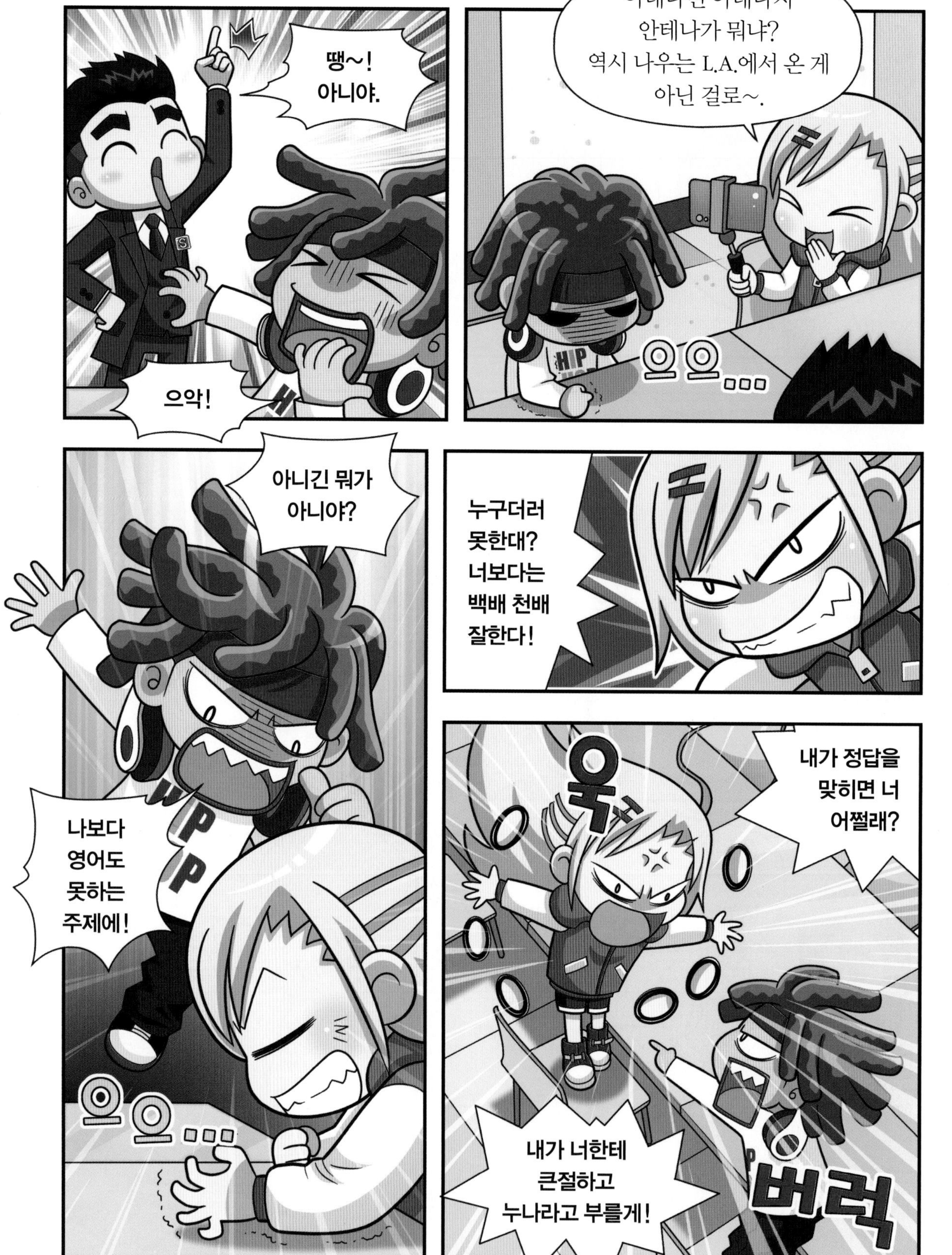

땡~!
아니야.
으악!
아테나면 아테나지 안테나가 뭐냐? 역시 나우는 L.A.에서 온 게 아닌 걸로~.
으으...
아니긴 뭐가 아니야?
나보다 영어도 못하는 주제에!
으으...
누구더러 못한대? 너보다는 백배 천배 잘한다!
욱
내가 정답을 맞히면 너 어쩔래?
내가 너한테 큰절하고 누나라고 부를게!
버럭

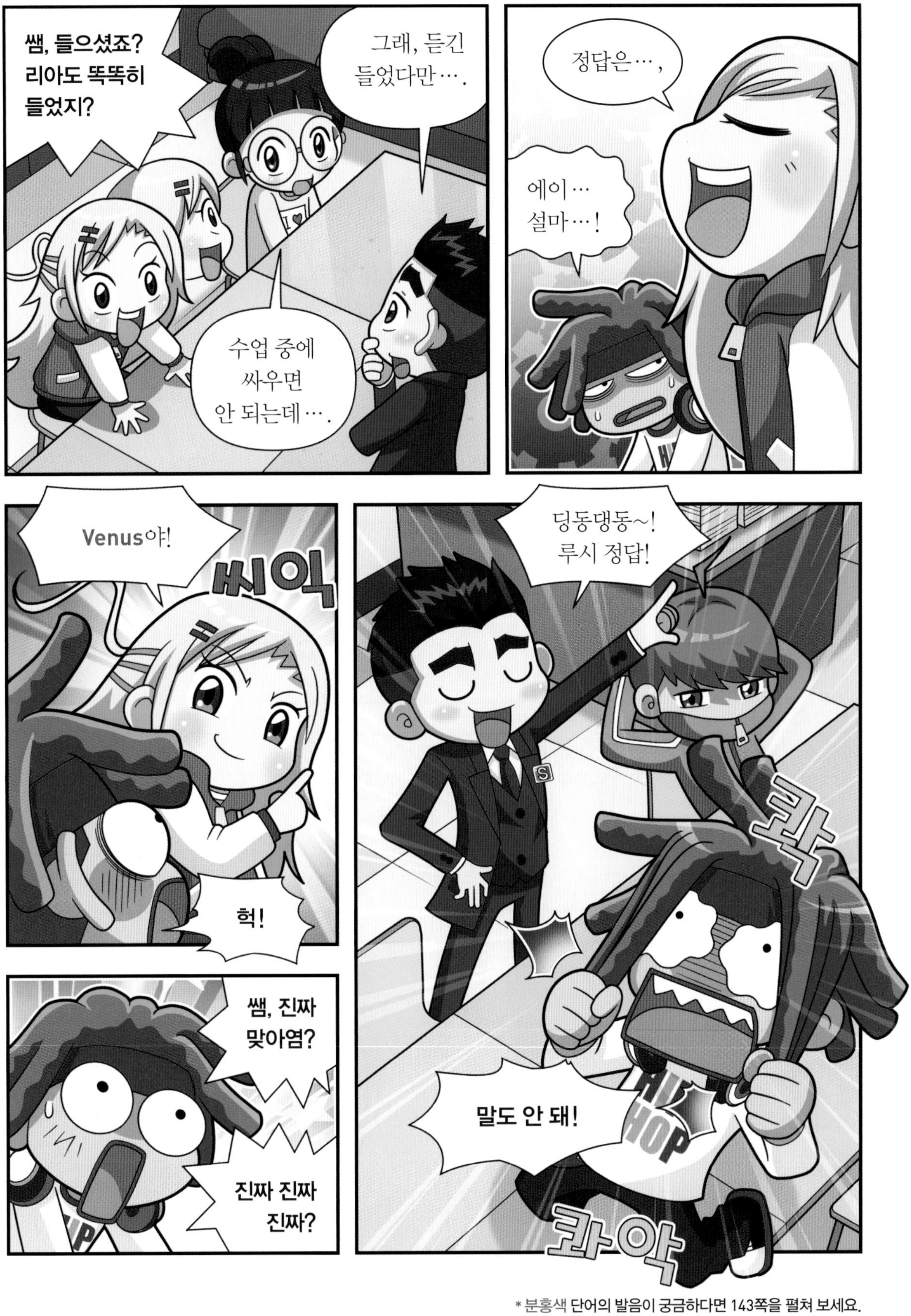
쌤, 들으셨죠? 리아도 똑똑히 들었지?
그래, 듣긴 들었다만….
수업 중에 싸우면 안 되는데….
정답은…,
에이… 설마…!
Venus야!
씨익
헉!
딩동댕동~! 루시 정답!
콱
말도 안 돼!
콰악
쌤, 진짜 맞아염?
진짜 진짜 진짜?

* 분홍색 단어의 발음이 궁금하다면 143쪽을 펼쳐 보세요.

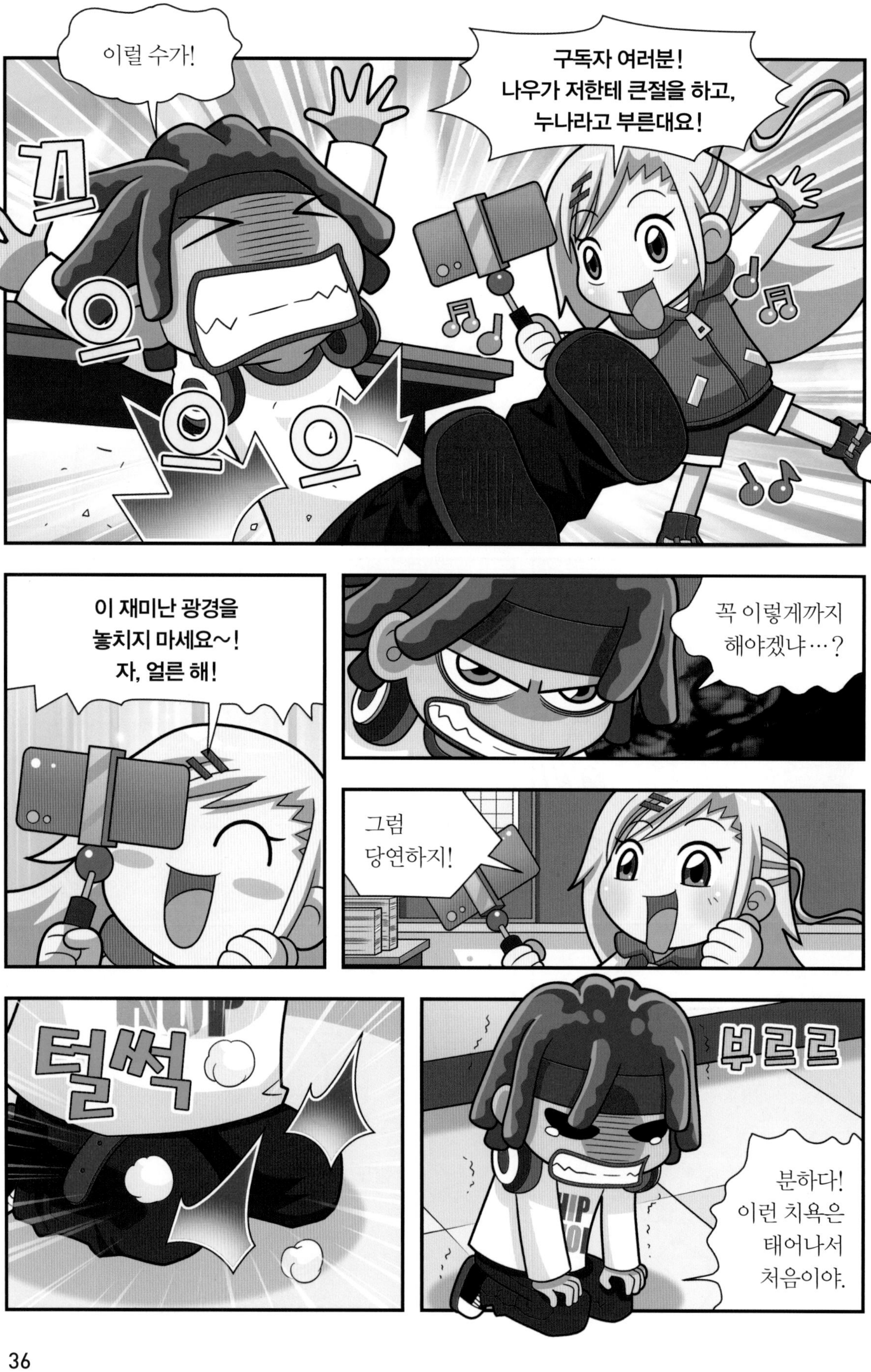

이럴 수가!
구독자 여러분! 나우가 저한테 큰절을 하고, 누나라고 부른대요!
이 재미난 광경을 놓치지 마세요~! 자, 얼른 해!
꼭 이렇게까지 해야겠냐…?
그럼 당연하지!
털썩
부르르
분하다! 이런 치욕은 태어나서 처음이야.

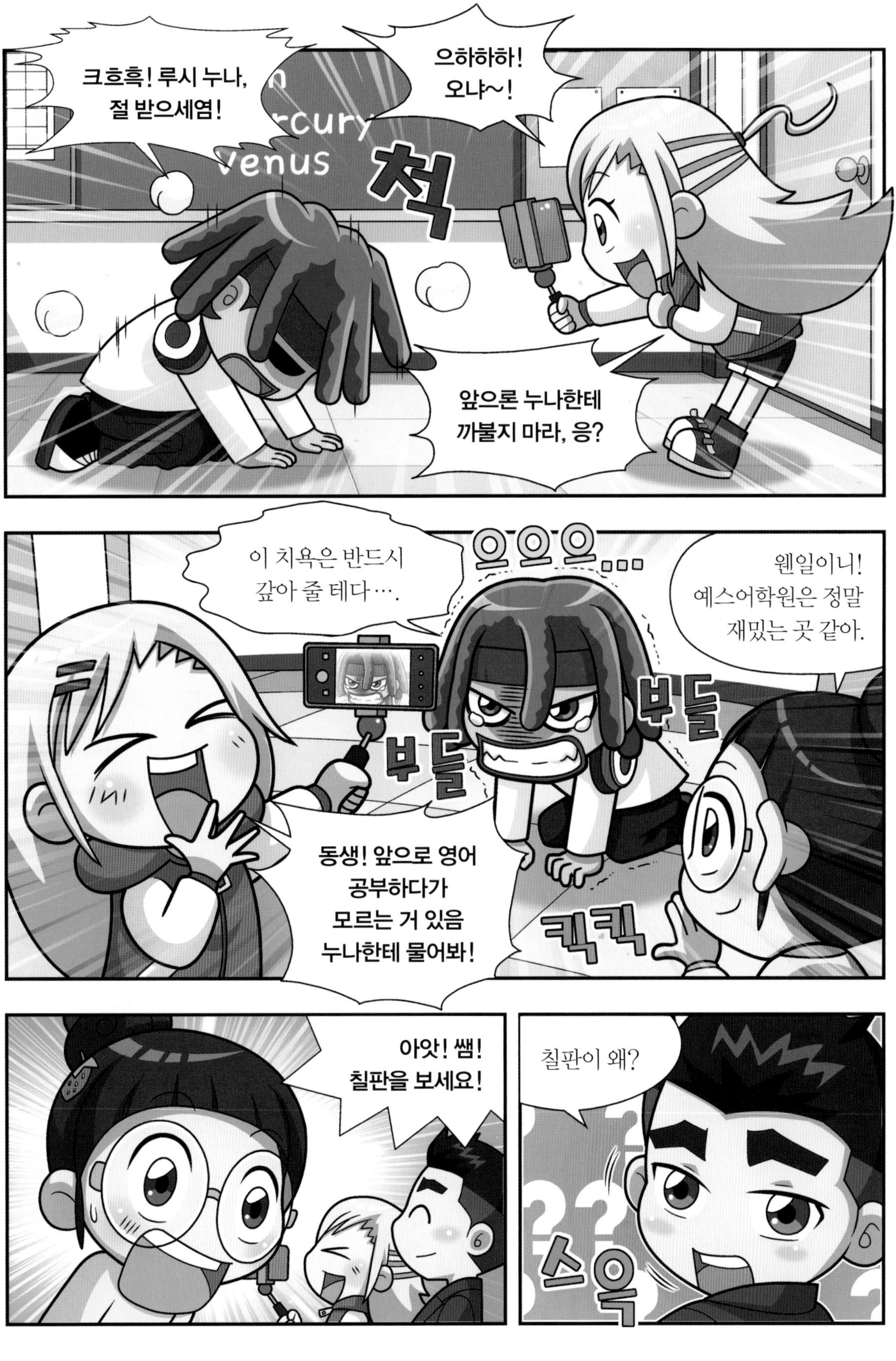
크흐흑! 루시 누나,
절 받으세염!
으하하하!
오냐~!
척
앞으론 누나한테
까불지 마라, 응?
이 치욕은 반드시
갚아 줄 테다….
으으으...
웬일이니!
예스어학원은 정말
재밌는 곳 같아.
부들
부들
동생! 앞으로 영어
공부하다가
모르는 거 있음
누나한테 물어봐!
킥킥
아앗! 쌤!
칠판을 보세요!
칠판이 왜?
스윽

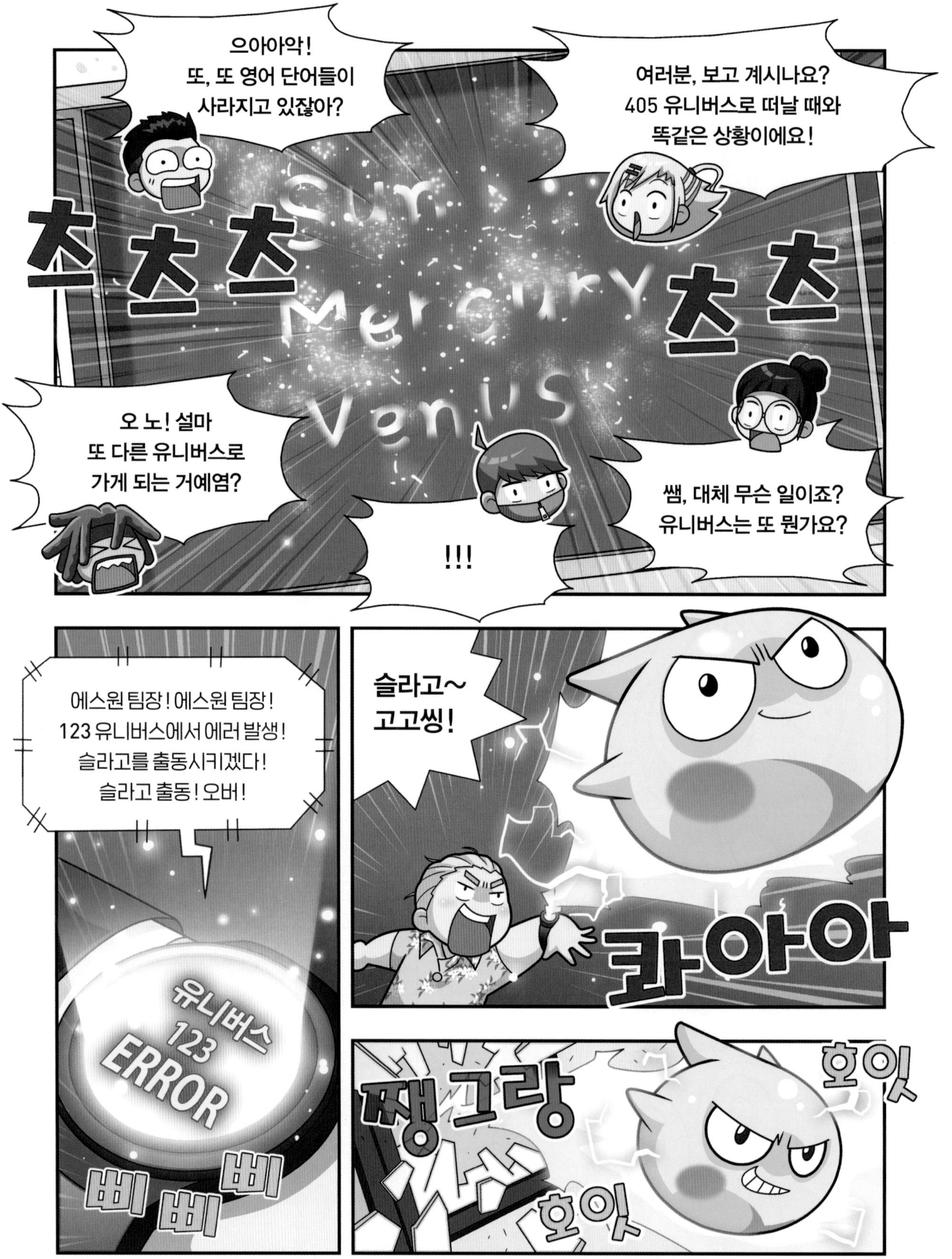

으아아악!
또, 또 영어 단어들이
사라지고 있잖아?
여러분, 보고 계시나요?
405 유니버스로 떠날 때와
똑같은 상황이에요!
츠츠츠
Sun
Mercury
Venus
츠츠
오 노! 설마
또 다른 유니버스로
가게 되는 거예염?
쌤, 대체 무슨 일이죠?
유니버스는 또 뭔가요?
!!!
에스원 팀장! 에스원 팀장!
123 유니버스에서 에러 발생!
슬라고를 출동시키겠다!
슬라고 출동! 오버!
유니버스
123
ERROR
삐
삐 삐
슬라고~
고고씽!
콰아아
쨍그랑
호잇
호잇

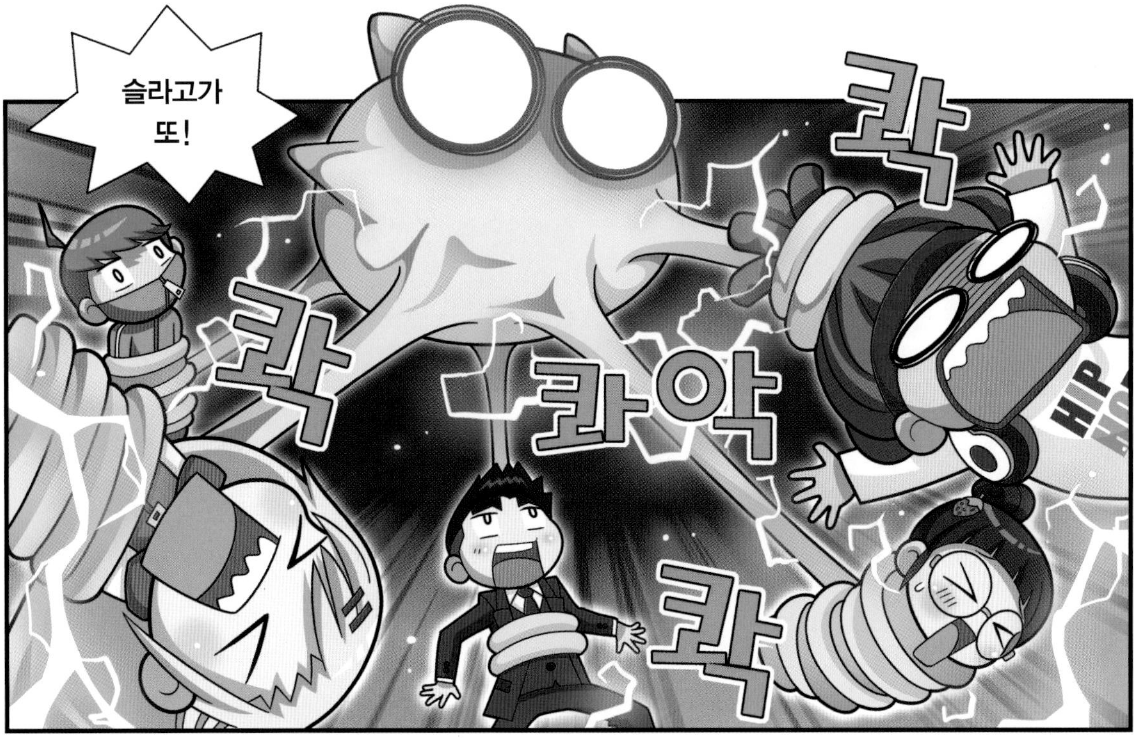
슬라고가
또!
콱
콱
콰악
콱

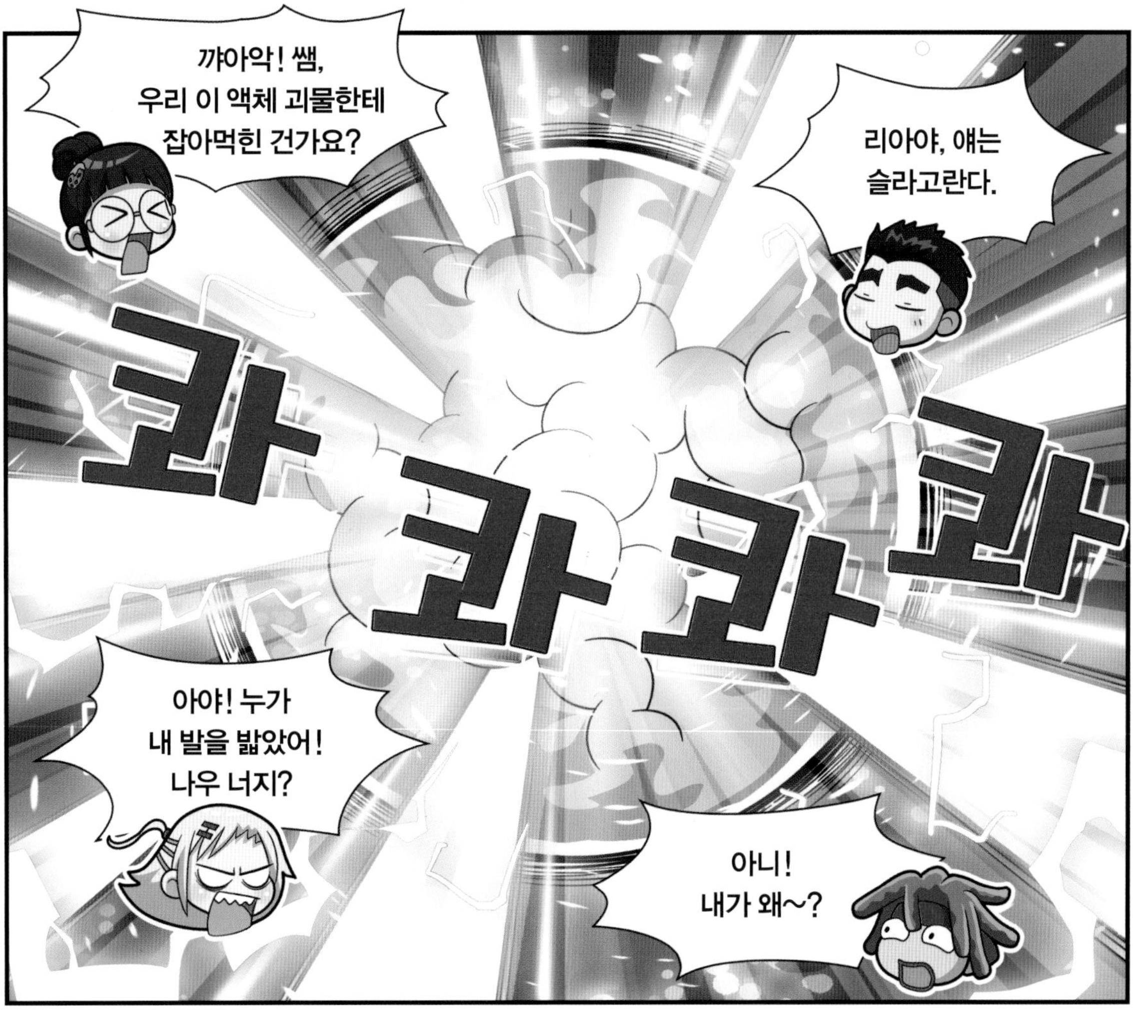
꺄아악! 쌤,
우리 이 액체 괴물한테
잡아먹힌 건가요?
리아야, 얘는
슬라고란다.
콰콰콰콰
아야! 누가
내 발을 밟았어!
나우 너지?
아니!
내가 왜~?

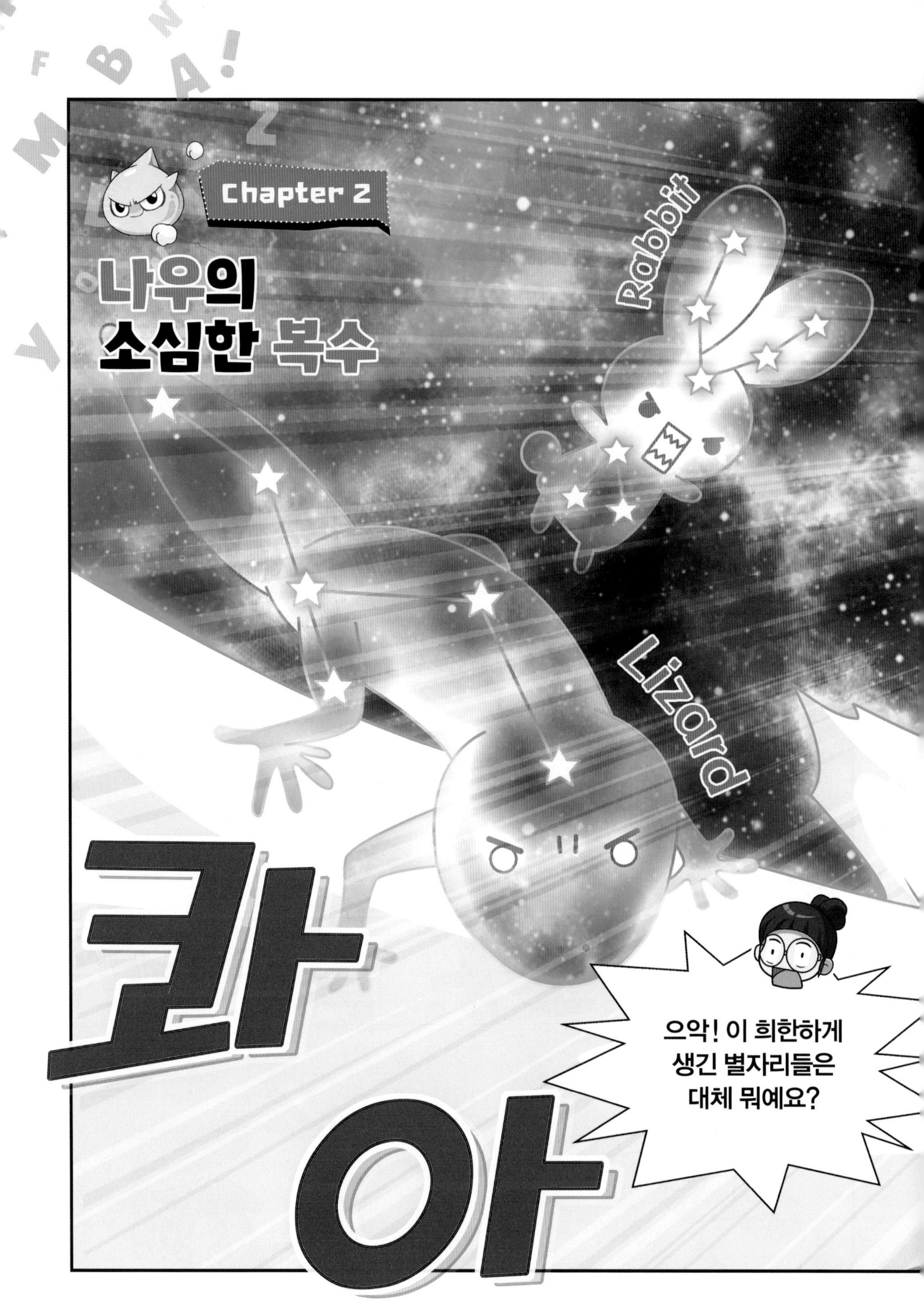
Chapter 2
나우의
소심한 복수
Rabbit
Lizard
콰아
으악! 이 희한하게 생긴 별자리들은 대체 뭐예요?

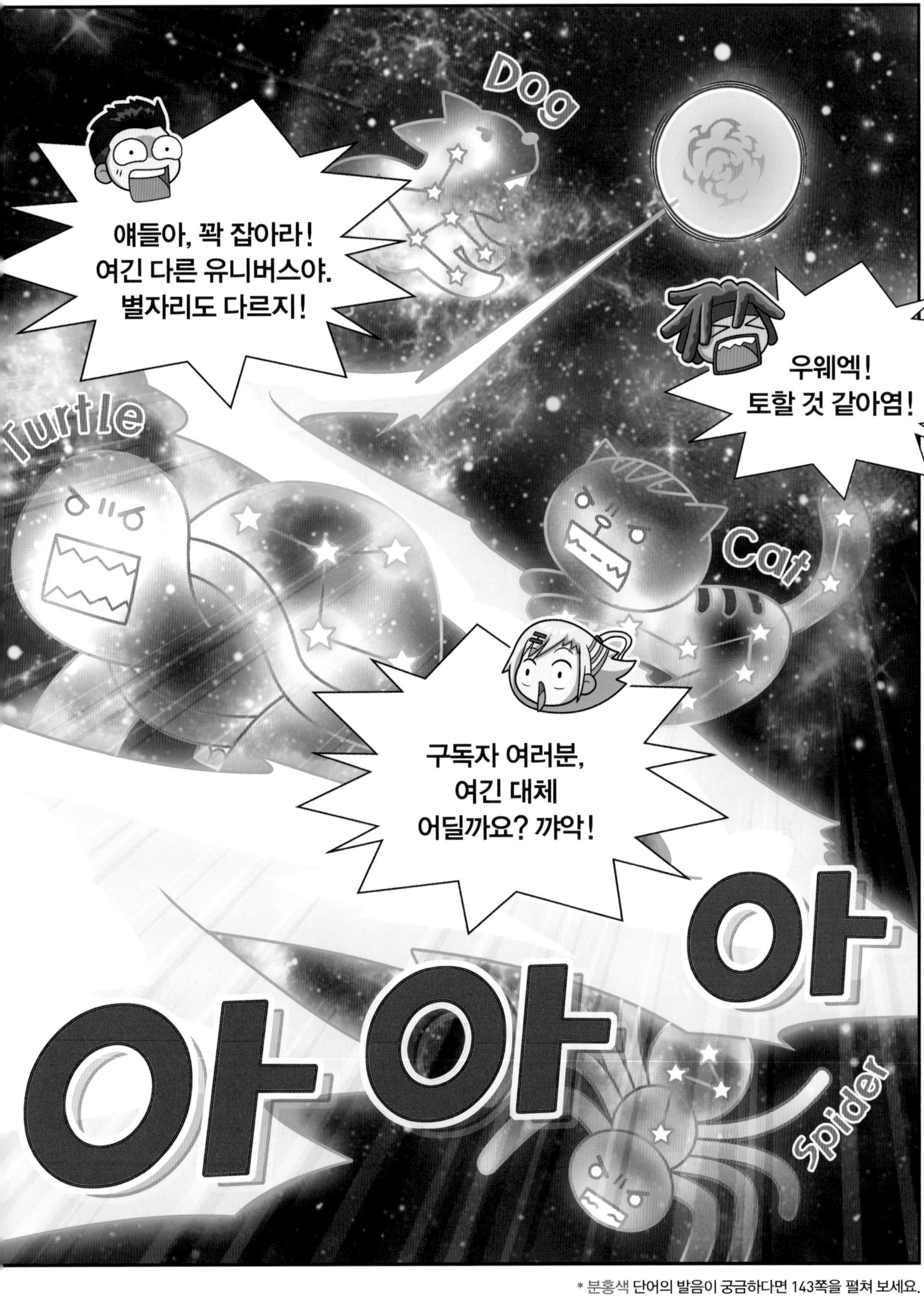
Dog
얘들아, 꽉 잡아라!
여긴 다른 유니버스야.
별자리도 다르지!
우웨엑!
토할 것 같아염!
Turtle
Cat
구독자 여러분,
여긴 대체
어딜까요? 꺄악!
아 아 아
Spider

* 분홍색 단어의 발음이 궁금하다면 143쪽을 펼쳐 보세요.

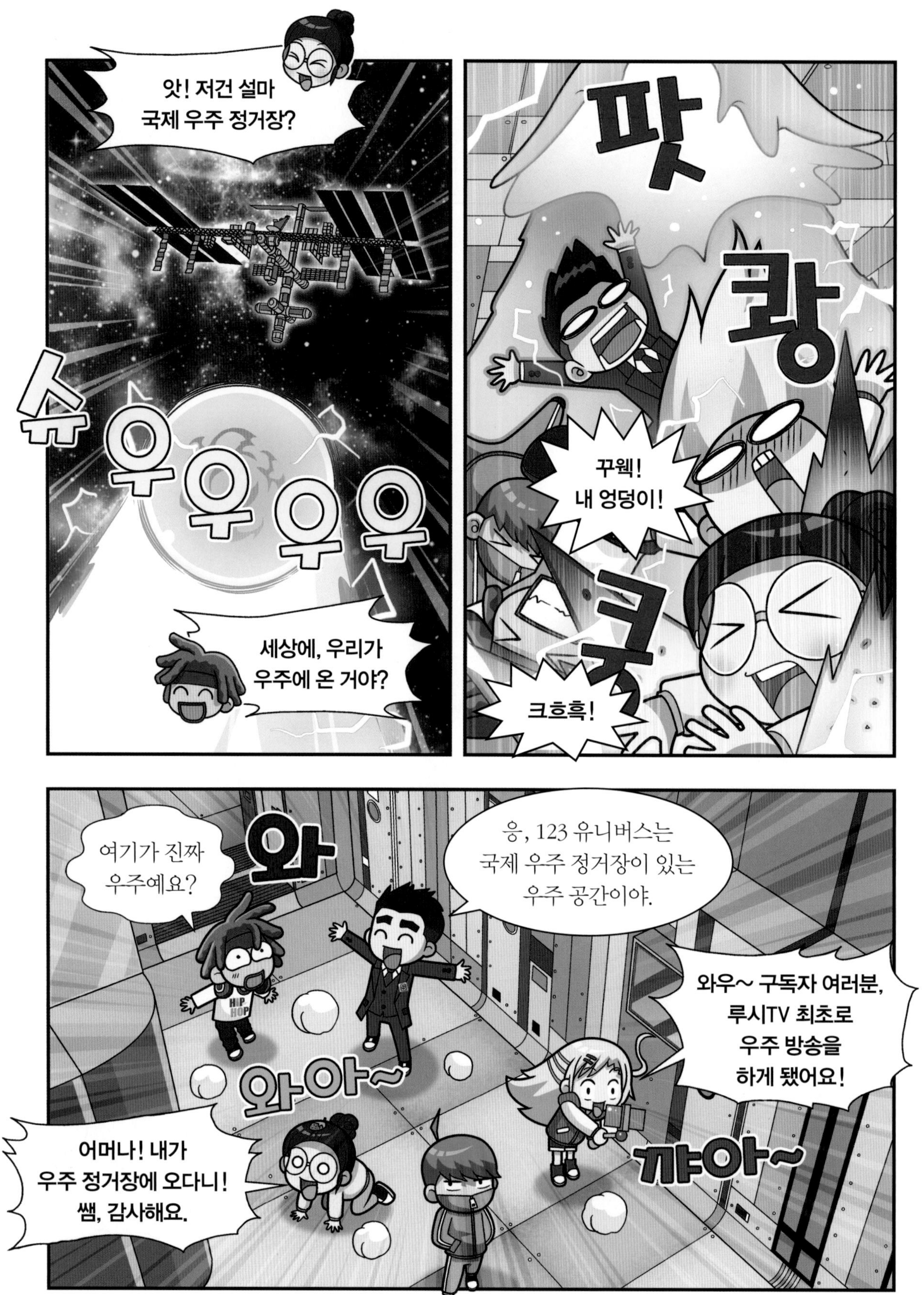

앗! 저건 설마
국제 우주 정거장?
슈우우우우
세상에, 우리가
우주에 온 거야?
팍
쾅
꾸웩!
내 엉덩이!
쿡
크흐흑!
여기가 진짜
우주예요?
와
응, 123 유니버스는
국제 우주 정거장이 있는
우주 공간이야.
와우~ 구독자 여러분,
루시TV 최초로
우주 방송을
하게 됐어요!
와아~
어머나! 내가
우주 정거장에 오다니!
쌤, 감사해요.
꺄아~

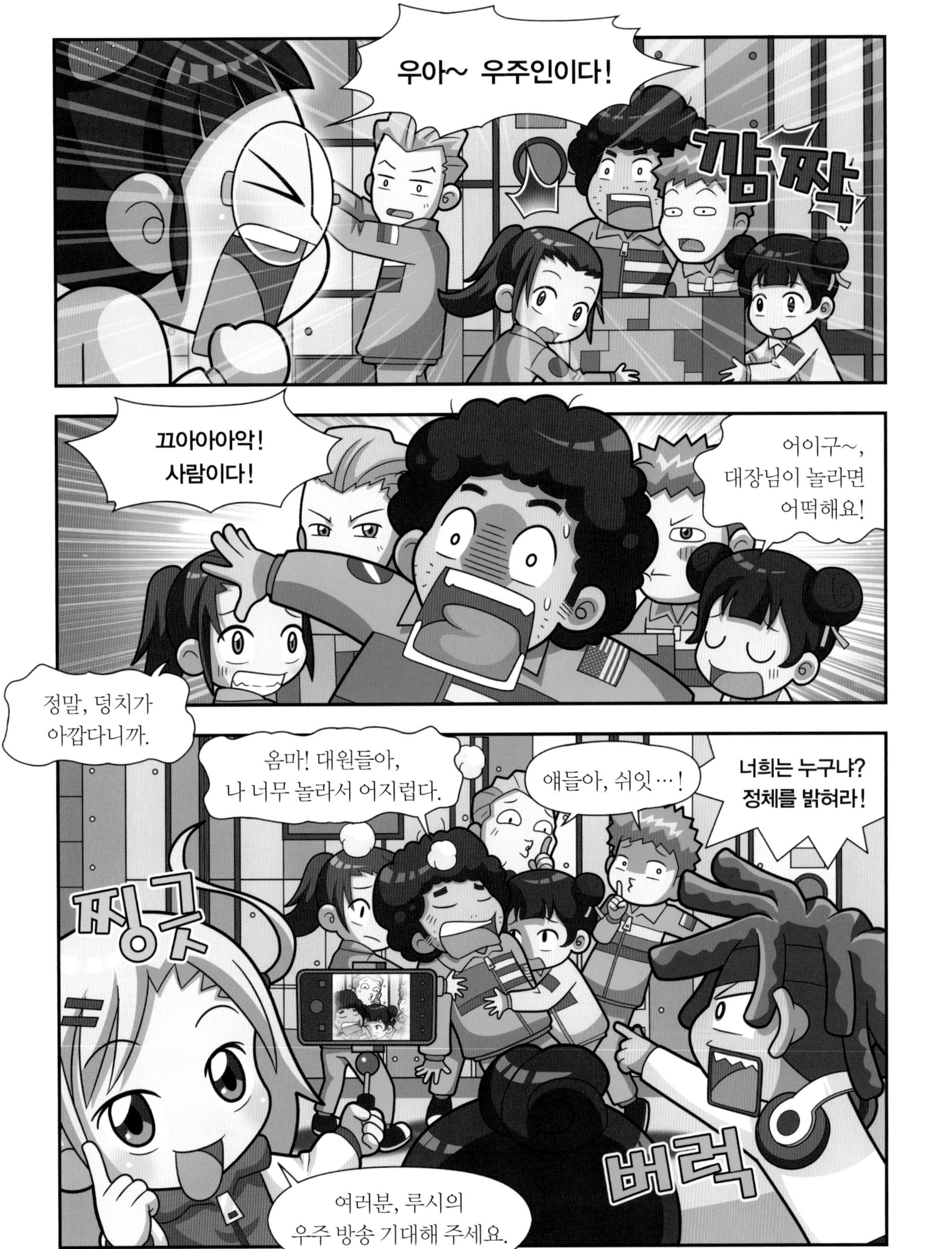
우아~ 우주인이다!
깜짝
끄아아아악! 사람이다!
어이구~, 대장님이 놀라면 어떡해요!
정말, 덩치가 아깝다니까.
옴마! 대원들아, 나 너무 놀라서 어지럽다.
얘들아, 쉬잇…!
너희는 누구냐? 정체를 밝혀라!
찡긋
버럭
여러분, 루시의 우주 방송 기대해 주세요.

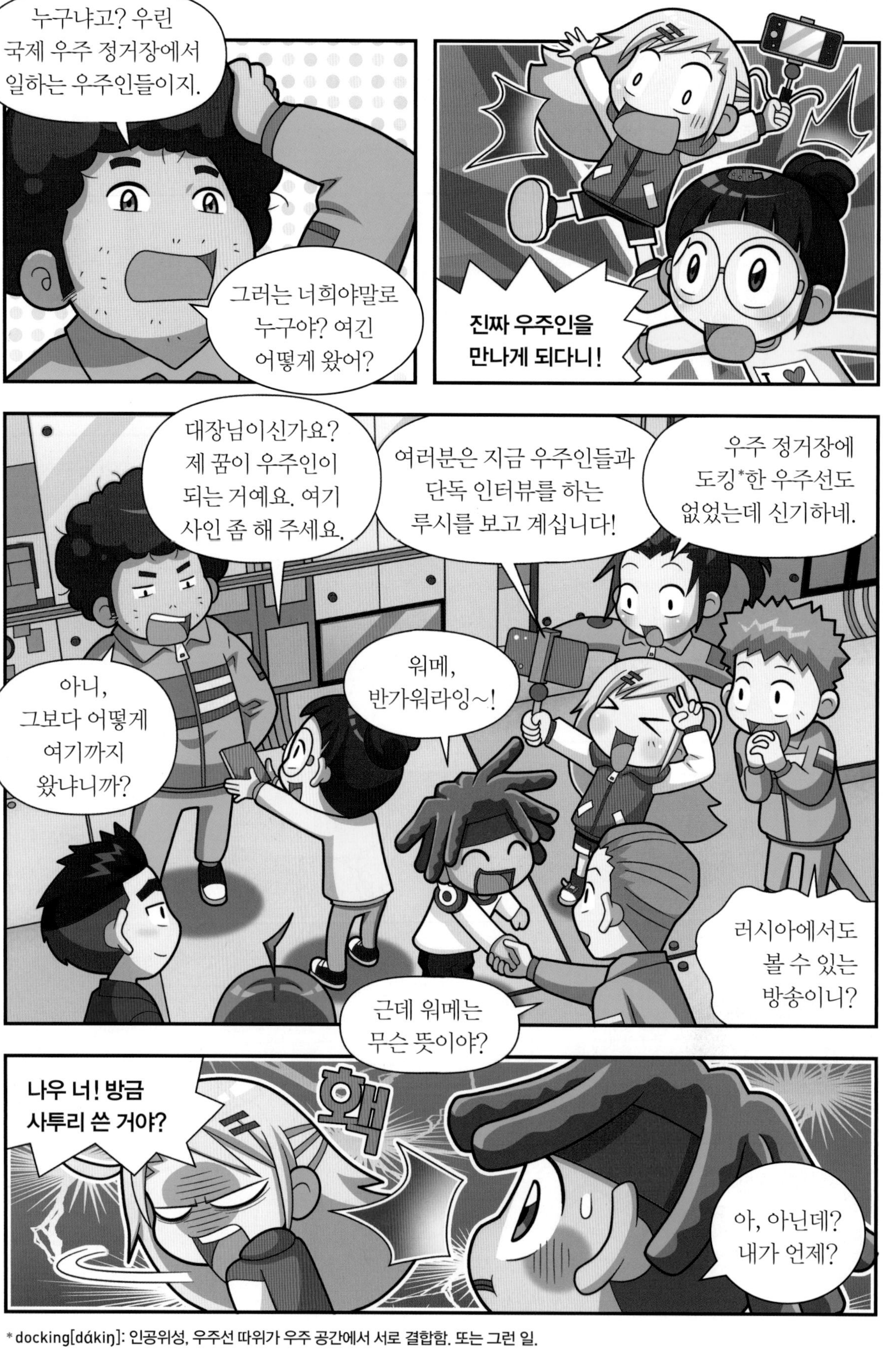
누구냐고? 우린 국제 우주 정거장에서 일하는 우주인들이지.
그러는 너희야말로 누구야? 여긴 어떻게 왔어?
진짜 우주인을 만나게 되다니!
대장님이신가요? 제 꿈이 우주인이 되는 거예요. 여기 사인 좀 해 주세요.
여러분은 지금 우주인들과 단독 인터뷰를 하는 루시를 보고 계십니다!
우주 정거장에 도킹*한 우주선도 없었는데 신기하네.
아니, 그보다 어떻게 여기까지 왔냐니까?
워메, 반가워라잉~!
러시아에서도 볼 수 있는 방송이니?
근데 워메는 무슨 뜻이야?
나우 너! 방금 사투리 쓴 거야?
홱
아, 아닌데? 내가 언제?

* docking[dákiŋ]: 인공위성, 우주선 따위가 우주 공간에서 서로 결합함. 또는 그런 일.

Those are scary aliens!*

또, 또 나왔다!

어! 우주인들 말이 갑자기 영어로 들리네?

쌤, 이게 무슨 뜻이에요?

무시무시한 에일리언이 있다는데?

헉! 에일리언이라고요?

대장님, 저 소리는 대체 뭐죠?

녀, 녀석들이 저쪽에서 와요.

* 저것들은 무서운 외계 생물들이야!

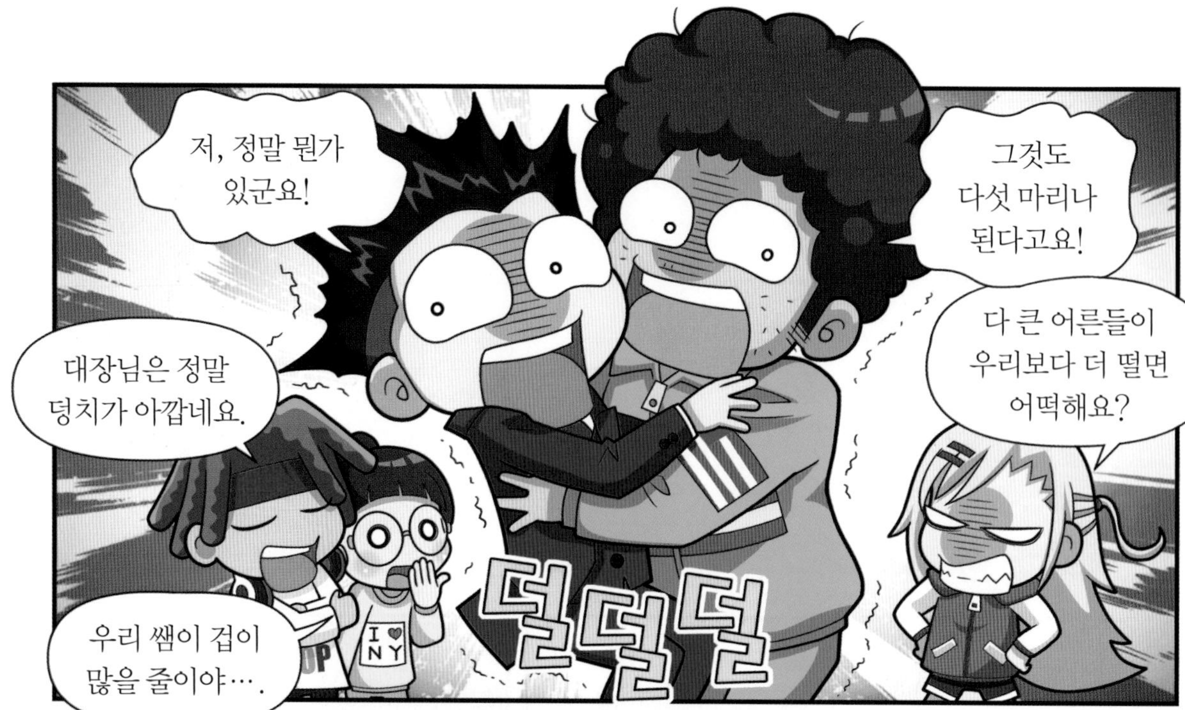
저, 정말 뭔가
있군요!
그것도
다섯 마리나
된다고요!
대장님은 정말
덩치가 아깝네요.
다 큰 어른들이
우리보다 더 떨면
어떡해요?
우리 쌤이 겁이
많을 줄이야….
덜덜덜
I ♥ NY

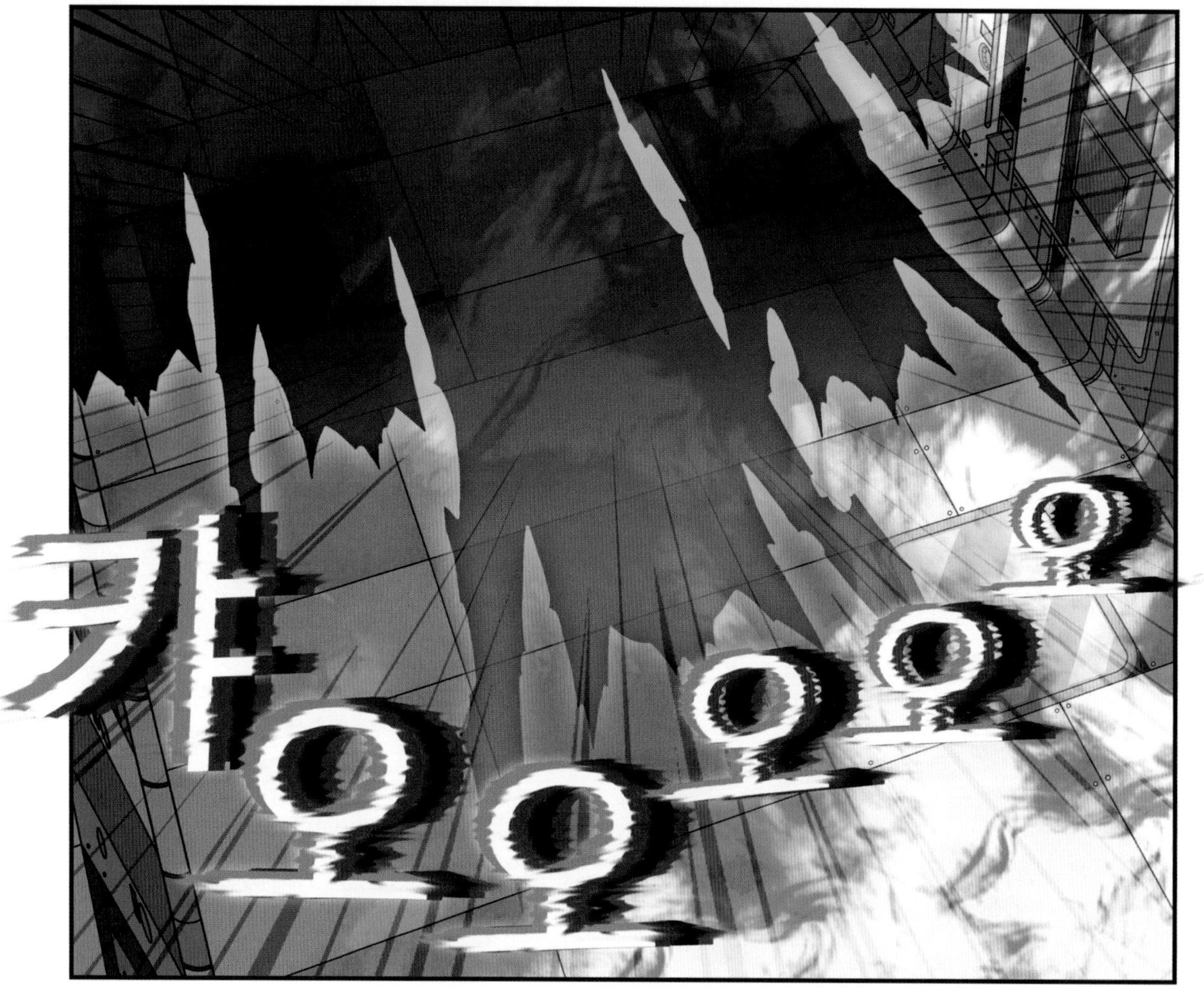
캬오오오오오

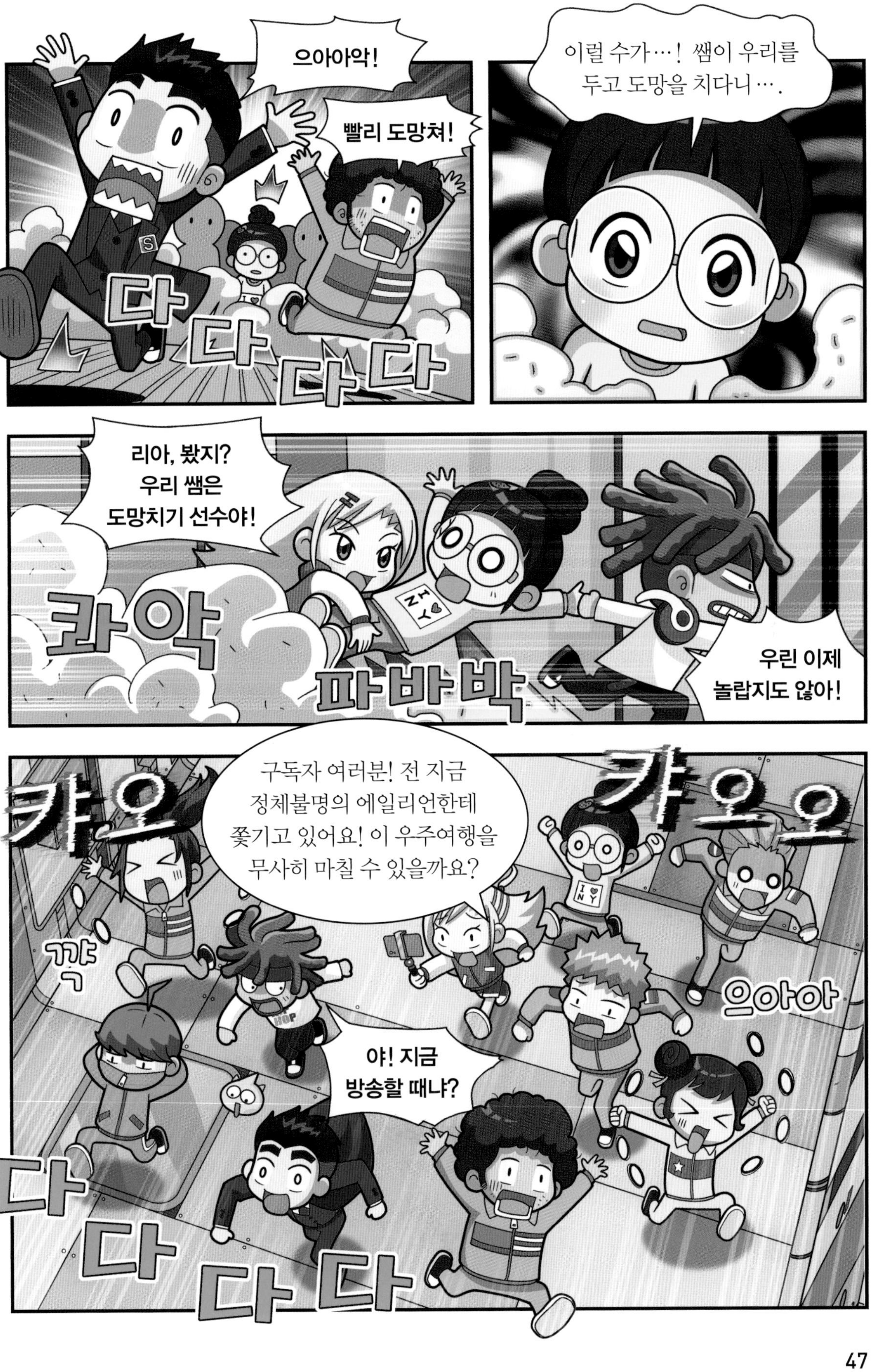

으아아악!
빨리 도망쳐!
다다다다
이럴 수가…! 쌤이 우리를 두고 도망을 치다니….
리아, 봤지? 우리 쌤은 도망치기 선수야!
콰악
파바박
우린 이제 놀랍지도 않아!
카오
구독자 여러분! 전 지금 정체불명의 에일리언한테 쫓기고 있어요! 이 우주여행을 무사히 마칠 수 있을까요?
카오오
꺄
으아아
야! 지금 방송할 때냐?
다다다다

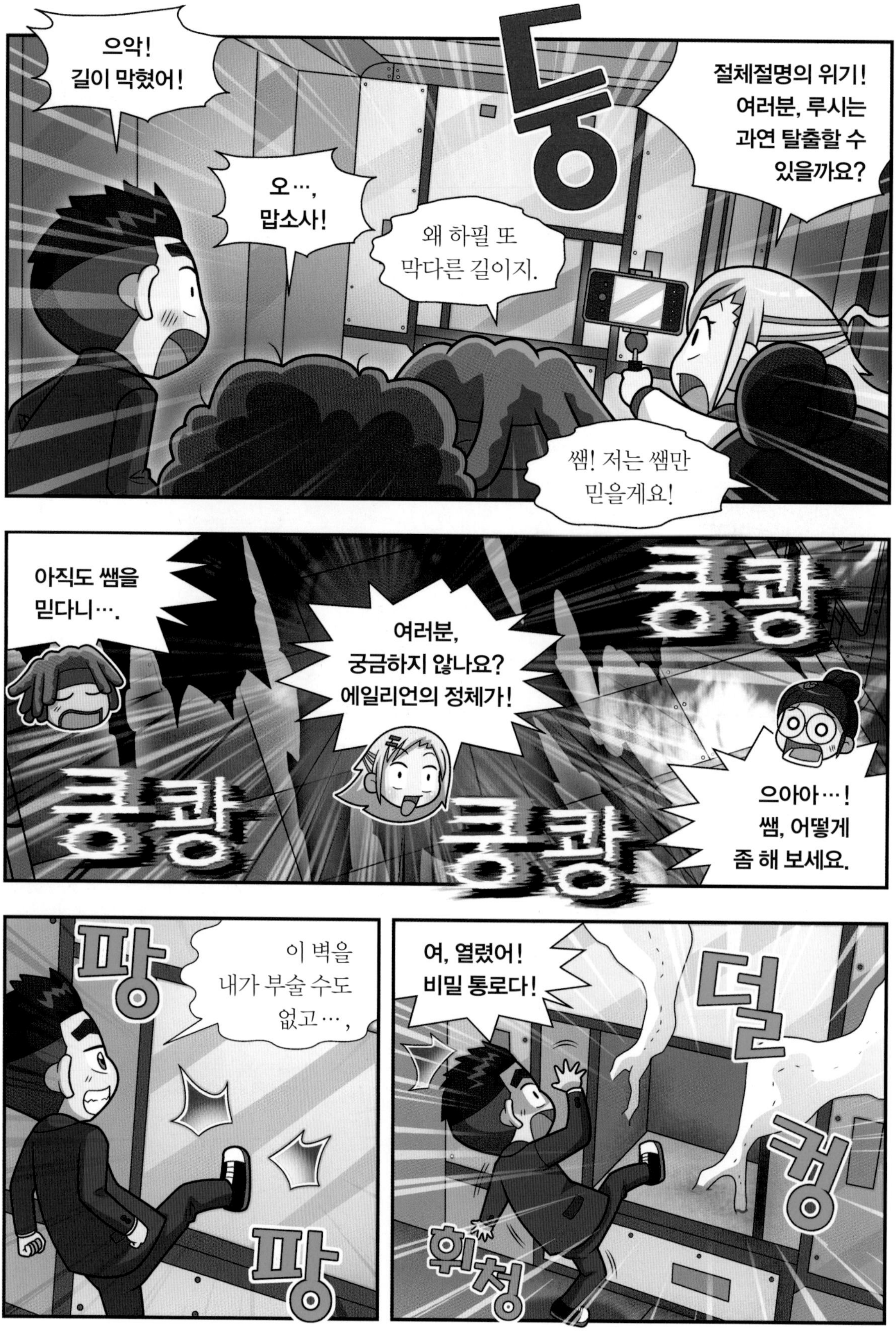
으악!
길이 막혔어!
둥
절체절명의 위기!
여러분, 루시는
과연 탈출할 수
있을까요?
오…,
맙소사!
왜 하필 또
막다른 길이지.
쌤! 저는 쌤만
믿을게요!
아직도 쌤을
믿다니….
쿵쾅
여러분,
궁금하지 않나요?
에일리언의 정체가!
쿵쾅
쿵쾅
으아아…!
쌤, 어떻게
좀 해 보세요.
팡
이 벽을
내가 부술 수도
없고…,
팡
여, 열렸어!
비밀 통로다!
덜
컹
휘청

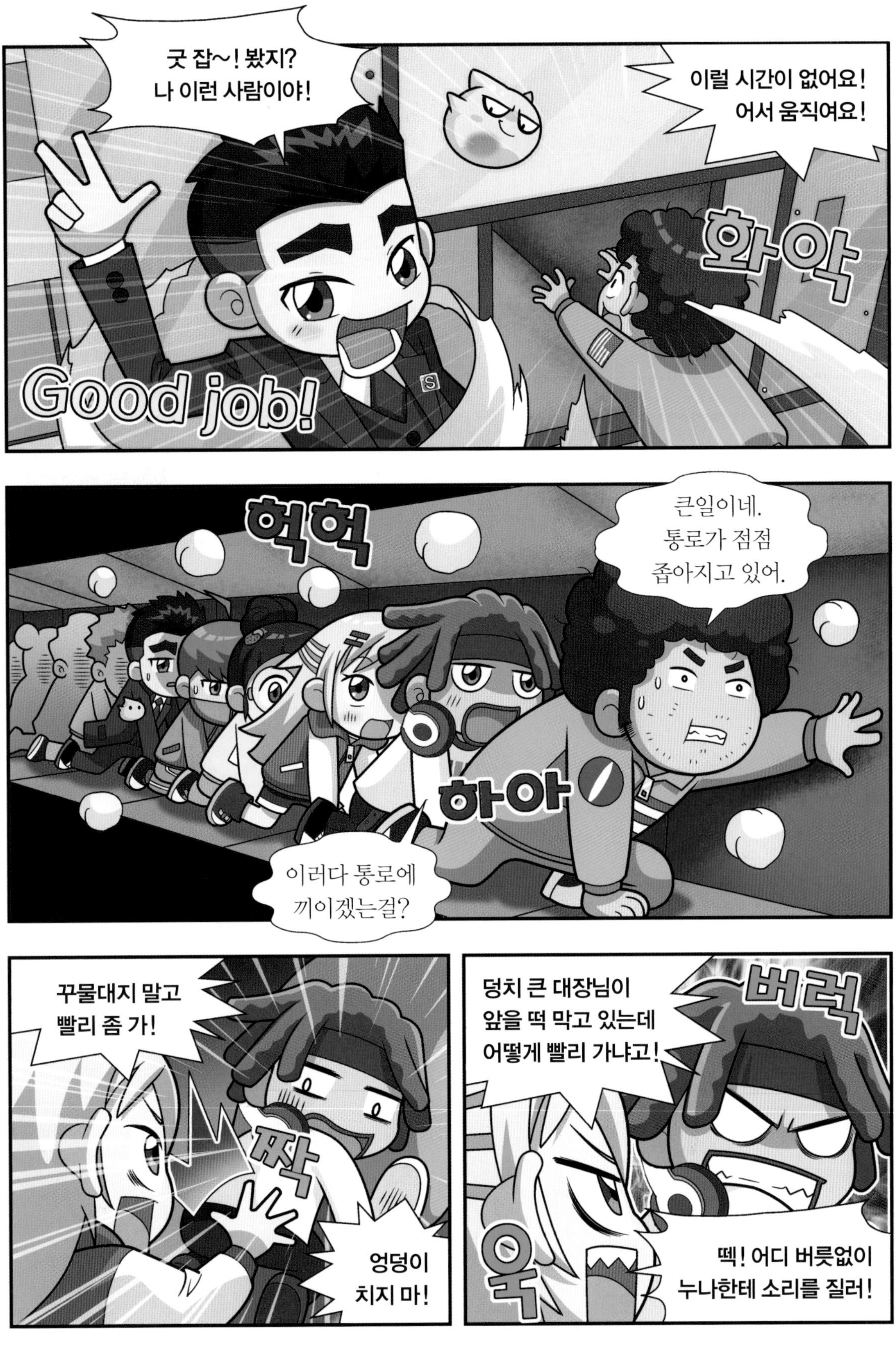
굿 잡~! 봤지?
나 이런 사람이야!
이럴 시간이 없어요!
어서 움직여요!
화악
Good job!
헉헉
큰일이네.
통로가 점점
좁아지고 있어.
하아
이러다 통로에
끼이겠는걸?
꾸물대지 말고
빨리 좀 가!
짝
엉덩이
치지 마!
덩치 큰 대장님이
앞을 떡 막고 있는데
어떻게 빨리 가냐고!
버럭
욱
떽! 어디 버릇없이
누나한테 소리를 질러!

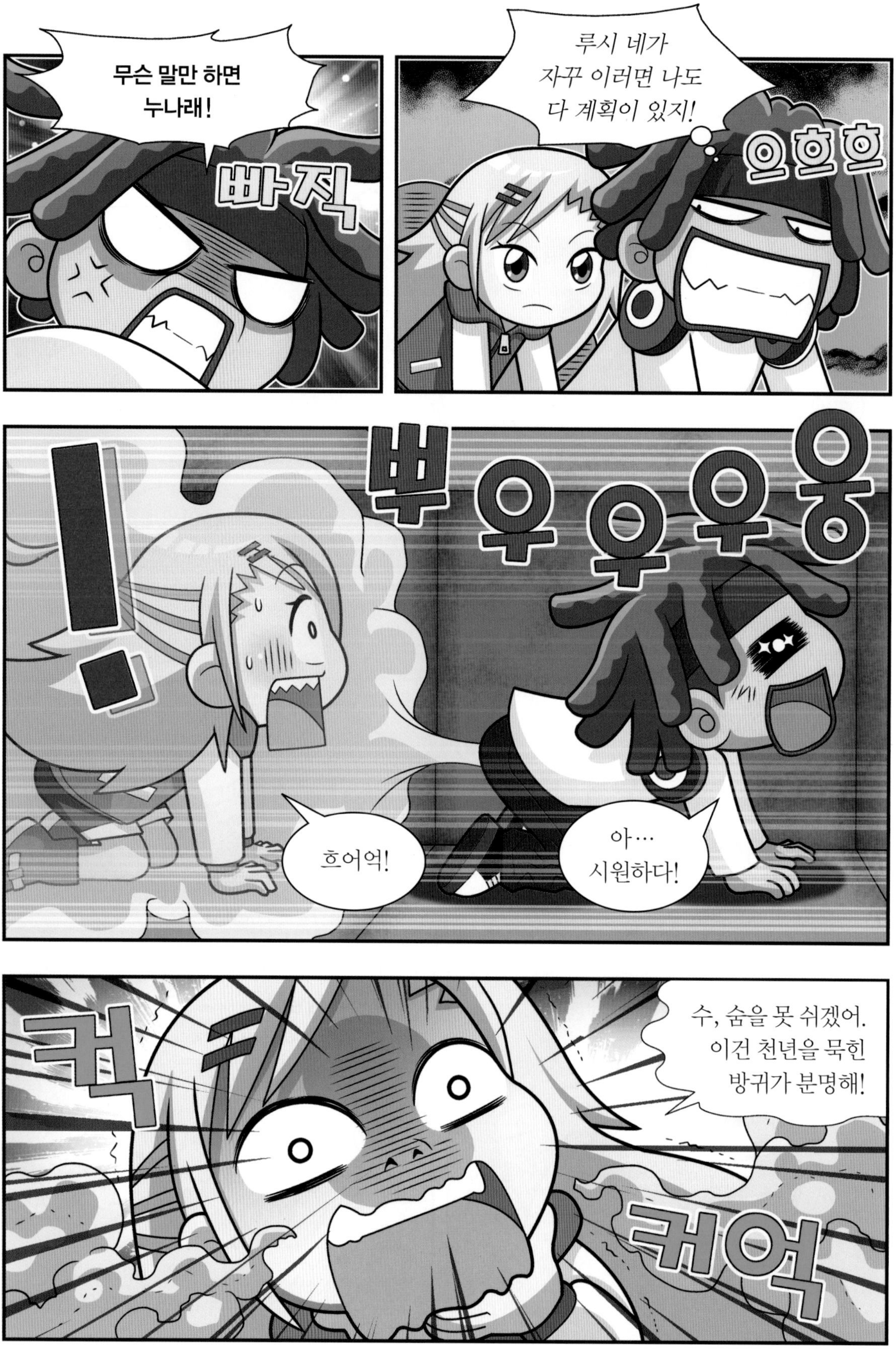
무슨 말만 하면 누나래!
빠직
루시 네가 자꾸 이러면 나도 다 계획이 있지!
으흐흐
!!
뿌우우우웅
흐어억!
아… 시원하다!
수, 숨을 못 쉬겠어. 이건 천년을 묵힌 방귀가 분명해!
컥
커억

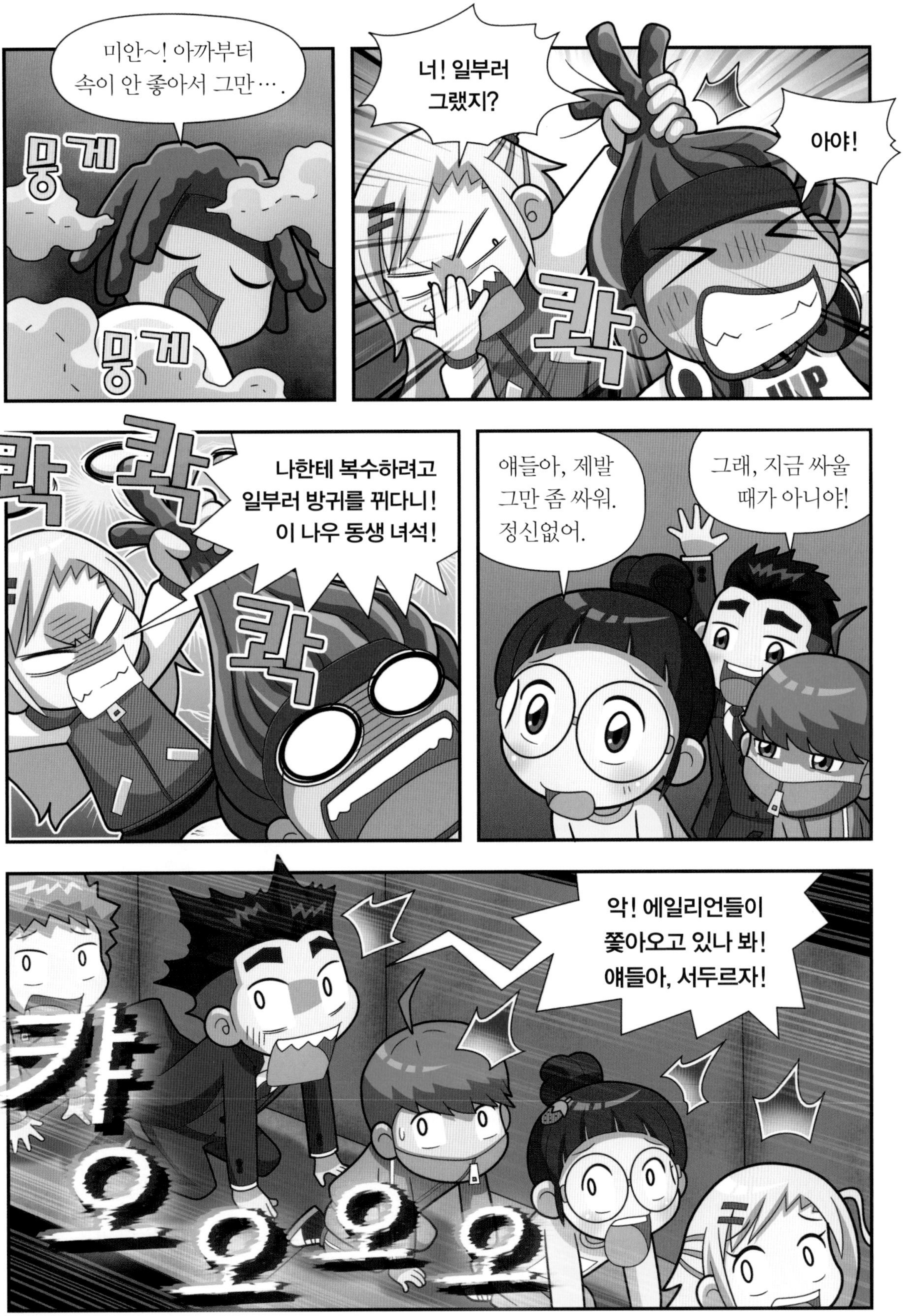
미안~! 아까부터 속이 안 좋아서 그만….
뭉게
뭉게
너! 일부러 그랬지?
아야!
콱
콱 콱
나한테 복수하려고 일부러 방귀를 뀌다니! 이 나우 동생 녀석!
콱
얘들아, 제발 그만 좀 싸워. 정신없어.
그래, 지금 싸울 때가 아니야!
악! 에일리언들이 쫓아오고 있나 봐! 얘들아, 서두르자!
캬오오오오

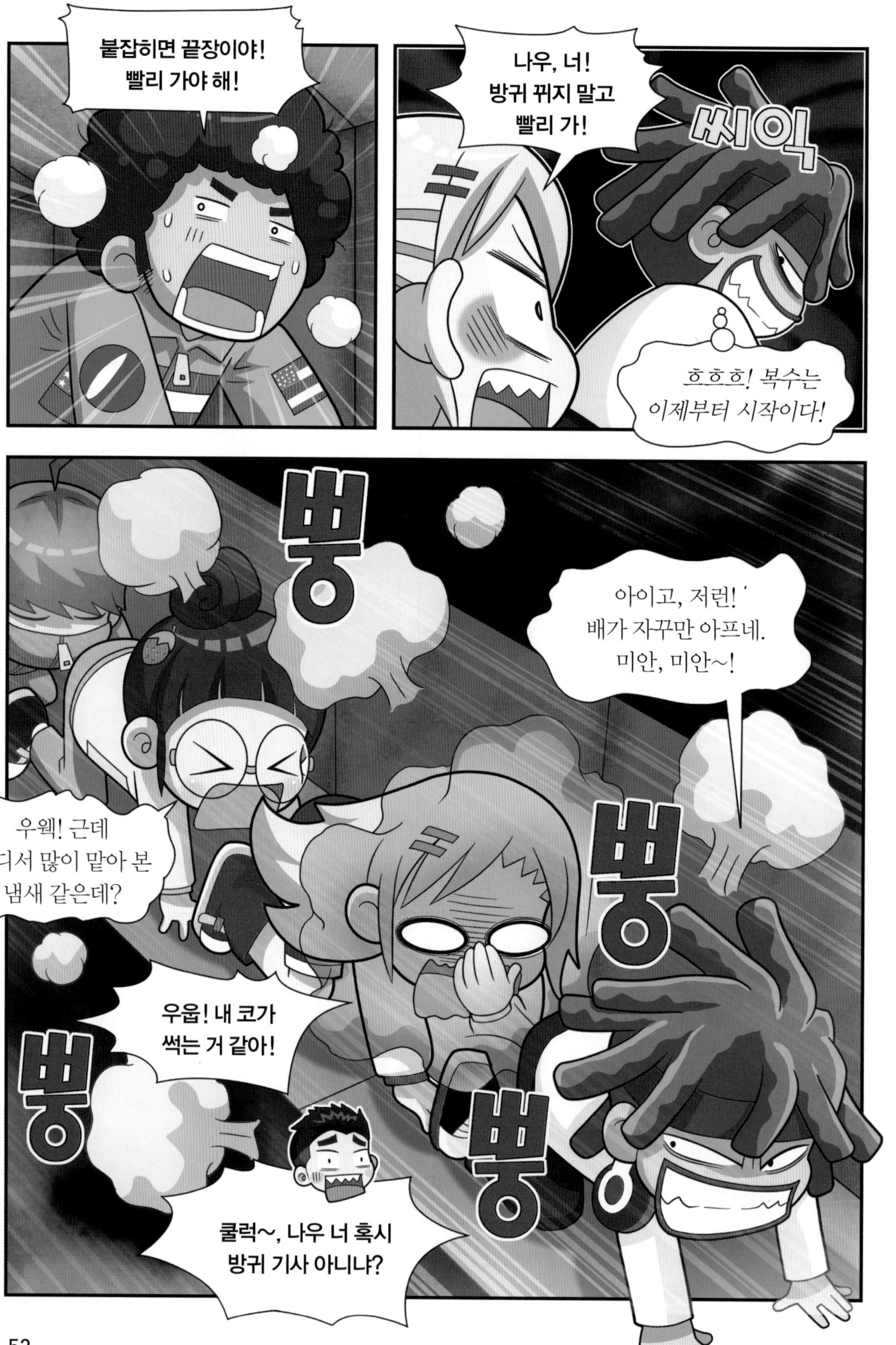
붙잡히면 끝장이야! 빨리 가야 해!
나우, 너! 방귀 뀌지 말고 빨리 가!
씨익
흐흐흐! 복수는 이제부터 시작이다!
뿡
아이고, 저런! 배가 자꾸만 아프네. 미안, 미안~!
우웩! 근데 어디서 많이 맡아 본 냄새 같은데?
뿡
우웁! 내 코가 썩는 거 같아!
뿡
뿡
쿨럭~, 나우 너 혹시 방귀 기사 아니냐?

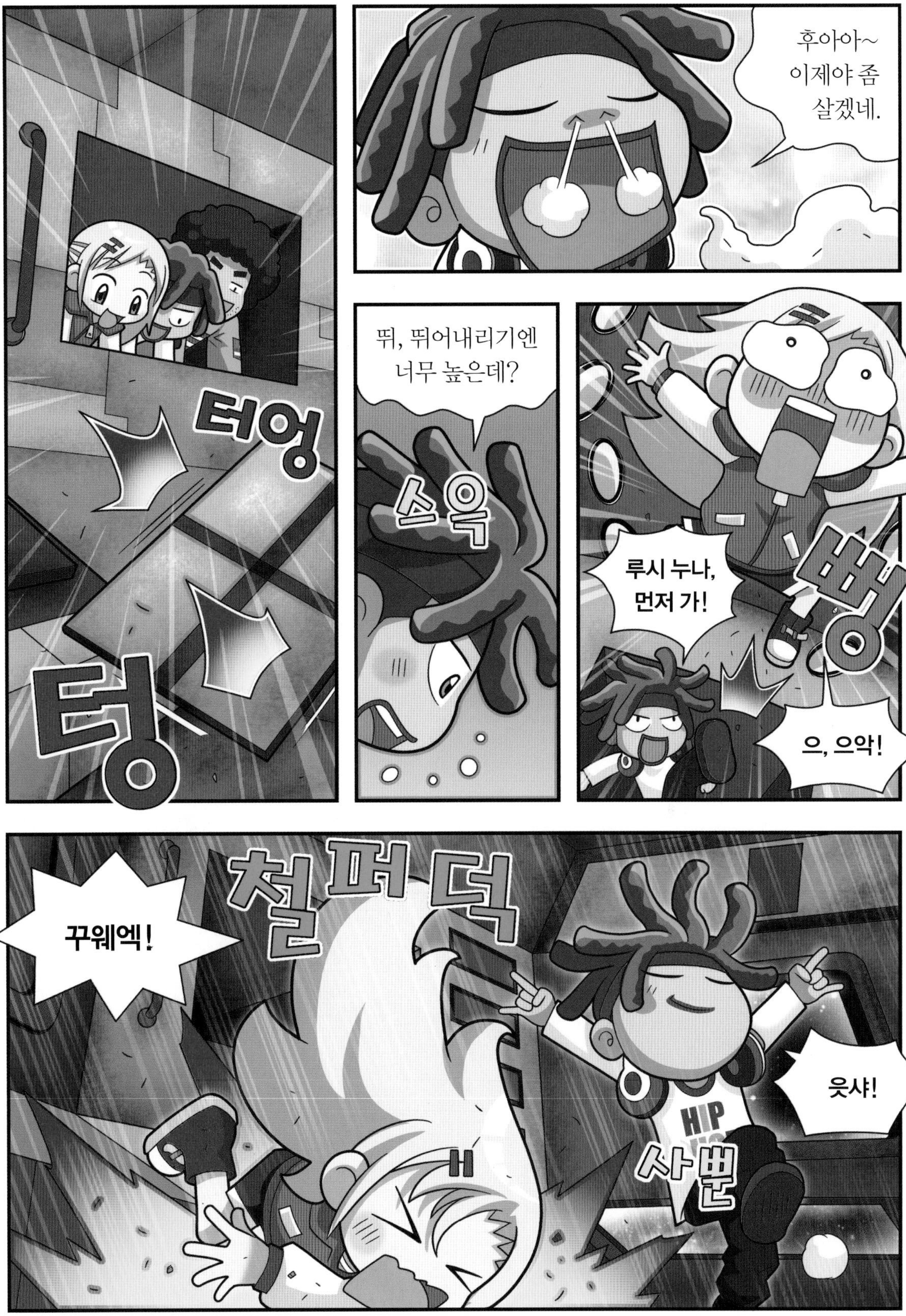

터엉
텅
후아아~
이제야 좀
살겠네.
뛰, 뛰어내리기엔
너무 높은데?
스윽
루시 누나,
먼저 가!
뻥
으, 으악!
꾸웨엑!
철퍼덕
웃샤!
사뿐
HIP

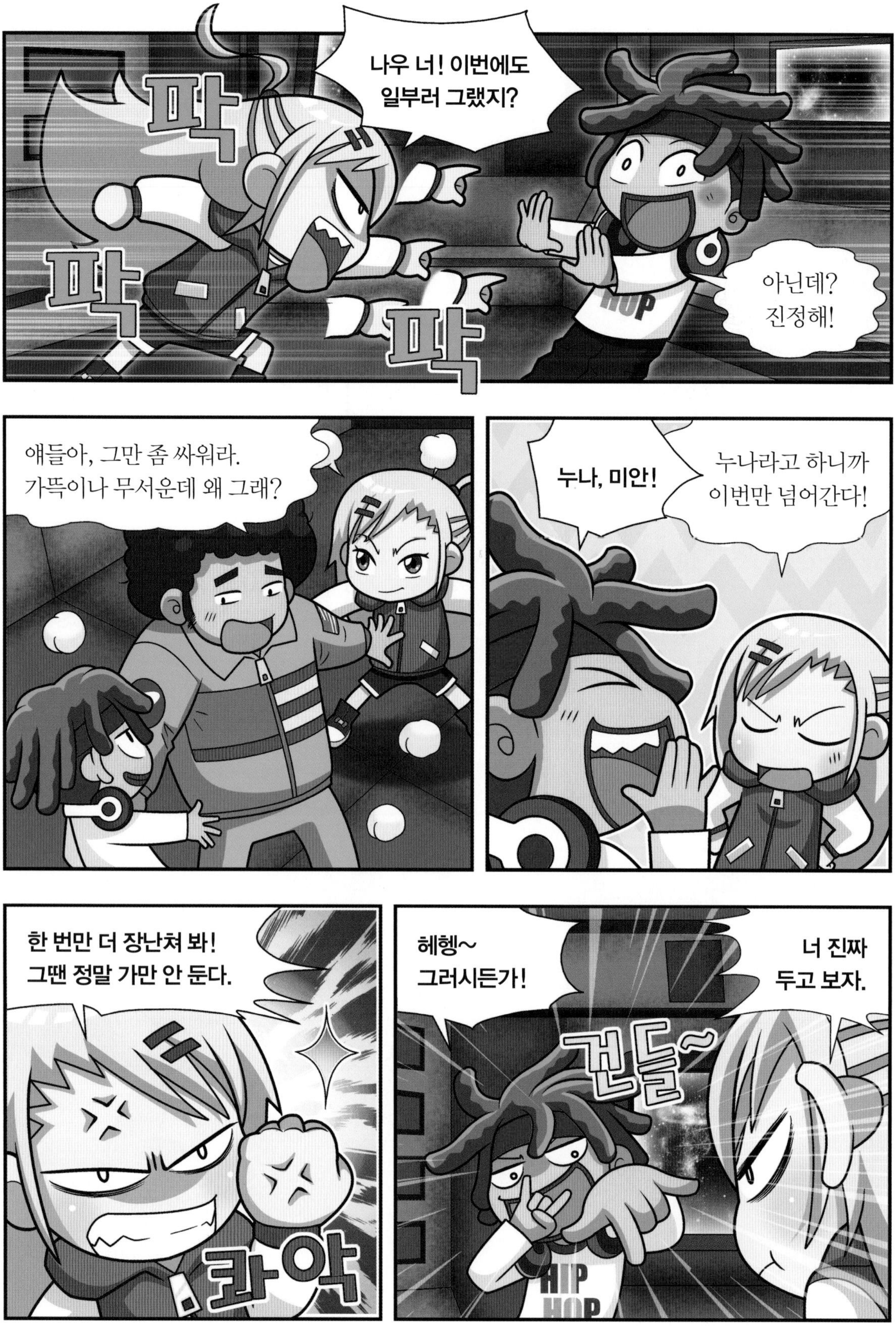

나우 너! 이번에도
일부러 그랬지?
팍
팍
팍
아닌데?
진정해!
얘들아, 그만 좀 싸워라.
가뜩이나 무서운데 왜 그래?
누나, 미안!
누나라고 하니까
이번만 넘어간다!
한 번만 더 장난쳐 봐!
그땐 정말 가만 안 둔다.
콰악
헤헹~
그러시든가!
너 진짜
두고 보자.
건들~
HIP
HOP

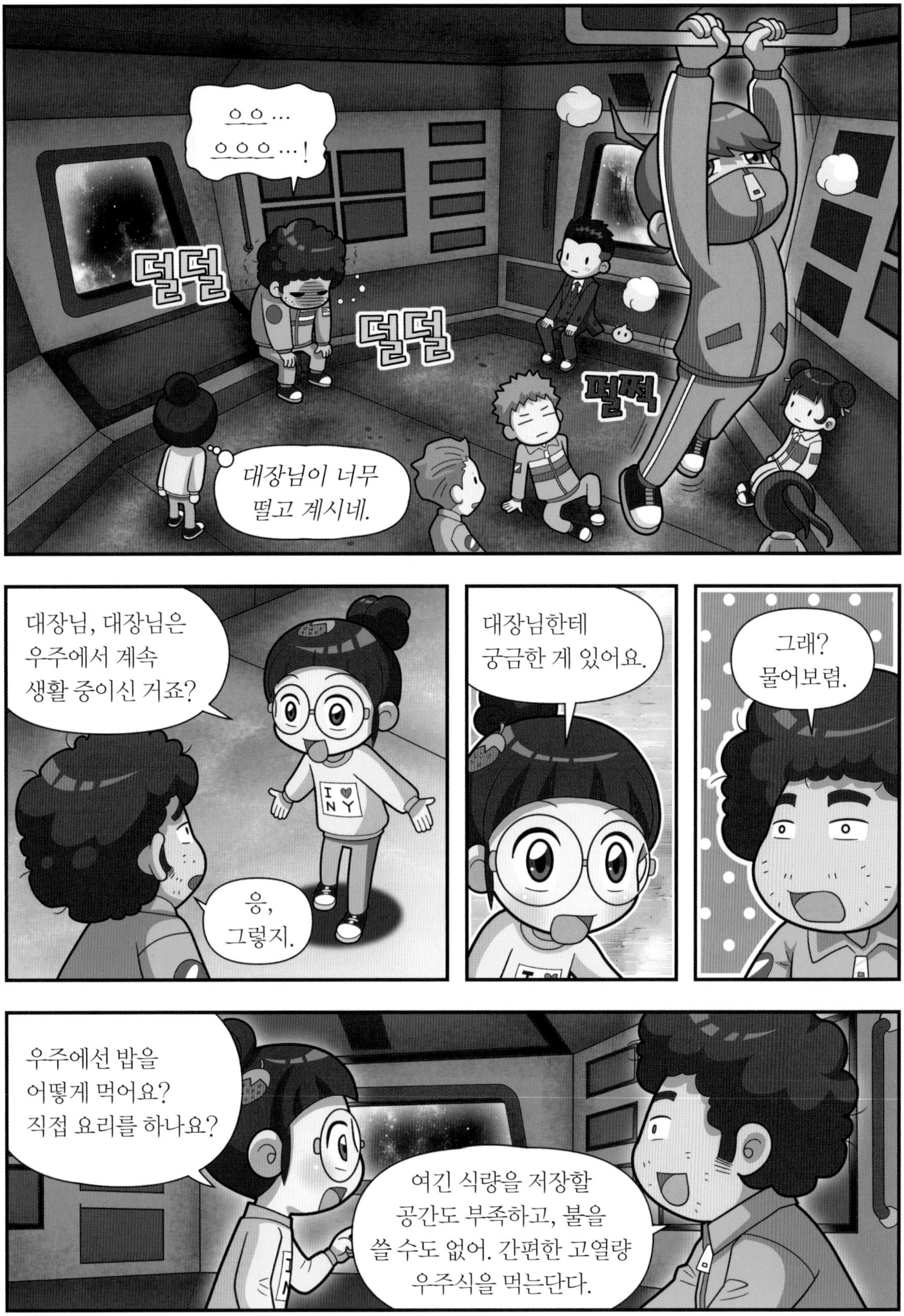

ㅇㅇ… ㅇㅇㅇ…!
덜덜
덜덜
펄쩍
대장님이 너무 떨고 계시네.
대장님, 대장님은 우주에서 계속 생활 중이신 거죠?
응, 그렇지.
대장님한테 궁금한 게 있어요.
그래? 물어보렴.
우주에선 밥을 어떻게 먹어요? 직접 요리를 하나요?
여긴 식량을 저장할 공간도 부족하고, 불을 쓸 수도 없어. 간편한 고열량 우주식을 먹는단다.

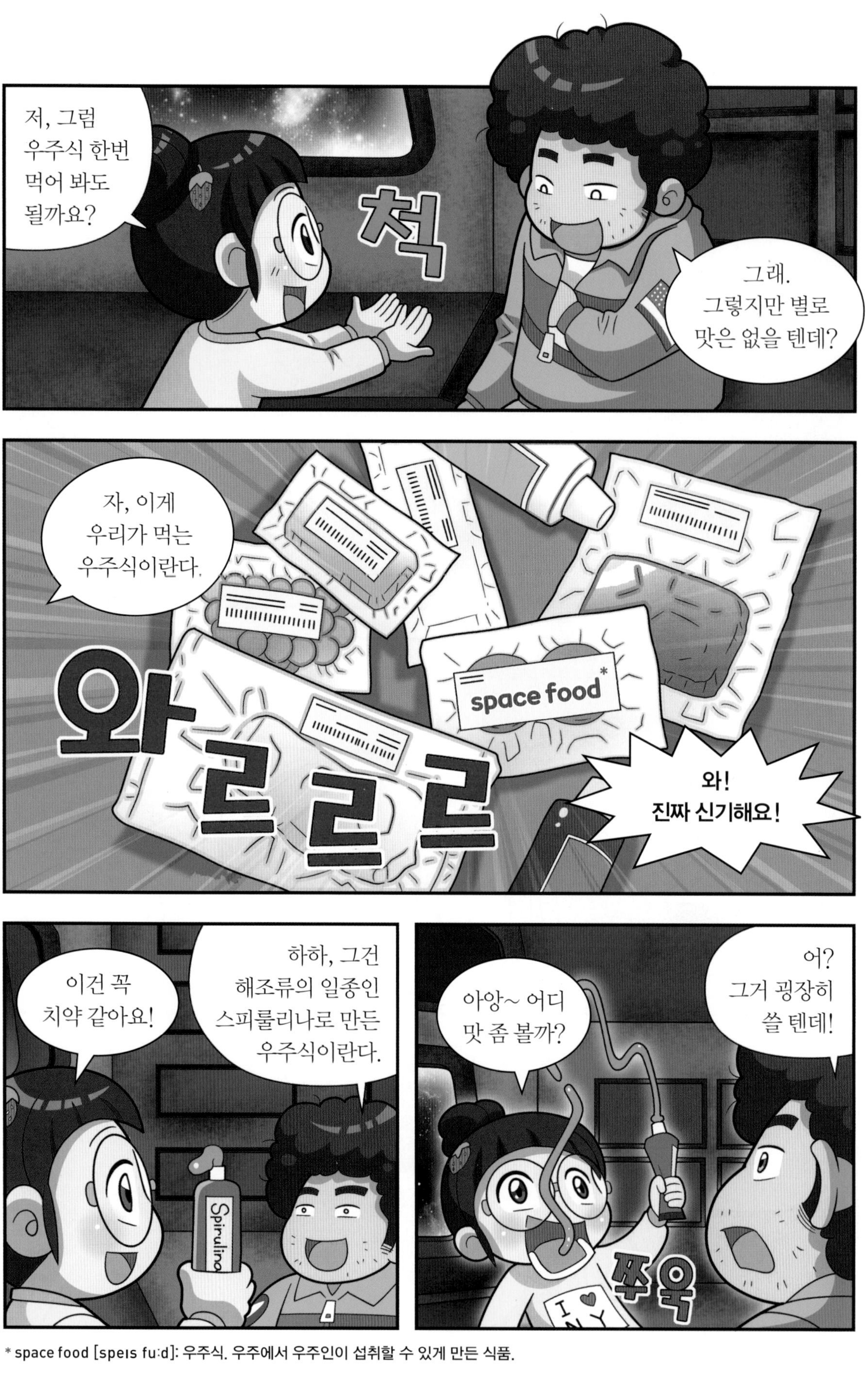

저, 그럼 우주식 한번 먹어 봐도 될까요?
척
그래. 그렇지만 별로 맛은 없을 텐데?
자, 이게 우리가 먹는 우주식이란다.
space food*
와르르르
와! 진짜 신기해요!
이건 꼭 치약 같아요!
하하, 그건 해조류의 일종인 스피룰리나로 만든 우주식이란다.
Spirulina
아앙~ 어디 맛 좀 볼까?
어? 그거 굉장히 쓸 텐데!
쪼옥

* space food [speɪs fuːd]: 우주식. 우주에서 우주인이 섭취할 수 있게 만든 식품.

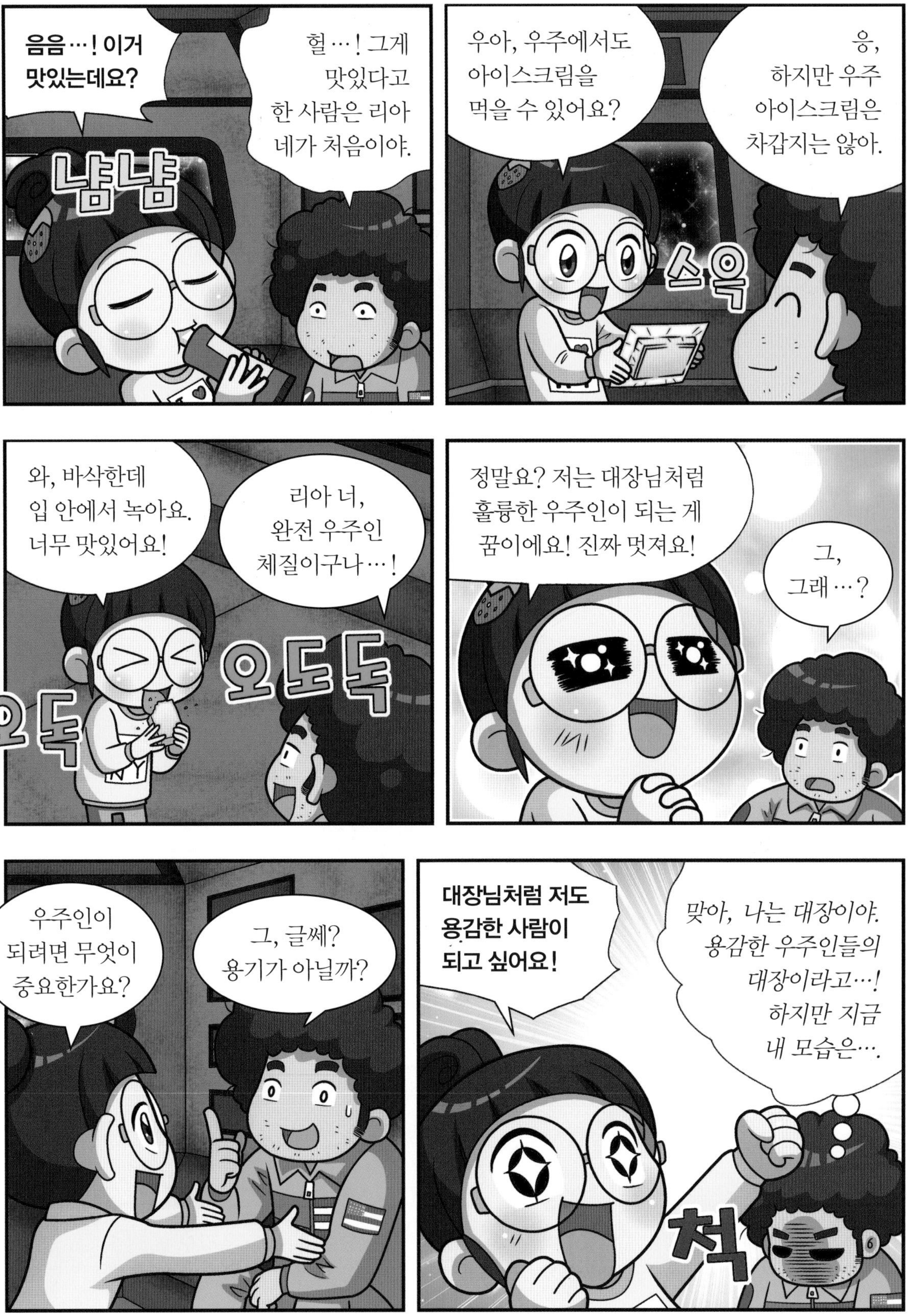
음음…! 이거 맛있는데요?
헐…! 그게 맛있다고 한 사람은 리아 네가 처음이야.
냠냠
우아, 우주에서도 아이스크림을 먹을 수 있어요?
응, 하지만 우주 아이스크림은 차갑지는 않아.
스윽
와, 바삭한데 입 안에서 녹아요. 너무 맛있어요!
리아 너, 완전 우주인 체질이구나…!
오독
오도독
정말요? 저는 대장님처럼 훌륭한 우주인이 되는 게 꿈이에요! 진짜 멋져요!
그, 그래…?
우주인이 되려면 무엇이 중요한가요?
그, 글쎄? 용기가 아닐까?
대장님처럼 저도 용감한 사람이 되고 싶어요!
맞아, 나는 대장이야. 용감한 우주인들의 대장이라고…! 하지만 지금 내 모습은….
척

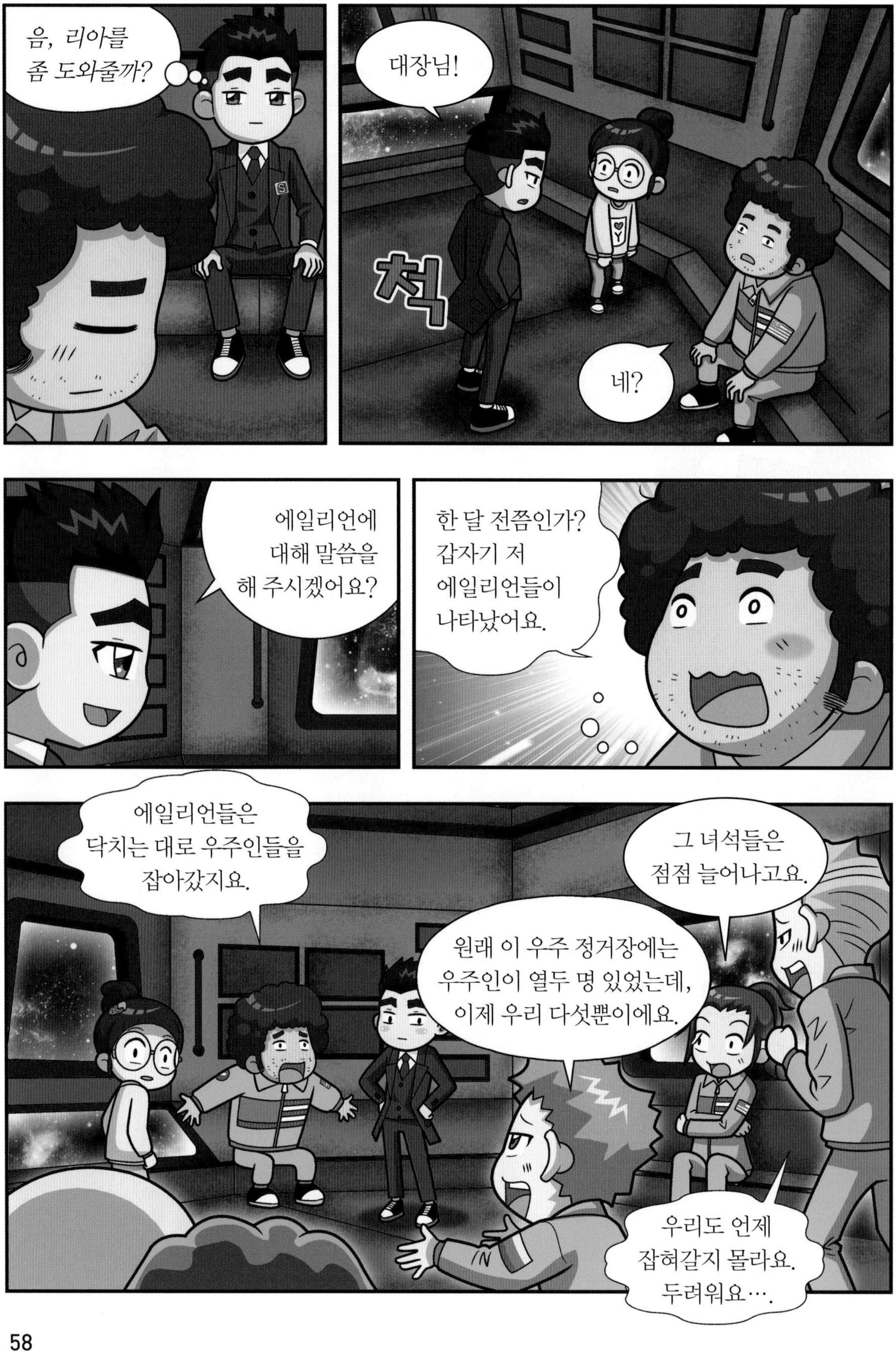
음, 리아를 좀 도와줄까?
대장님!
척
네?
에일리언에 대해 말씀을 해 주시겠어요?
한 달 전쯤인가? 갑자기 저 에일리언들이 나타났어요.
에일리언들은 닥치는 대로 우주인들을 잡아갔지요.
그 녀석들은 점점 늘어나고요.
원래 이 우주 정거장에는 우주인이 열두 명 있었는데, 이제 우리 다섯뿐이에요.
우리도 언제 잡혀갈지 몰라요. 두려워요….

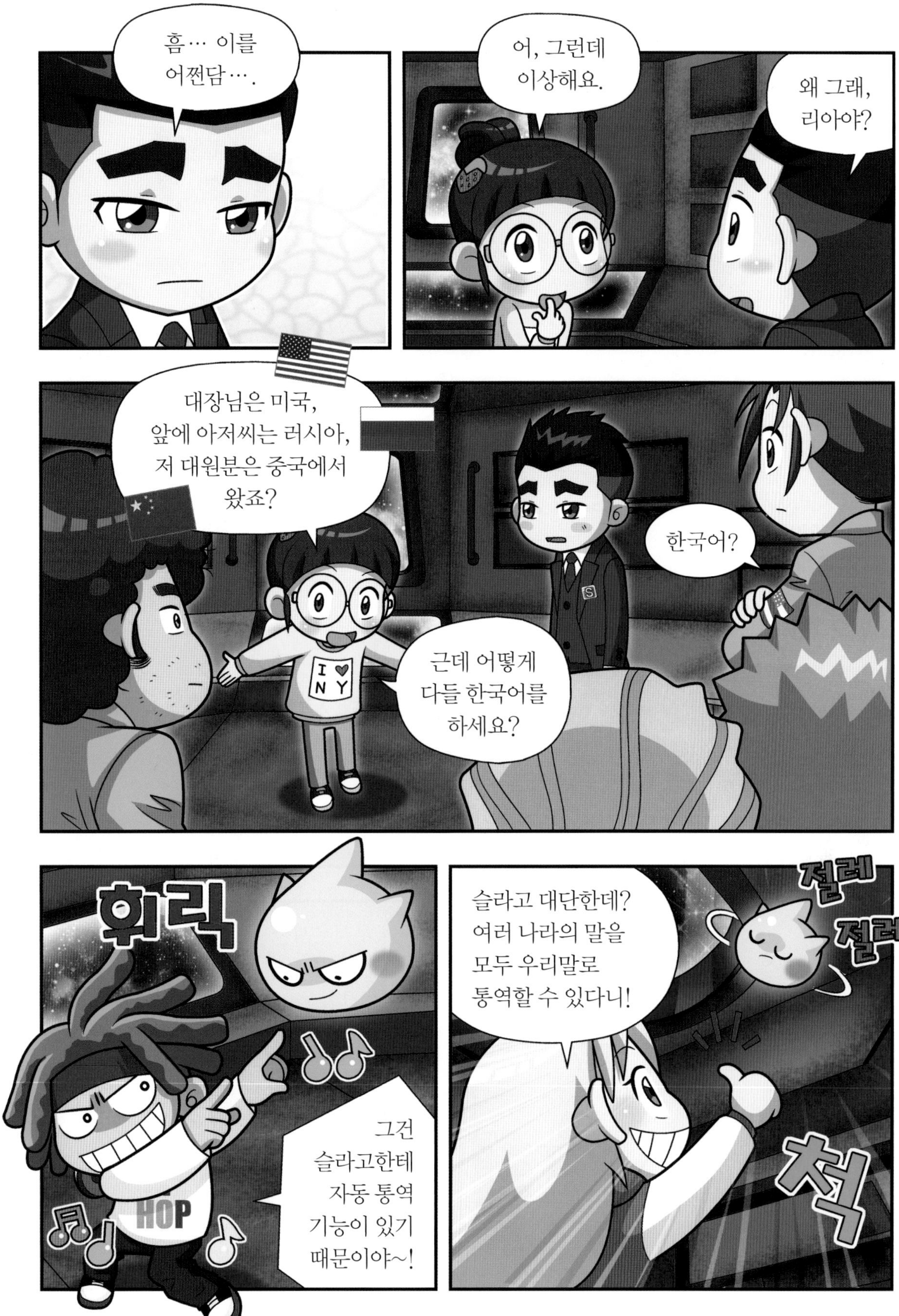
흠… 이를 어쩐담….
어, 그런데 이상해요.
왜 그래, 리아야?
대장님은 미국, 앞에 아저씨는 러시아, 저 대원분은 중국에서 왔죠?
한국어?
근데 어떻게 다들 한국어를 하세요?
휘릭
HOP
그건 슬라고한테 자동 통역 기능이 있기 때문이야~!
슬라고 대단한데? 여러 나라의 말을 모두 우리말로 통역할 수 있다니!
절레
절레
척

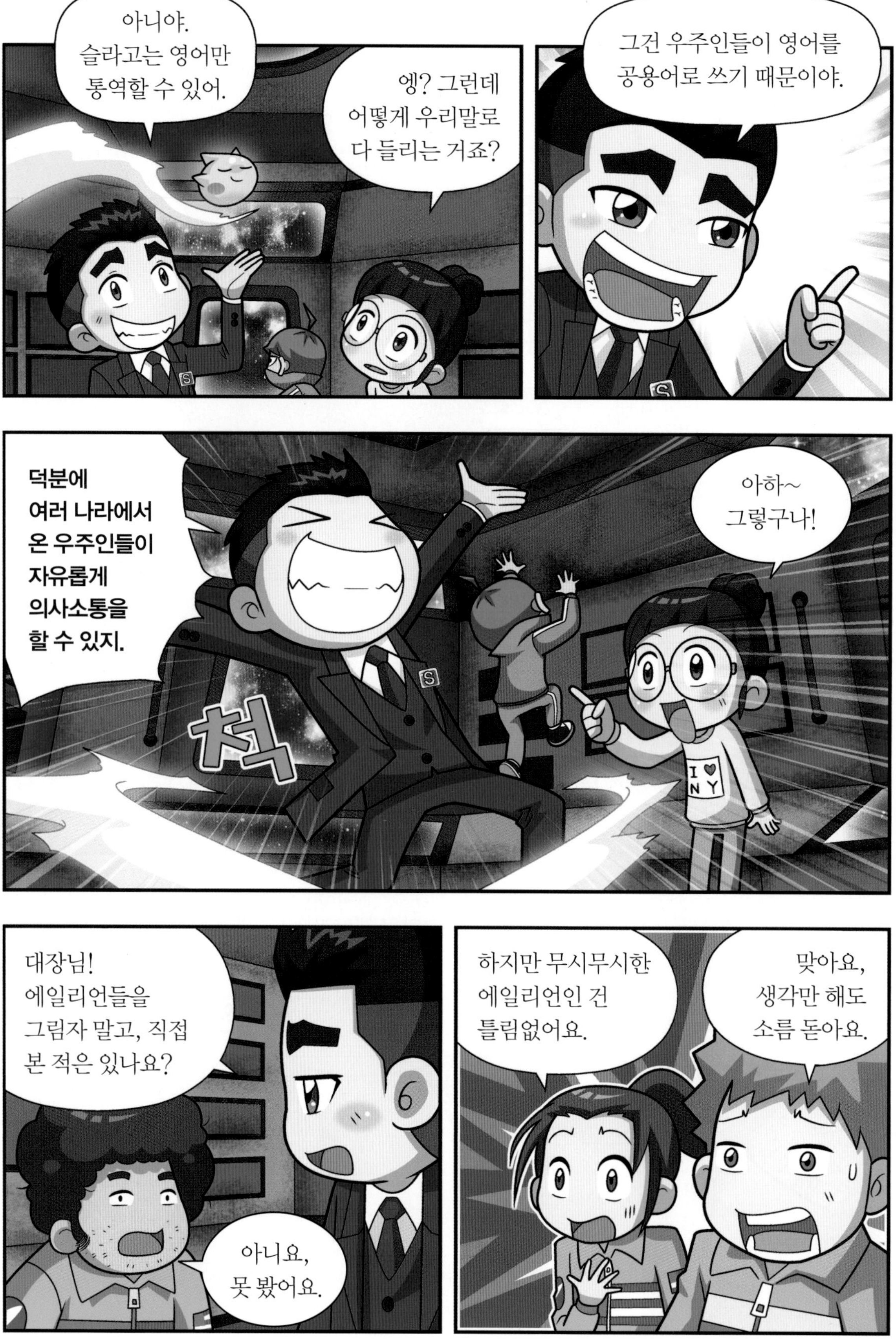
아니야.
슬라고는 영어만
통역할 수 있어.
엥? 그런데
어떻게 우리말로
다 들리는 거죠?
그건 우주인들이 영어를
공용어로 쓰기 때문이야.
덕분에
여러 나라에서
온 우주인들이
자유롭게
의사소통을
할 수 있지.
척
아하~
그렇구나!
대장님!
에일리언들을
그림자 말고, 직접
본 적은 있나요?
아니요,
못 봤어요.
하지만 무시무시한
에일리언인 건
틀림없어요.
맞아요,
생각만 해도
소름 돋아요.

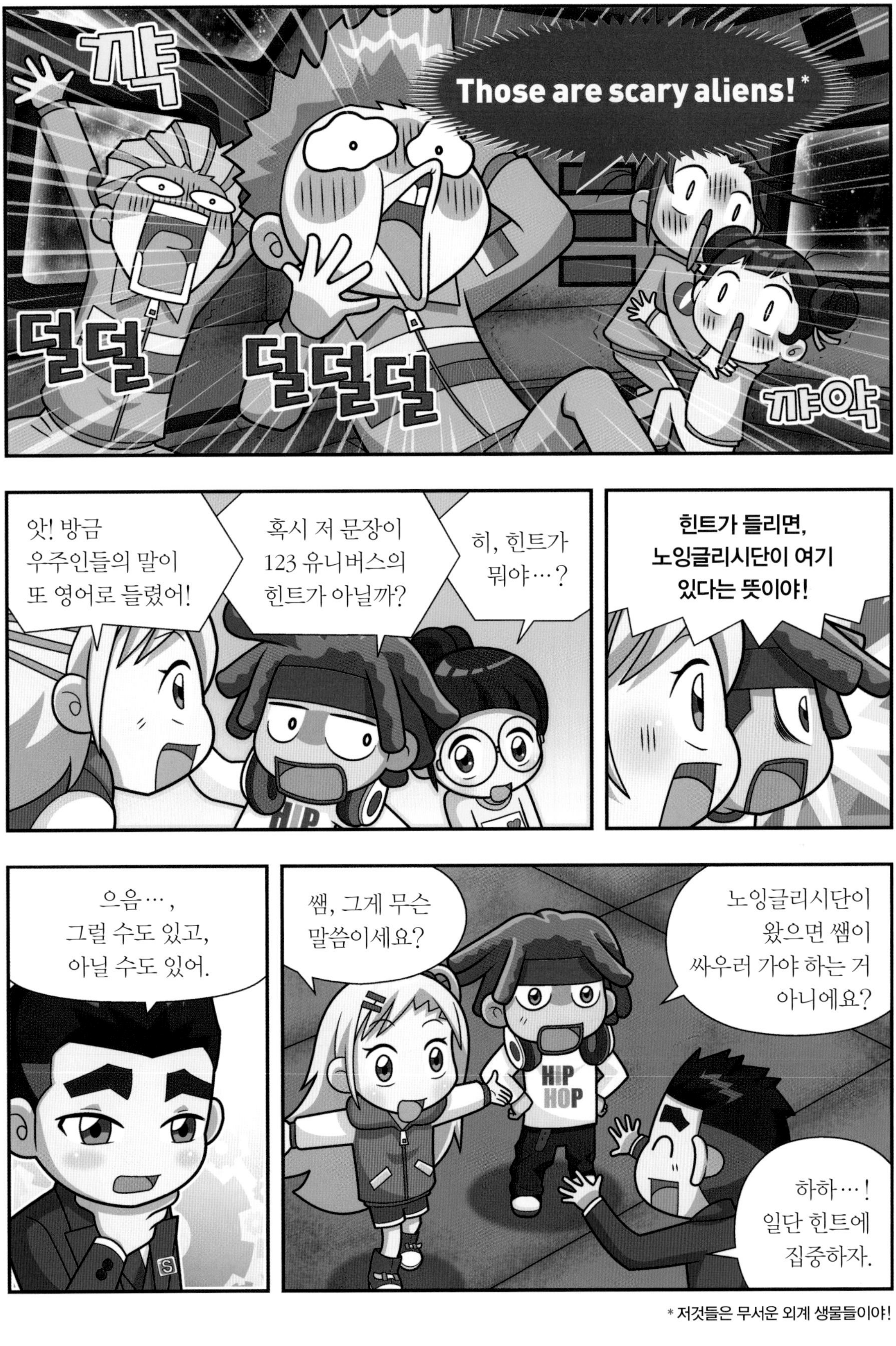
꺄악
Those are scary aliens! *
덜덜
덜덜덜
꺄악
앗! 방금 우주인들의 말이 또 영어로 들렸어!
혹시 저 문장이 123 유니버스의 힌트가 아닐까?
히, 힌트가 뭐야…?
힌트가 들리면, 노잉글리시단이 여기 있다는 뜻이야!
HIP HOP
으음…, 그럴 수도 있고, 아닐 수도 있어.
쌤, 그게 무슨 말씀이세요?
노잉글리시단이 왔으면 쌤이 싸우러 가야 하는 거 아니에요?
하하…! 일단 힌트에 집중하자.

* 저것들은 무서운 외계 생물들이야!

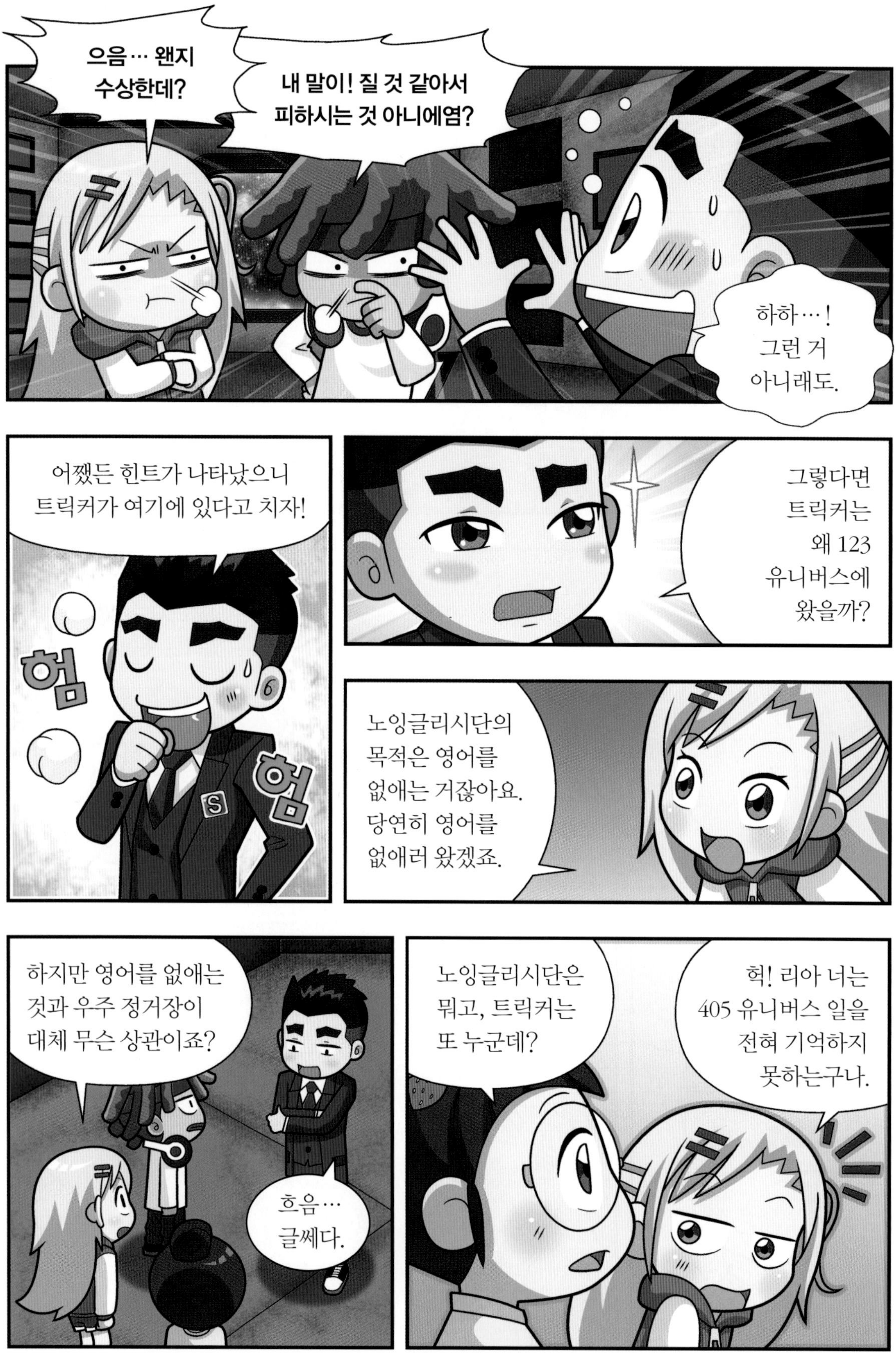

으음… 왠지 수상한데?
내 말이! 질 것 같아서 피하시는 것 아니에염?
하하…! 그런 거 아니래도.
어쨌든 힌트가 나타났으니 트릭커가 여기에 있다고 치자!
흠
흠
그렇다면 트릭커는 왜 123 유니버스에 왔을까?
노잉글리시단의 목적은 영어를 없애는 거잖아요. 당연히 영어를 없애러 왔겠죠.
하지만 영어를 없애는 것과 우주 정거장이 대체 무슨 상관이죠?
흐음… 글쎄다.
헉! 리아 너는 405 유니버스 일을 전혀 기억하지 못하는구나.
노잉글리시단은 뭐고, 트릭커는 또 누군데?

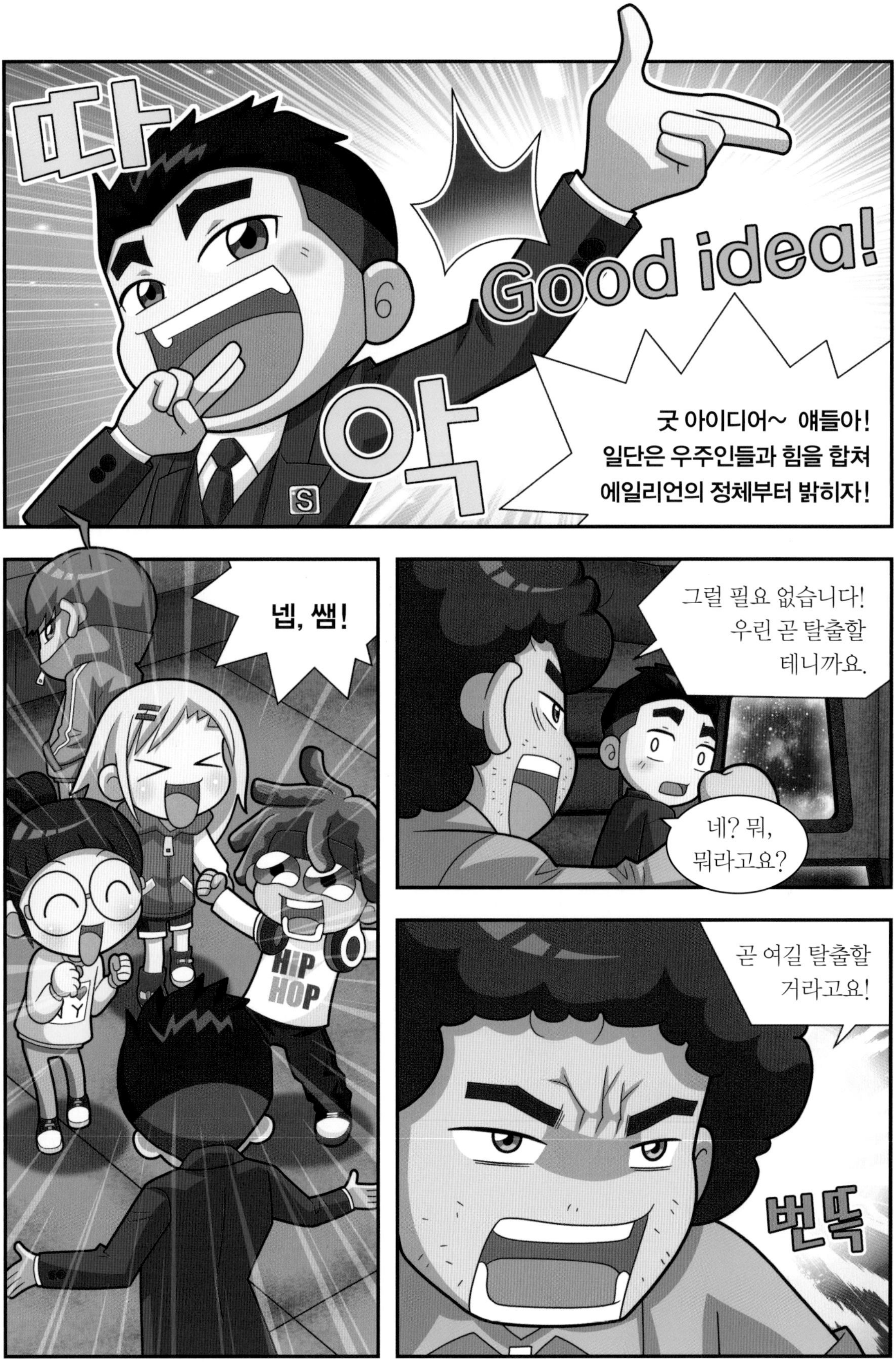
따
악
Good idea!
굿 아이디어~ 얘들아!
일단은 우주인들과 힘을 합쳐
에일리언의 정체부터 밝히자!
넵, 쌤!
HIP HOP
그럴 필요 없습니다!
우린 곧 탈출할
테니까요.
네? 뭐,
뭐라고요?
곧 여길 탈출할
거라고요!
번뜩

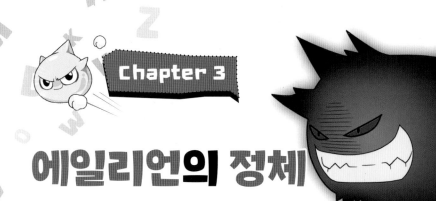

Chapter 3

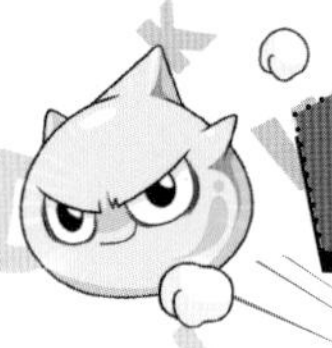

에일리언의 정체

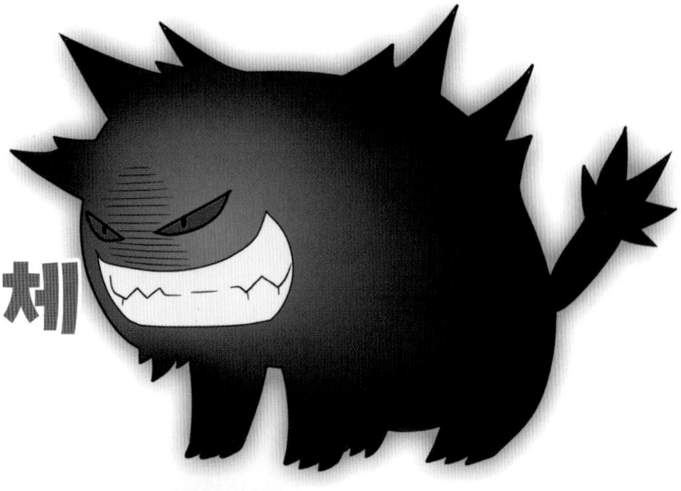

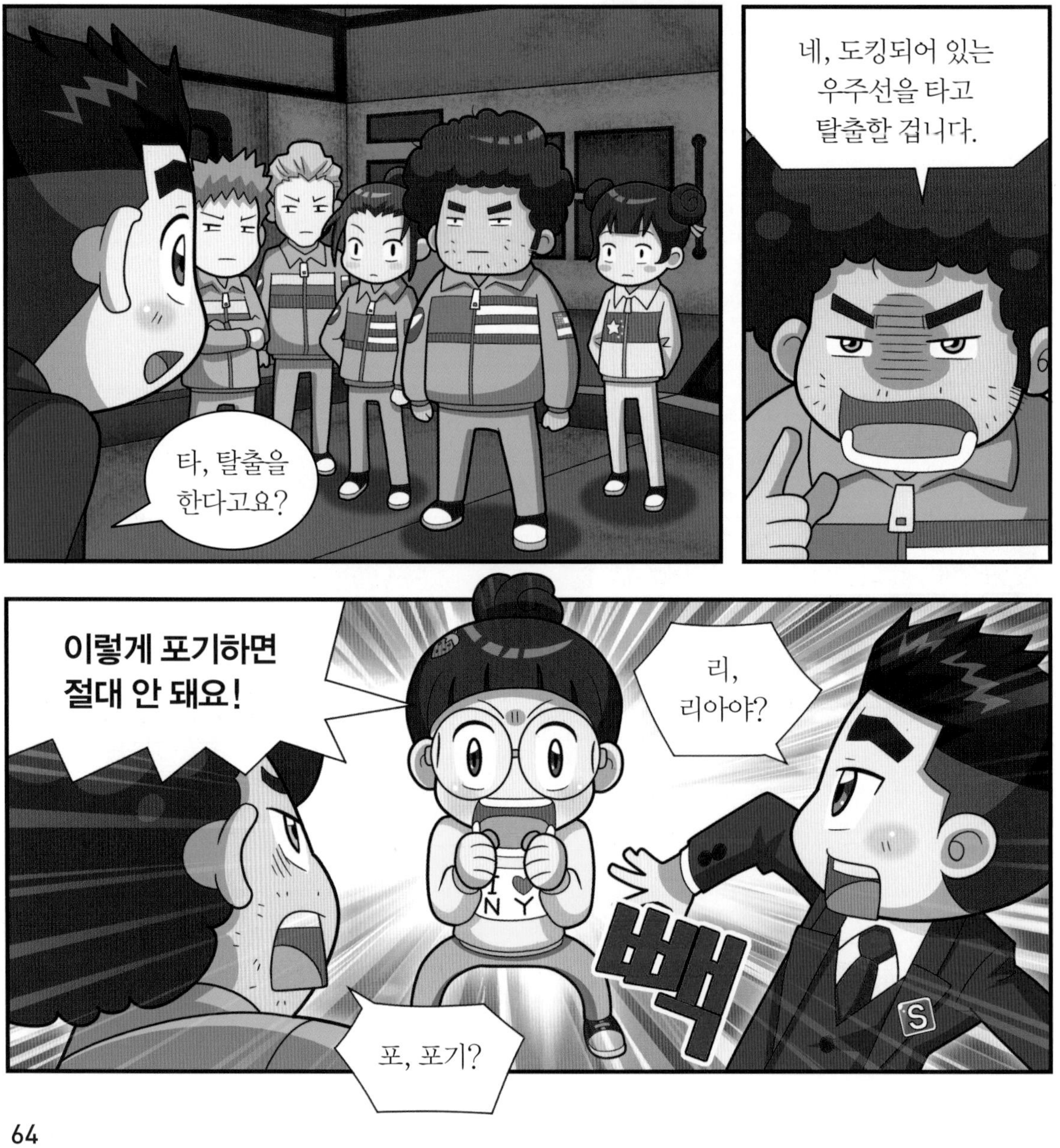
타, 탈출을
한다고요?
네, 도킹되어 있는
우주선을 타고
탈출할 겁니다.
이렇게 포기하면
절대 안 돼요!
리,
리아야?
빽
포, 포기?

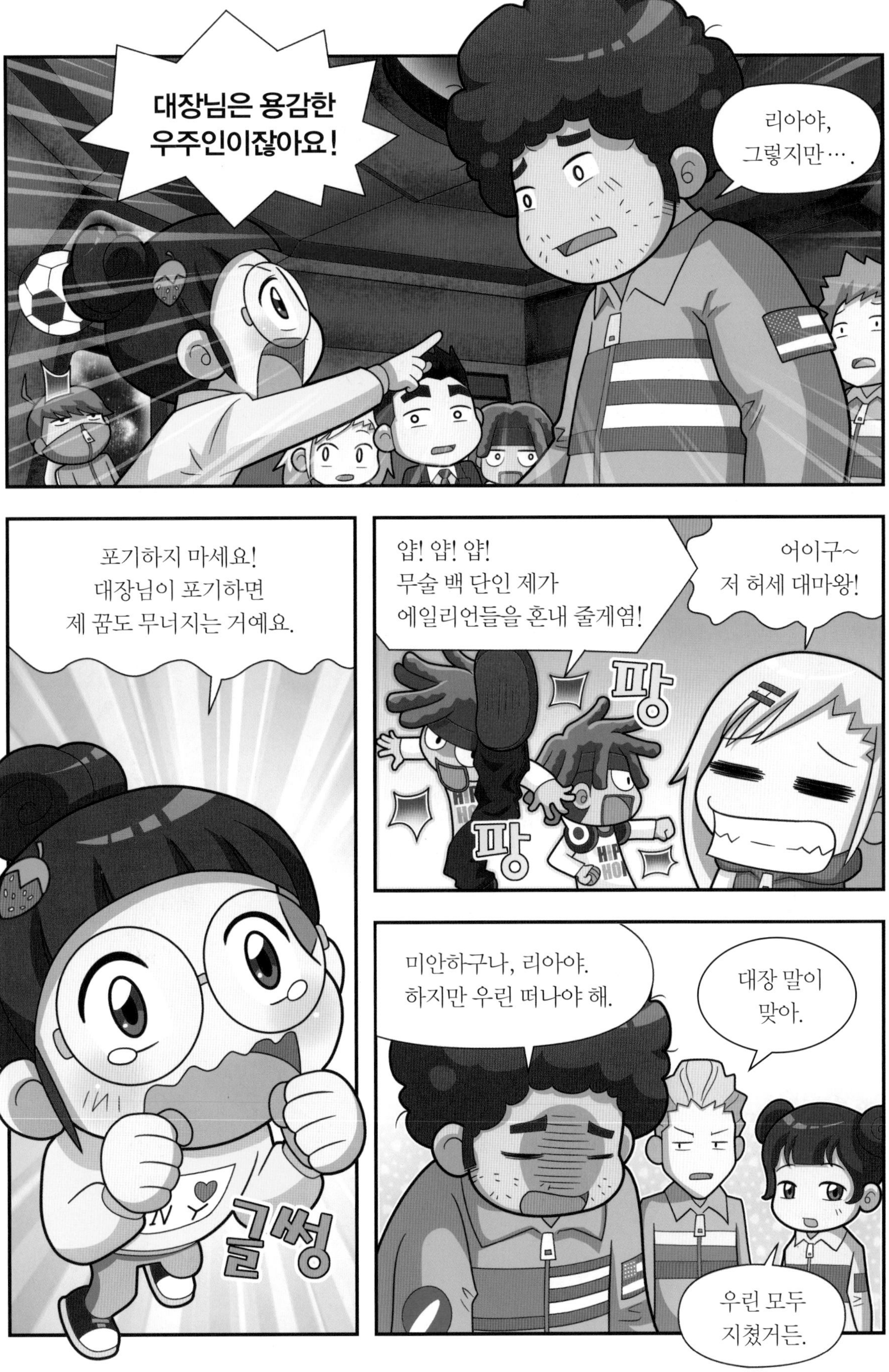
대장님은 용감한
우주인이잖아요!
리아야,
그렇지만….
포기하지 마세요!
대장님이 포기하면
제 꿈도 무너지는 거예요.
글썽
얍! 얍! 얍!
무술 백 단인 제가
에일리언들을 혼내 줄게염!
팡
팡
어이구~
저 허세 대마왕!
미안하구나, 리아야.
하지만 우린 떠나야 해.
대장 말이
맞아.
우린 모두
지쳤거든.

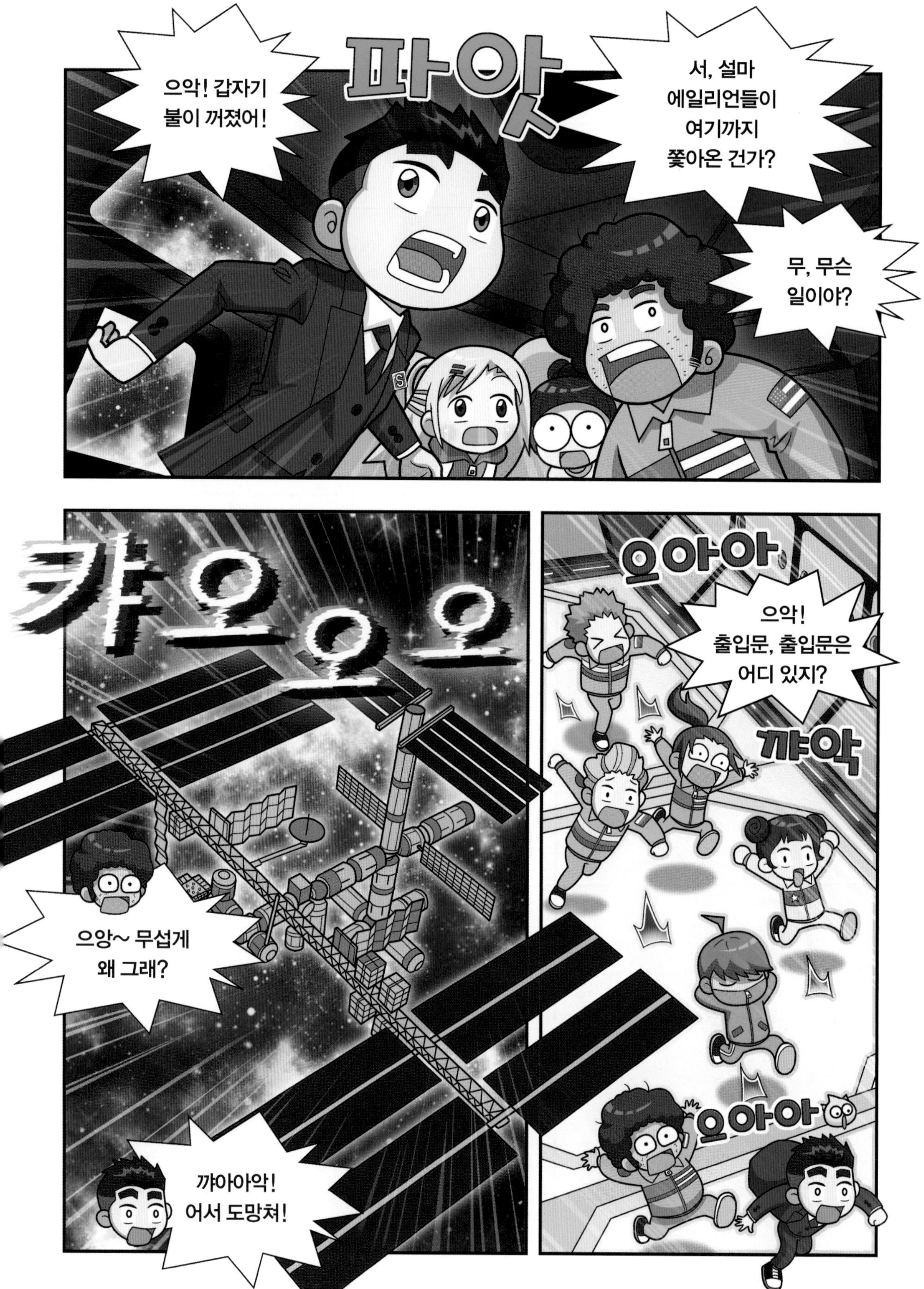

파아
으악! 갑자기 불이 꺼졌어!
서, 설마 에일리언들이 여기까지 쫓아온 건가?
무, 무슨 일이야?
캬오오오
으앙~ 무섭게 왜 그래?
꺄아아악! 어서 도망쳐!
으아아
으악! 출입문, 출입문은 어디 있지?
꺄악
으아아

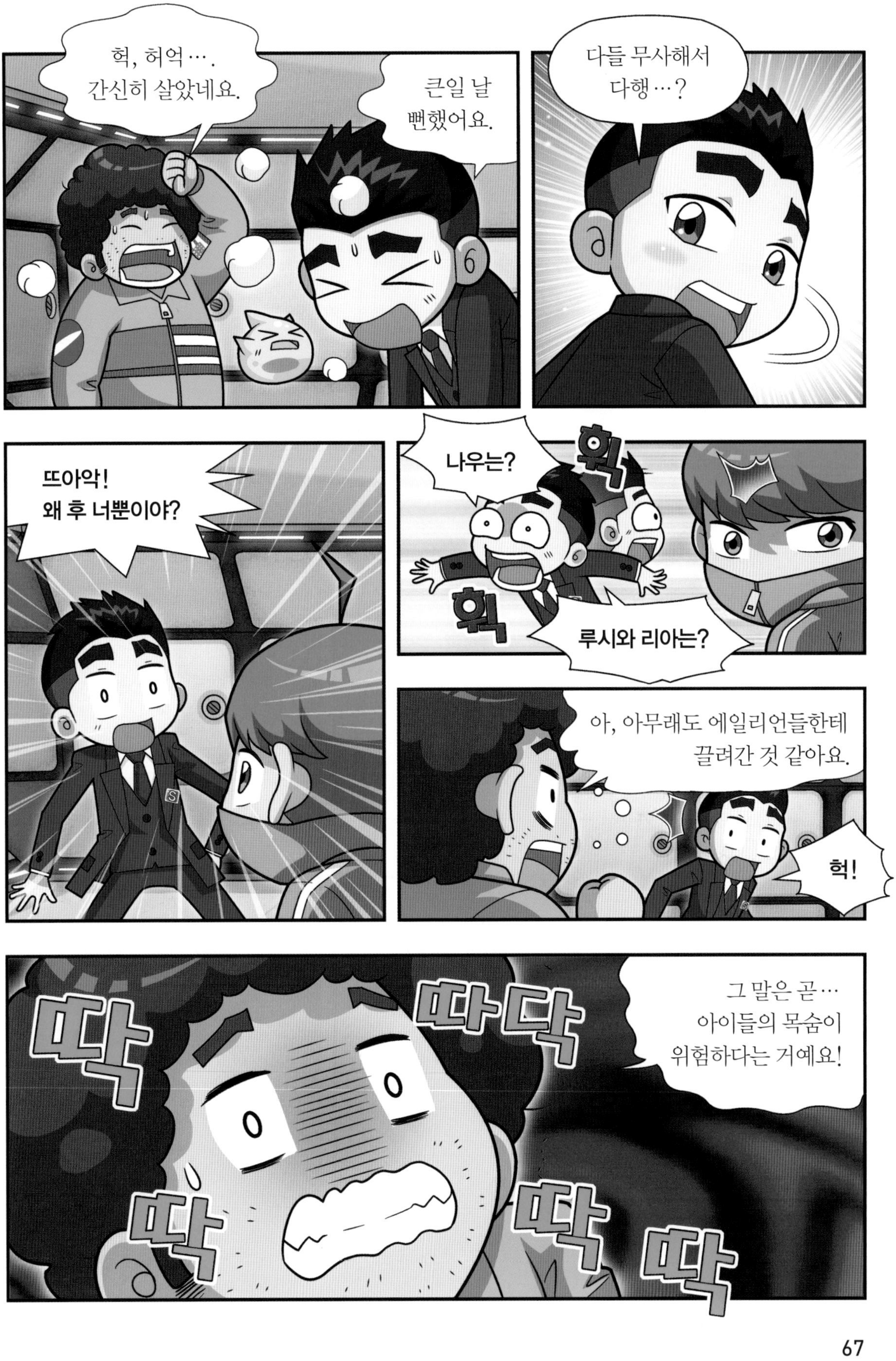

헉, 허억….
간신히 살았네요.
큰일 날
뻔했어요.
다들 무사해서
다행…?
뜨아악!
왜 후 너뿐이야?
나우는?
휙
휙
루시와 리아는?
아, 아무래도 에일리언들한테
끌려간 것 같아요.
헉!
그 말은 곧…
아이들의 목숨이
위험하다는 거예요!
딱
따닥
딱
딱
딱

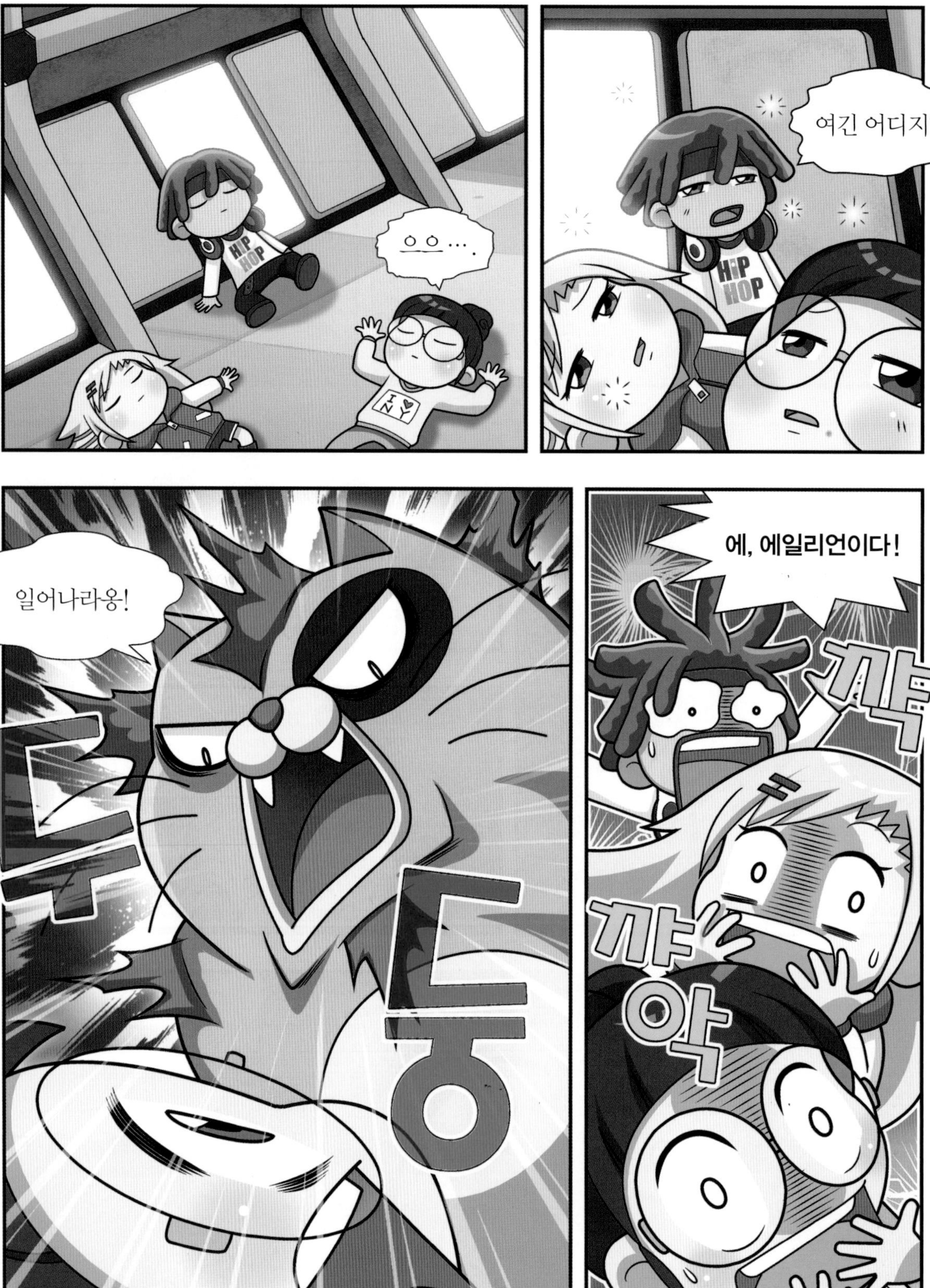
ㅇㅇ….
여긴 어디지?
일어나라옹!
두둥
에, 에일리언이다!
꺅
꺄악

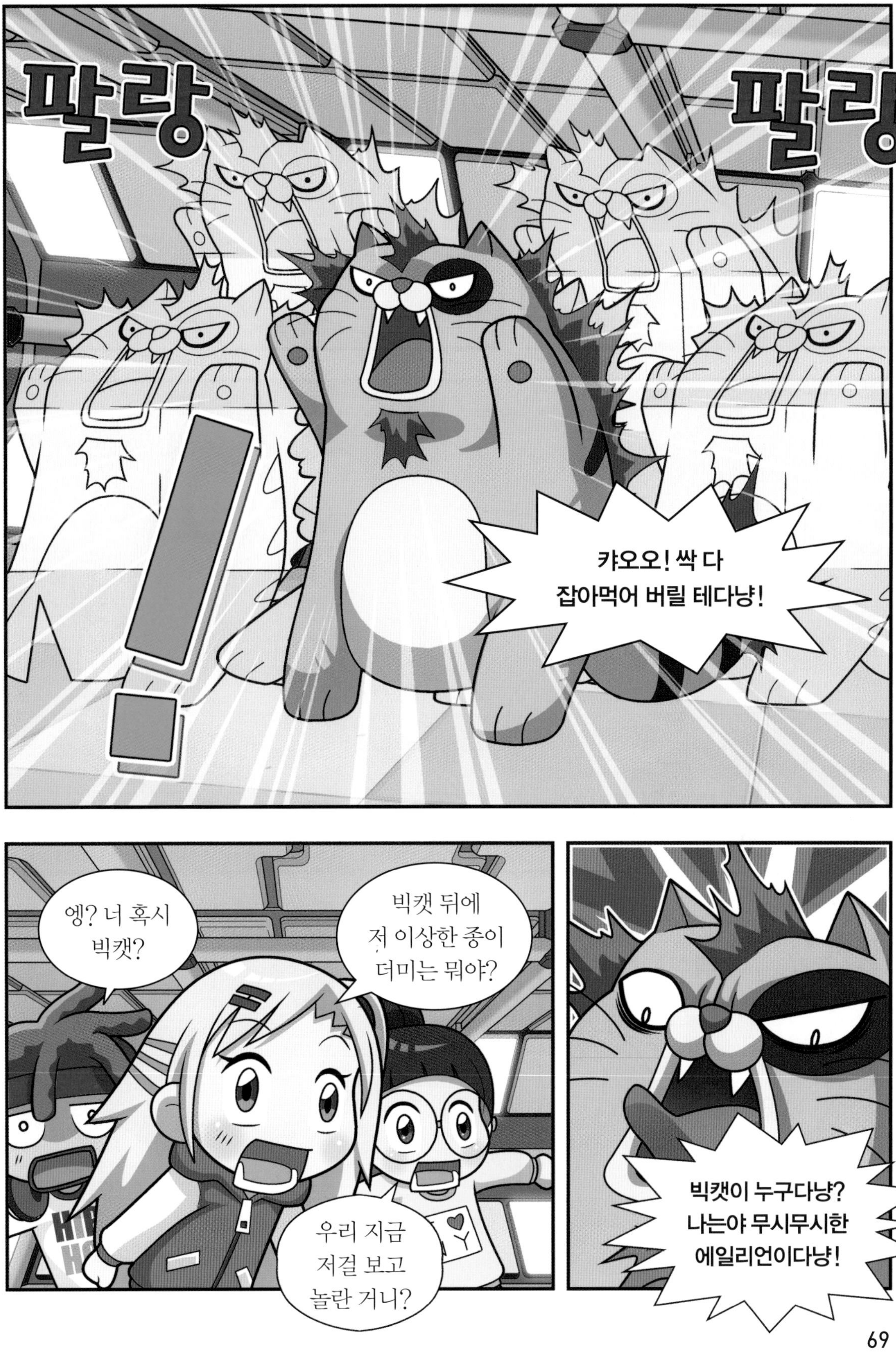
팔랑
팔랑
캬오오! 싹 다 잡아먹어 버릴 테다냥!
엥? 너 혹시 빅캣?
빅캣 뒤에 저 이상한 종이 더미는 뭐야?
우리 지금 저걸 보고 놀란 거니?
빅캣이 누구다냥? 나는야 무시무시한 에일리언이다냥!

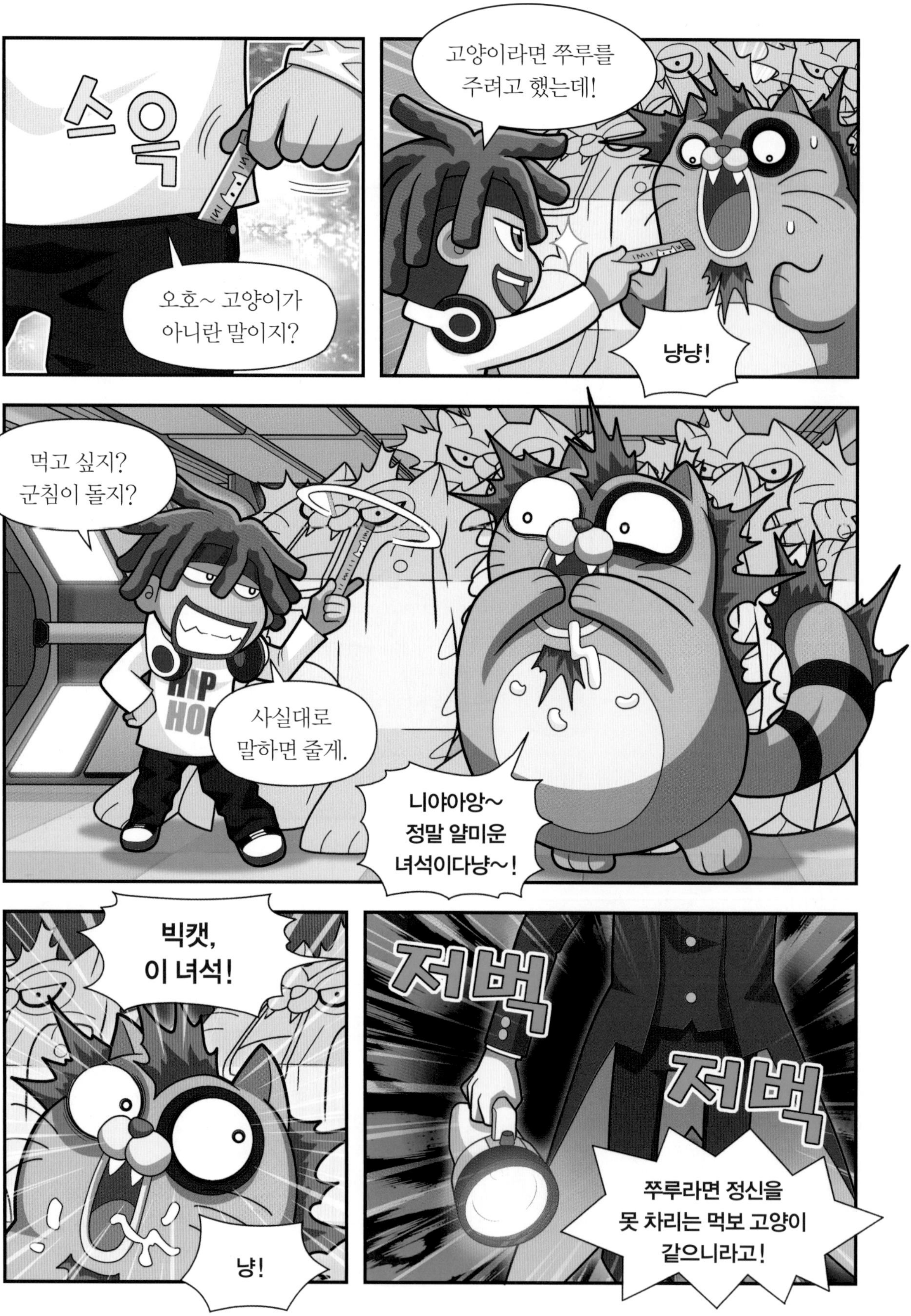
스윽
오호~ 고양이가 아니란 말이지?
고양이라면 쭈루를 주려고 했는데!
냥냥!
먹고 싶지? 군침이 돌지?
HIP HO
사실대로 말하면 줄게.
니야아앙~ 정말 얄미운 녀석이다냥~!
빅캣, 이 녀석!
냥!
저벅
저벅
쭈루라면 정신을 못 차리는 먹보 고양이 같으니라고!

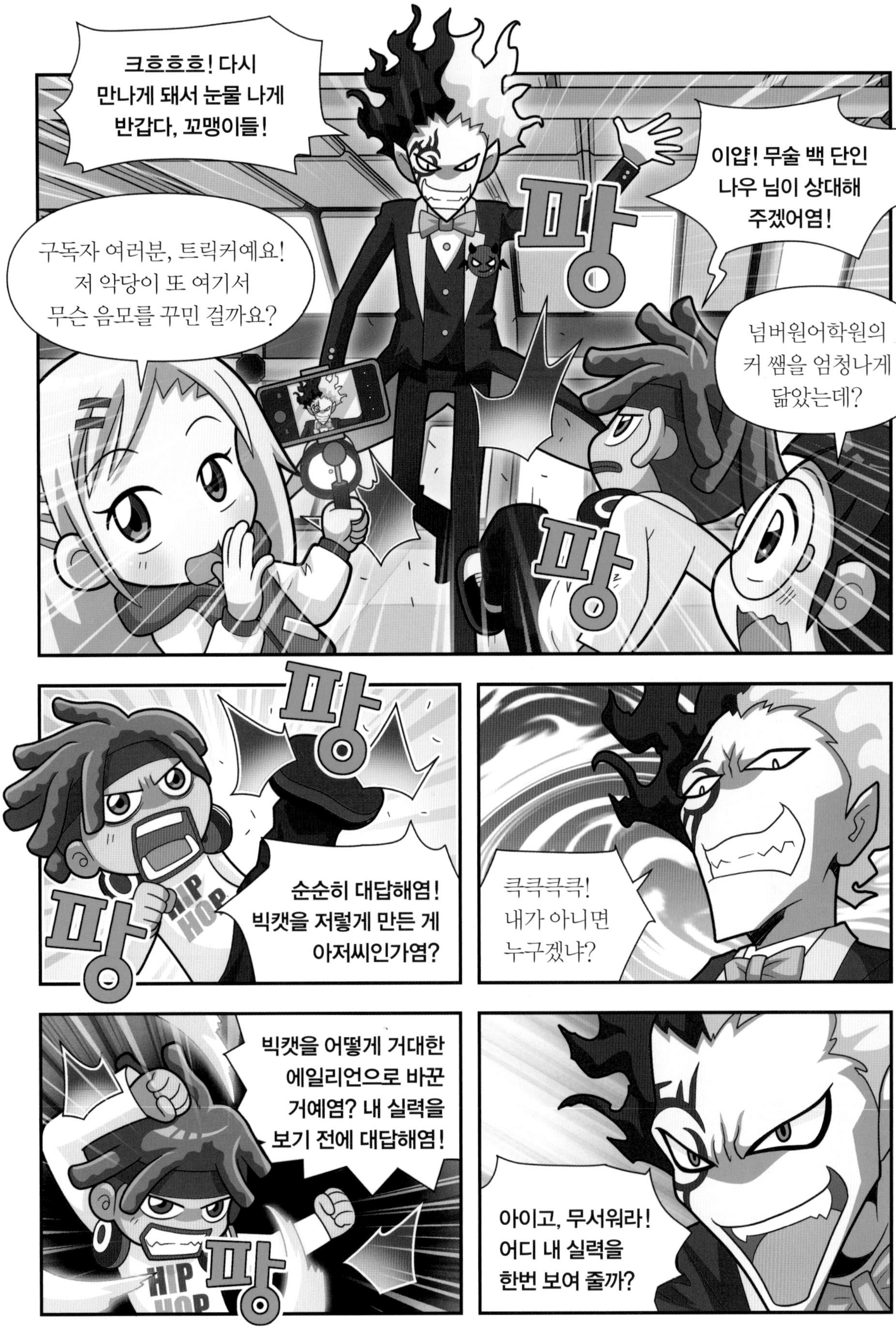
크흐흐흐! 다시 만나게 돼서 눈물 나게 반갑다, 꼬맹이들!
이얍! 무술 백 단인 나우 님이 상대해 주겠어염!
팡
구독자 여러분, 트릭커예요! 저 악당이 또 여기서 무슨 음모를 꾸민 걸까요?
넘버원어학원의 커 쌤을 엄청나게 닮았는데?
팡
팡
팡
HIP HOP
순순히 대답해염! 빅캣을 저렇게 만든 게 아저씨인가염?
크크크크! 내가 아니면 누구겠냐?
빅캣을 어떻게 거대한 에일리언으로 바꾼 거예염? 내 실력을 보기 전에 대답해염!
팡
아이고, 무서워라! 어디 내 실력을 한번 보여 줄까?

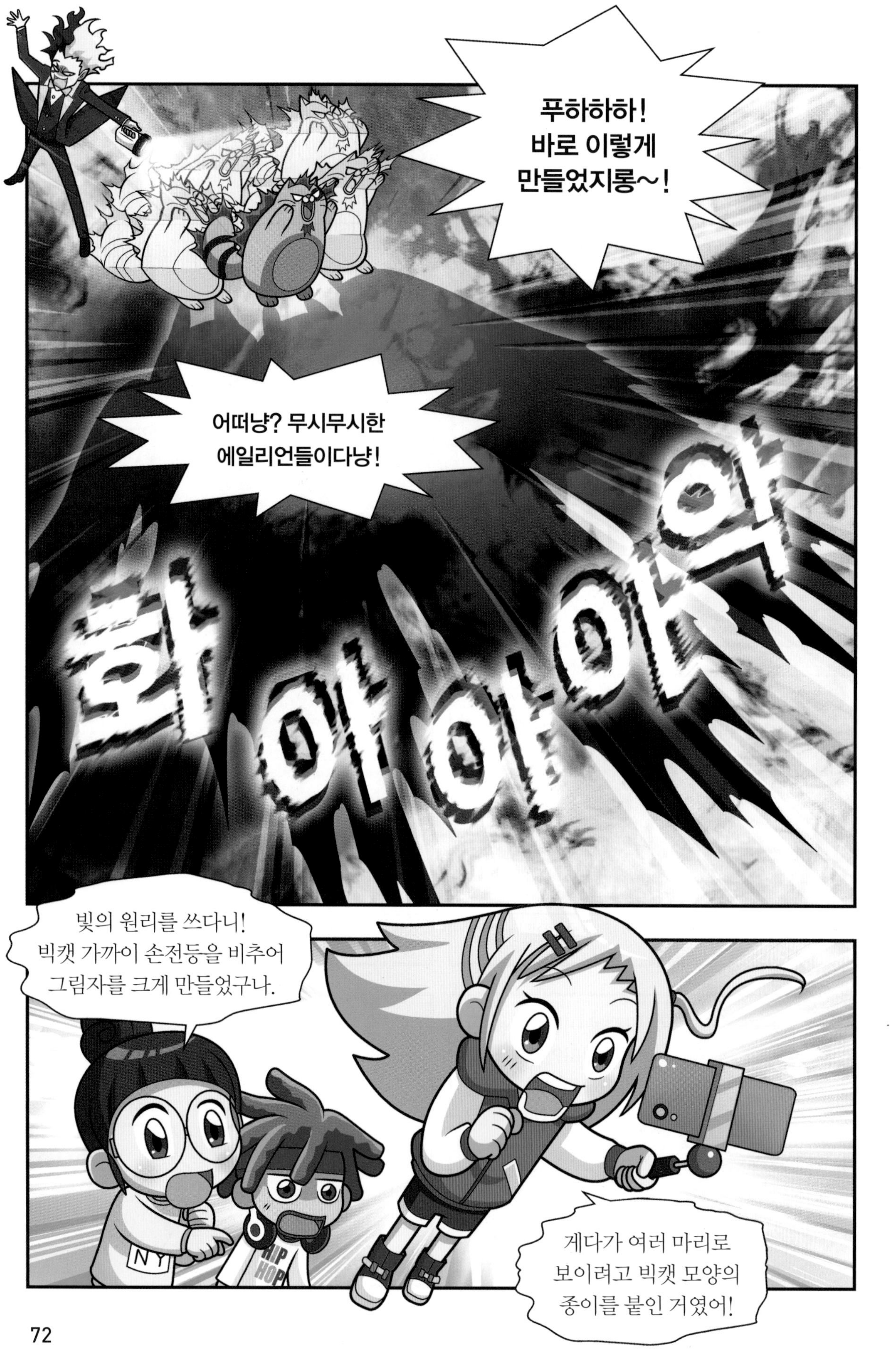

푸하하하!
바로 이렇게
만들었지롱~!
어떠냥? 무시무시한
에일리언들이다냥!
화아아아악
빛의 원리를 쓰다니!
빅캣 가까이 손전등을 비추어
그림자를 크게 만들었구나.
게다가 여러 마리로
보이려고 빅캣 모양의
종이를 붙인 거였어!

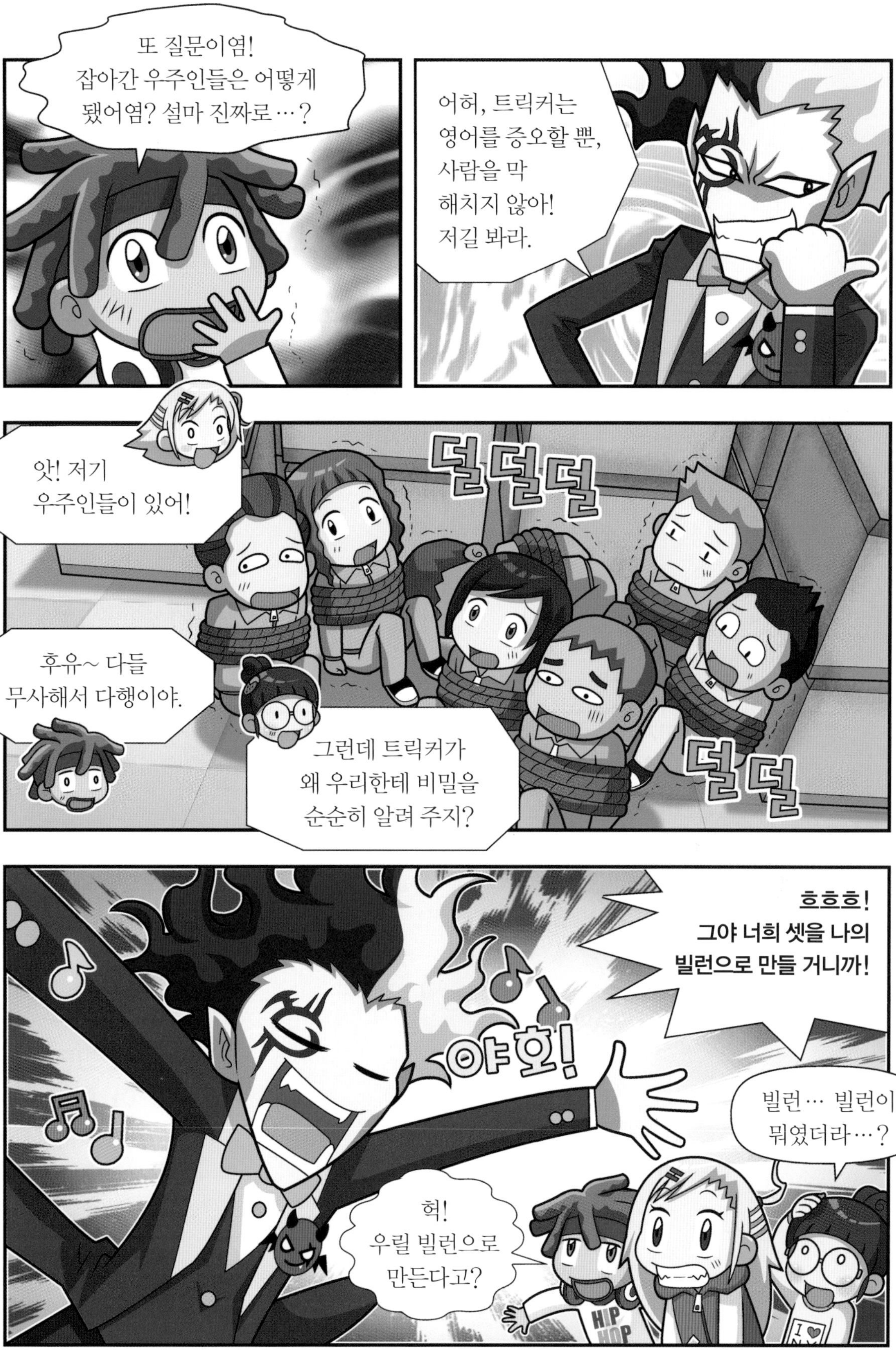

또 질문이염!
잡아간 우주인들은 어떻게 됐어염? 설마 진짜로…?
어허, 트릭커는 영어를 증오할 뿐, 사람을 막 해치지 않아! 저길 봐라.
앗! 저기 우주인들이 있어!
덜덜덜
후유~ 다들 무사해서 다행이야.
그런데 트릭커가 왜 우리한테 비밀을 순순히 알려 주지?
덜덜
흐흐흐!
그야 너희 셋을 나의 빌런으로 만들 거니까!
야호!
빌런… 빌런이 뭐였더라…?
헉! 우릴 빌런으로 만든다고?
HIP HOP

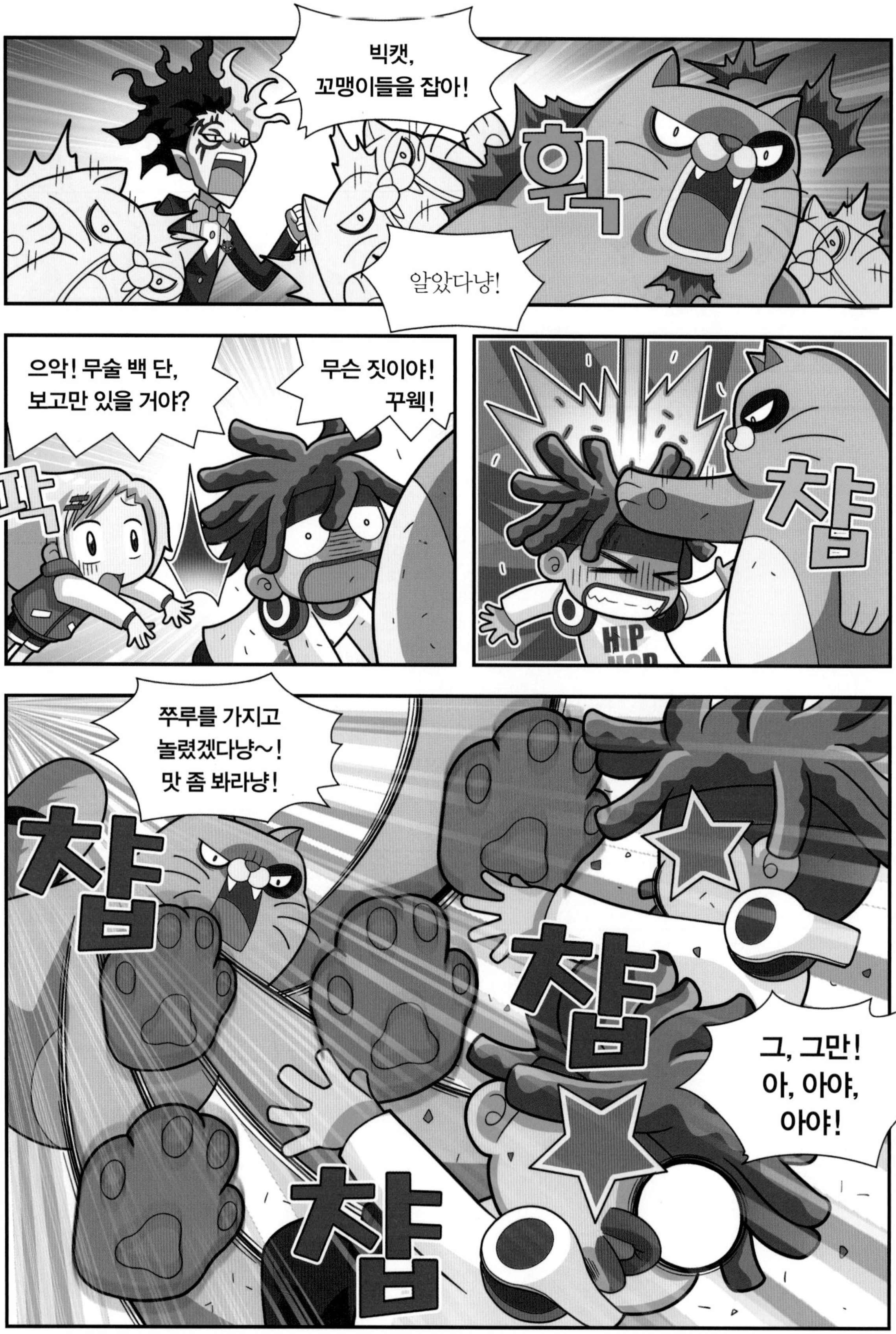

빅캣,
꼬맹이들을 잡아!
휙
알았다냥!
으악! 무술 백 단,
보고만 있을 거야?
팍
무슨 짓이야!
꾸웩!
찹
HIP
쭈루를 가지고
놀렸겠다냥~!
맛 좀 봐라냥!
찹
찹
그, 그만!
아, 아야,
아야!
찹

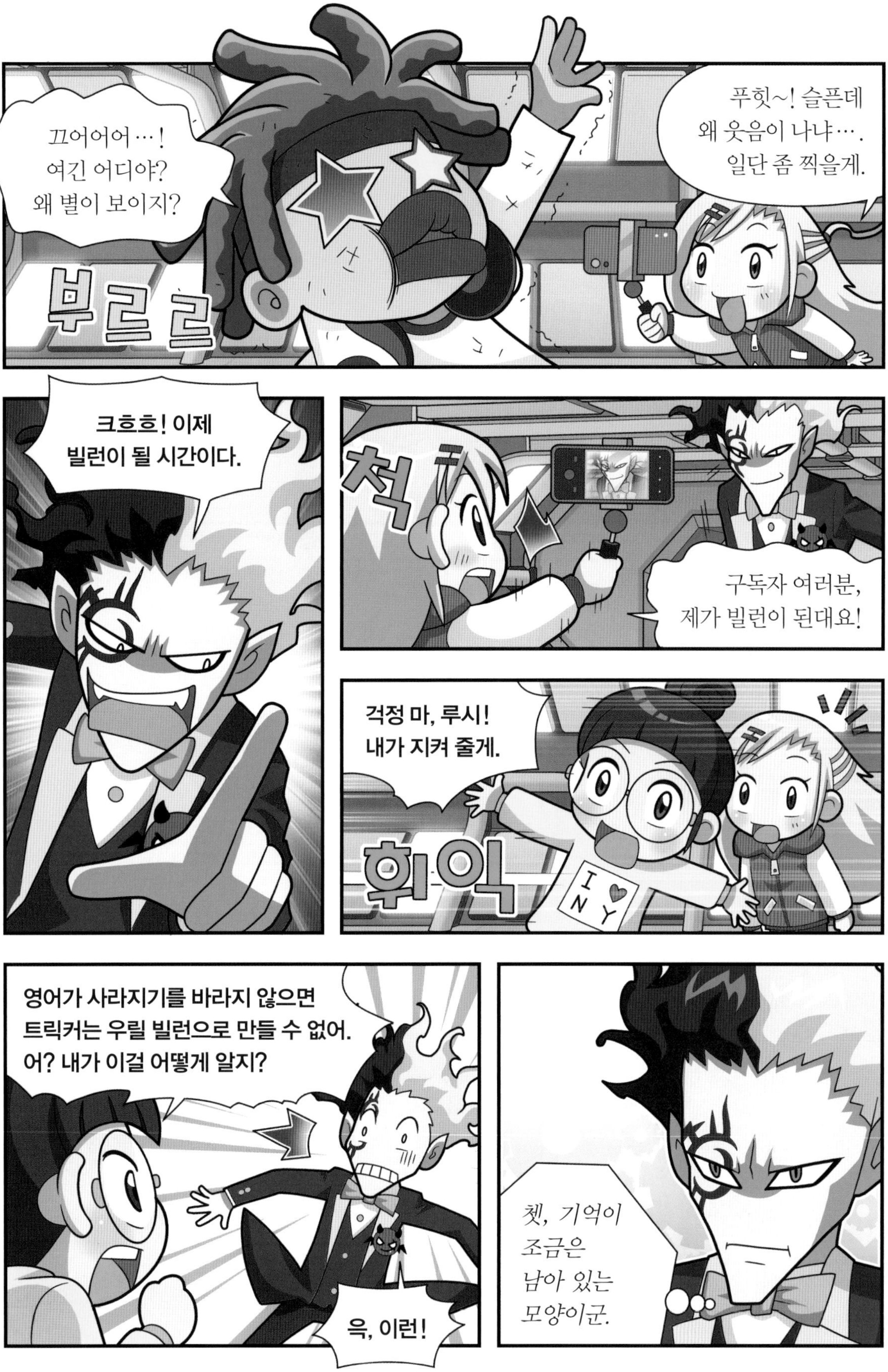

끄어어어…!
여긴 어디야?
왜 별이 보이지?
부르르
푸힛~! 슬픈데
왜 웃음이 나냐….
일단 좀 찍을게.
크흐흐! 이제
빌런이 될 시간이다.
척
구독자 여러분,
제가 빌런이 된대요!
걱정 마, 루시!
내가 지켜 줄게.
휘익
I ♥ NY
영어가 사라지기를 바라지 않으면
트릭커는 우릴 빌런으로 만들 수 없어.
어? 내가 이걸 어떻게 알지?
윽, 이런!
쳇, 기억이
조금은
남아 있는
모양이군.

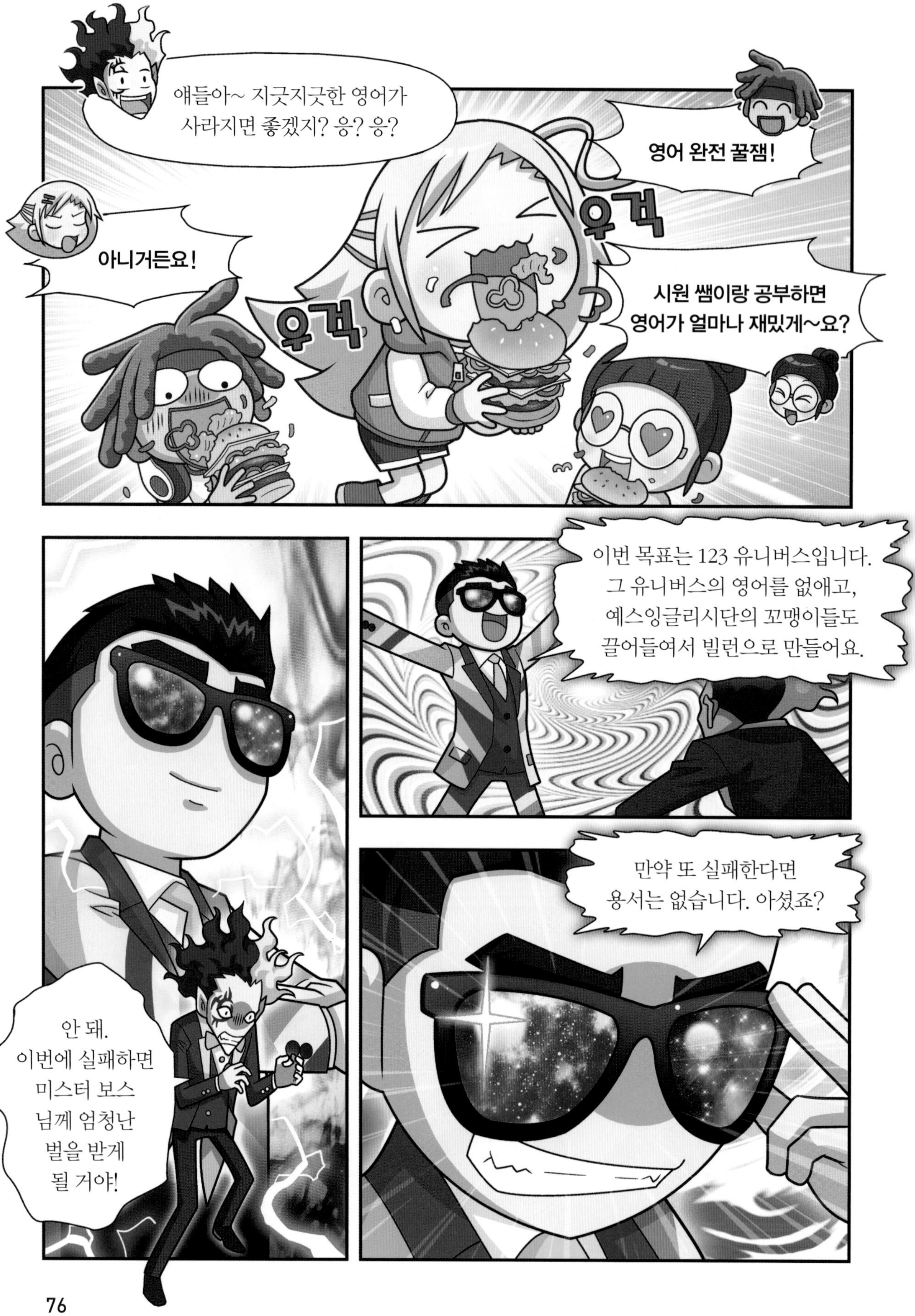

애들아~ 지긋지긋한 영어가 사라지면 좋겠지? 응? 응?
영어 완전 꿀잼!
아니거든요!
우걱
우걱
시원 쌤이랑 공부하면 영어가 얼마나 재밌게~요?
이번 목표는 123 유니버스입니다. 그 유니버스의 영어를 없애고, 예스잉글리시단의 꼬맹이들도 끌어들여서 빌런으로 만들어요.
만약 또 실패한다면 용서는 없습니다. 아셨죠?
안 돼. 이번에 실패하면 미스터 보스 님께 엄청난 벌을 받게 될 거야!

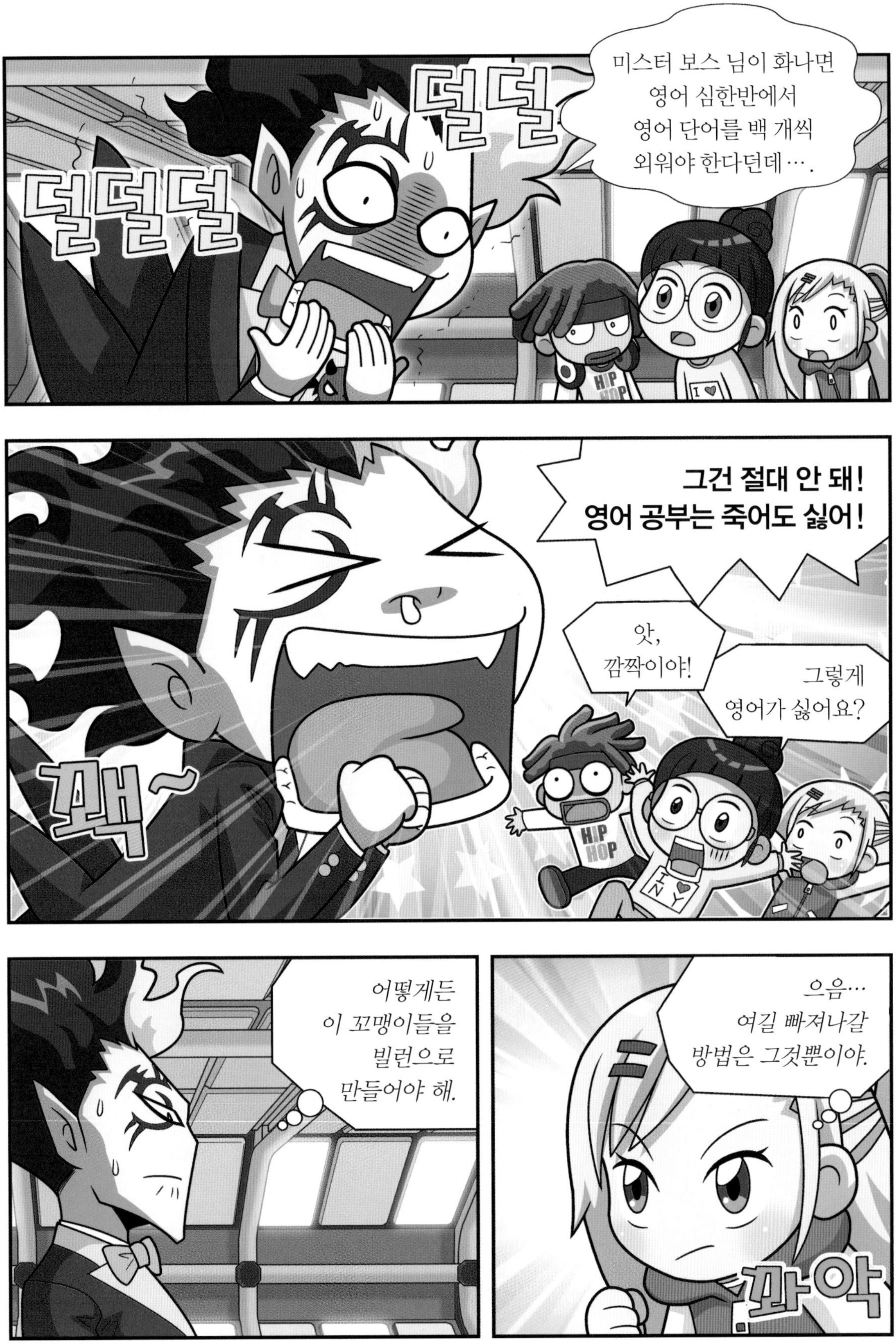

미스터 보스 님이 화나면 영어 심한반에서 영어 단어를 백 개씩 외워야 한다던데….
덜덜
덜덜덜
그건 절대 안 돼! 영어 공부는 죽어도 싫어!
꽥~
앗, 깜짝이야!
그렇게 영어가 싫어요?
어떻게든 이 꼬맹이들을 빌런으로 만들어야 해.
으음… 여길 빠져나갈 방법은 그것뿐이야.
꽈악

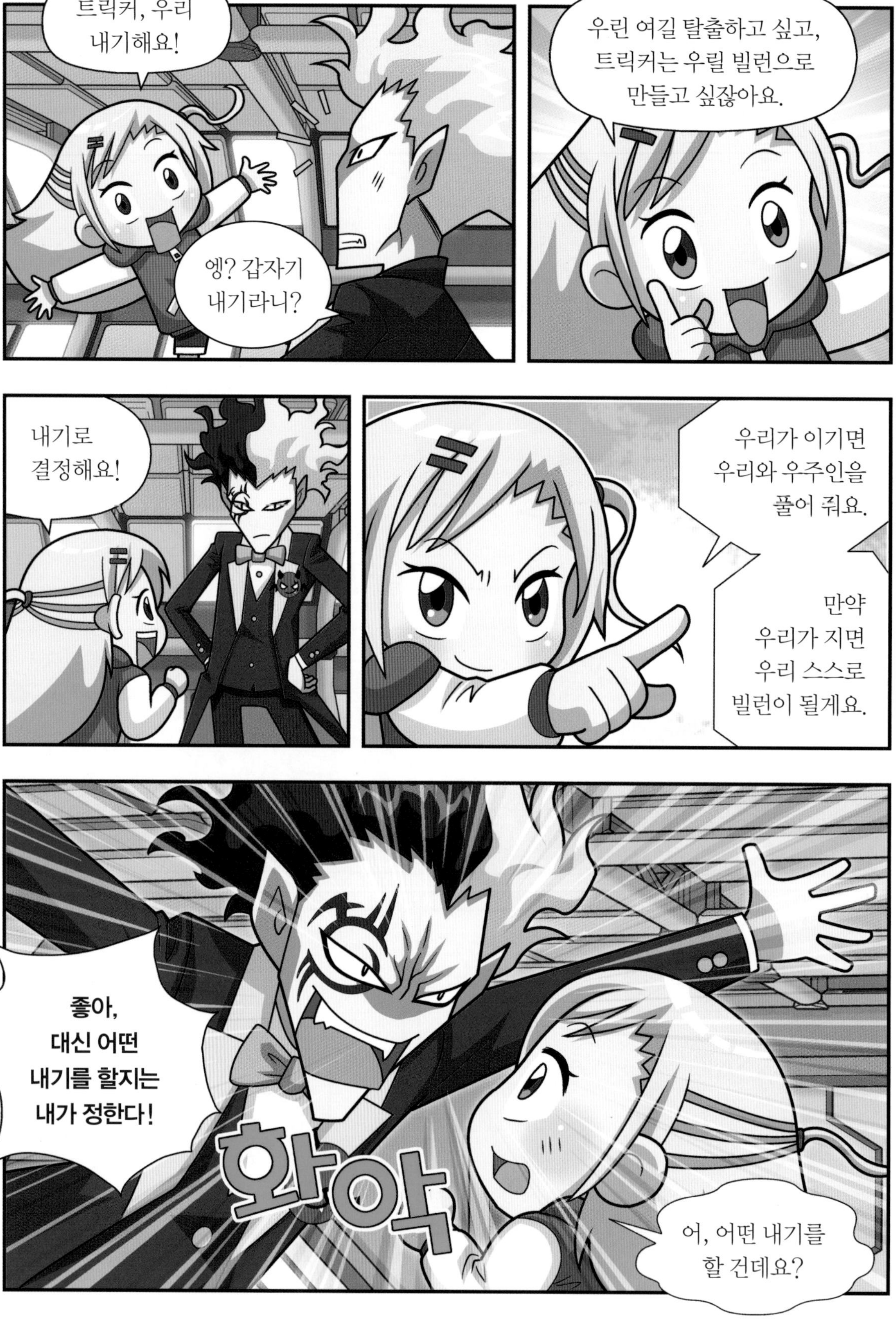
트릭커, 우리
내기해요!
엥? 갑자기
내기라니?
우린 여길 탈출하고 싶고,
트릭커는 우릴 빌런으로
만들고 싶잖아요.
내기로
결정해요!
우리가 이기면
우리와 우주인을
풀어 줘요.
만약
우리가 지면
우리 스스로
빌런이 될게요.
좋아,
대신 어떤
내기를 할지는
내가 정한다!
화악
어, 어떤 내기를
할 건데요?

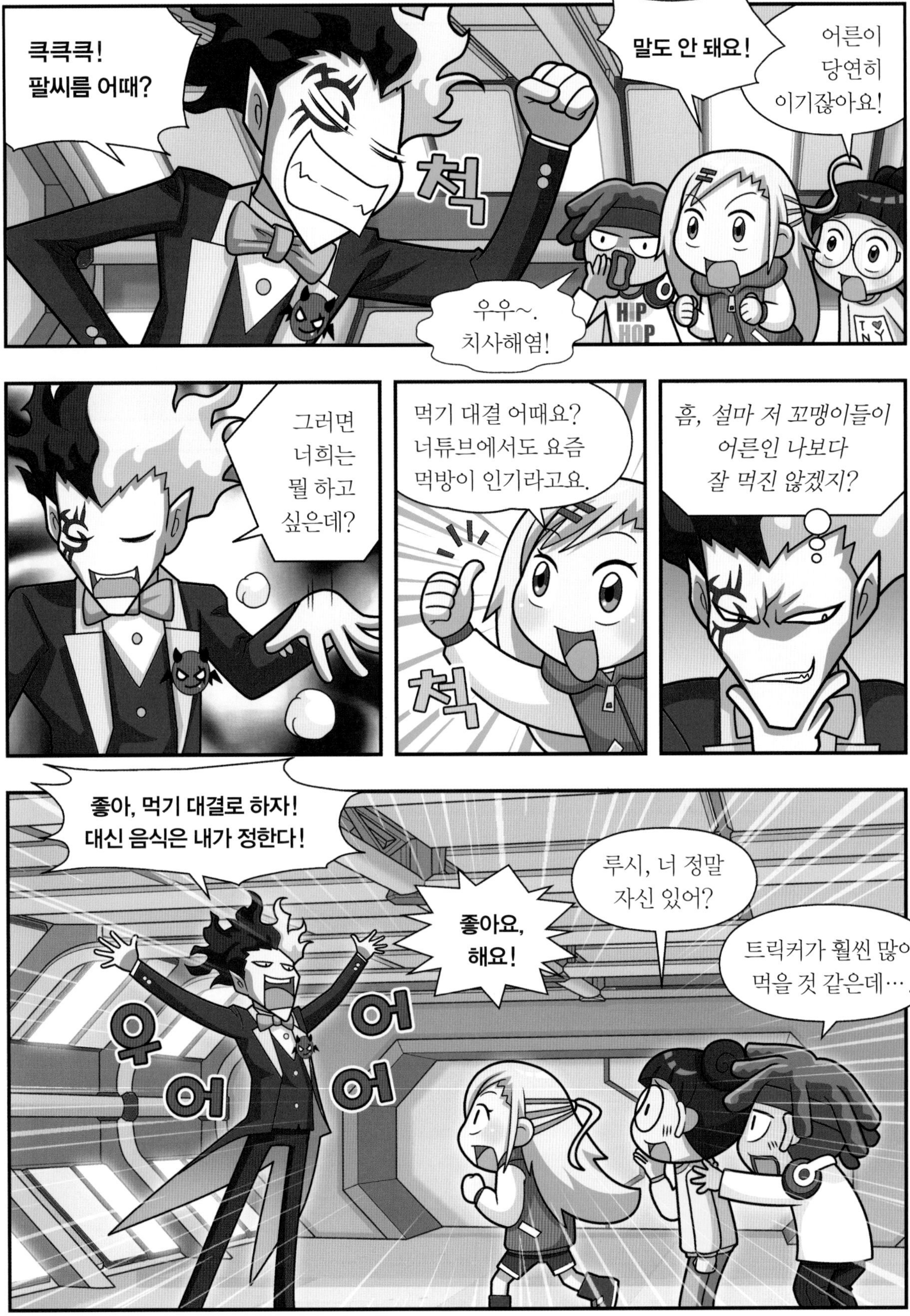
크크크!
팔씨름 어때?
척
말도 안 돼요!
어른이 당연히 이기잖아요!
우우~. 치사해염!
HIP HOP
그러면 너희는 뭘 하고 싶은데?
먹기 대결 어때요? 너튜브에서도 요즘 먹방이 인기라고요.
척
흠, 설마 저 꼬맹이들이 어른인 나보다 잘 먹진 않겠지?
좋아, 먹기 대결로 하자! 대신 음식은 내가 정한다!
좋아요, 해요!
루시, 너 정말 자신 있어?
트릭커가 훨씬 많이 먹을 것 같은데….
우어어어

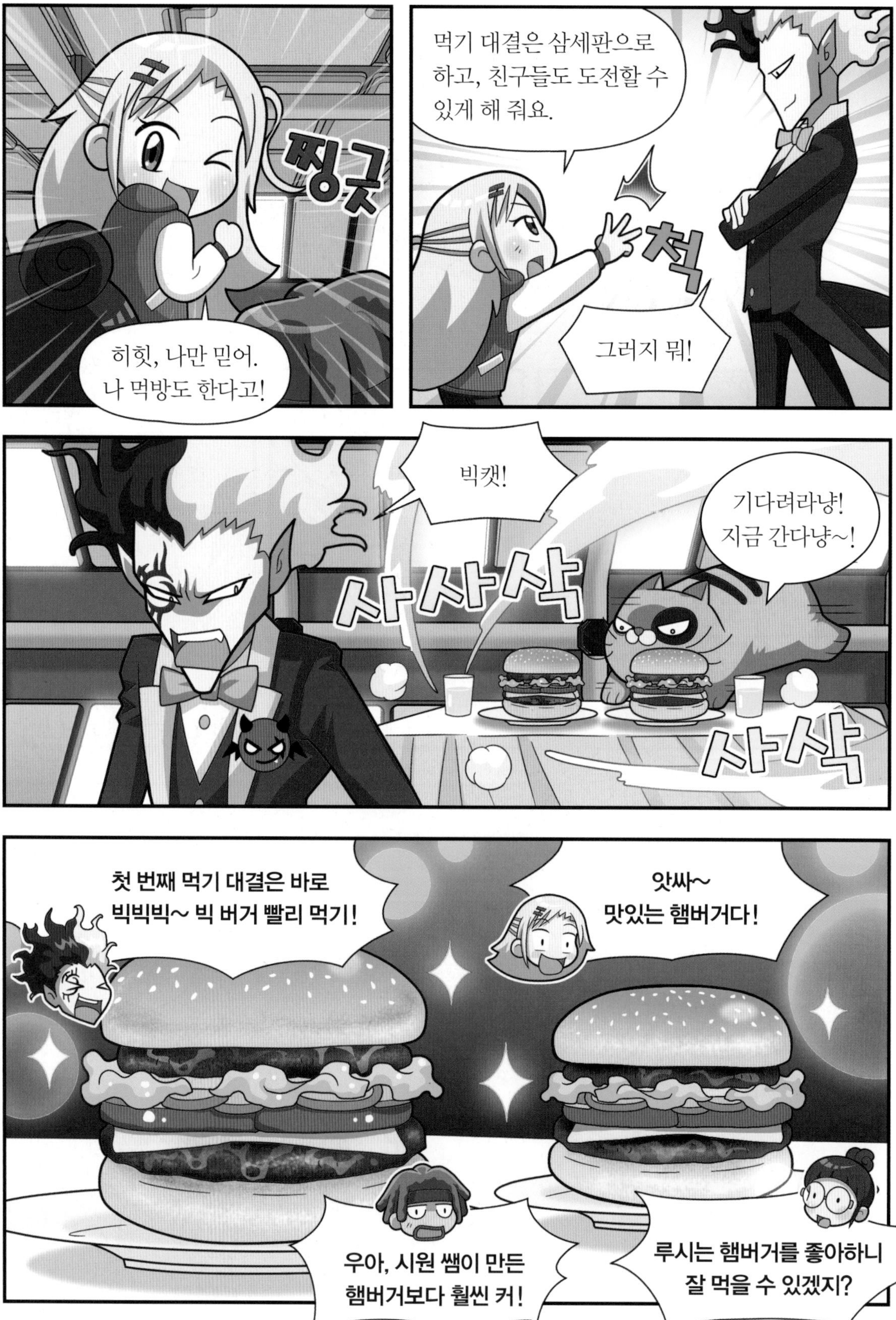
찡긋
히힛, 나만 믿어.
나 먹방도 한다고!
먹기 대결은 삼세판으로 하고, 친구들도 도전할 수 있게 해 줘요.
척
그러지 뭐!
빅캣!
사사삭
기다려라냥! 지금 간다냥~!
사사삭
첫 번째 먹기 대결은 바로 빅빅빅~ 빅 버거 빨리 먹기!
앗싸~ 맛있는 햄버거다!
우아, 시원 쌤이 만든 햄버거보다 훨씬 커!
루시는 햄버거를 좋아하니 잘 먹을 수 있겠지?

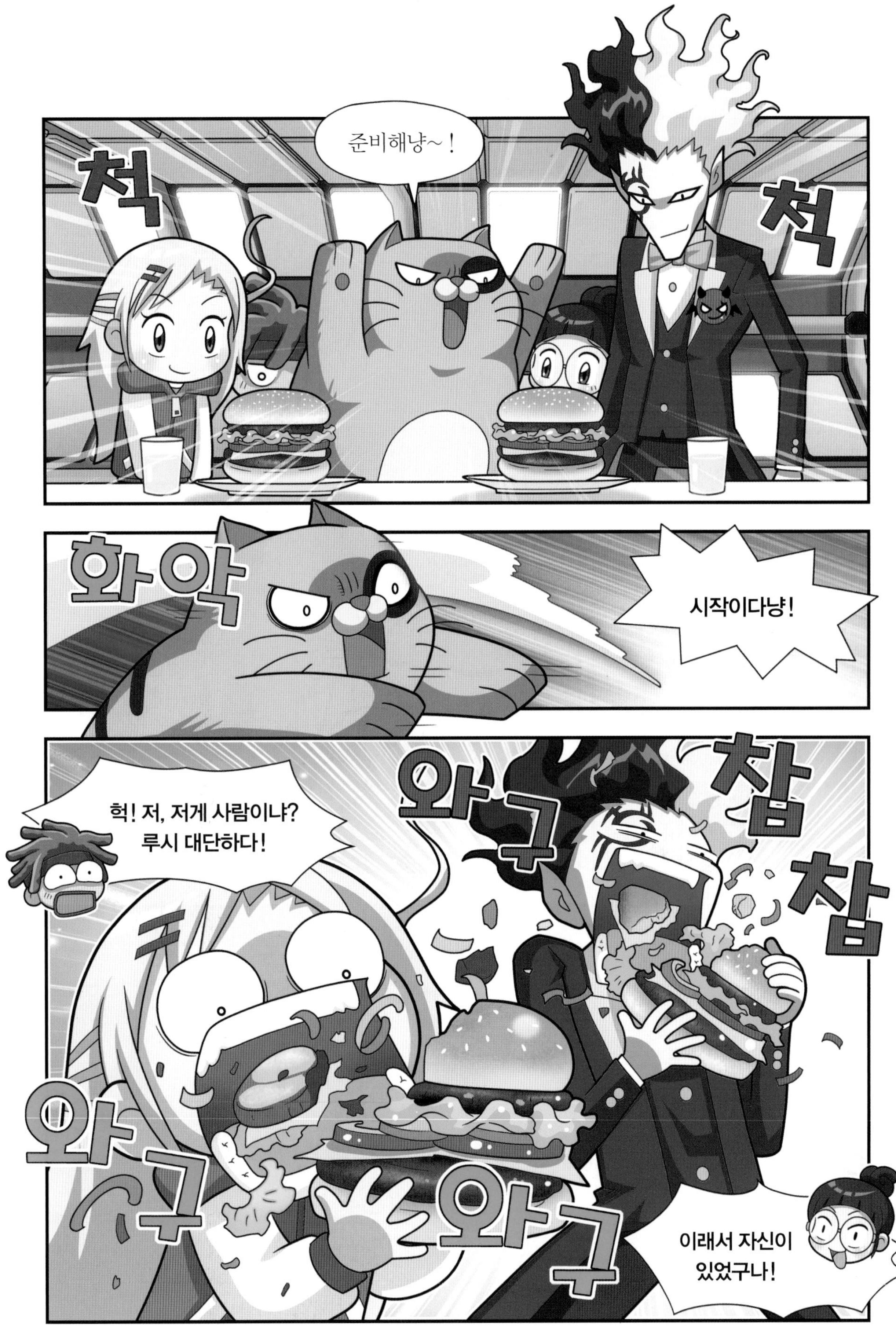
준비해냥~!
척
척
화악
시작이다냥!
헉! 저, 저게 사람이냐?
루시 대단하다!
와구
챱
챱
와구
와구
이래서 자신이
있었구나!

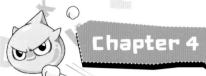

Chapter 4

예상치 못한 최후의 승자

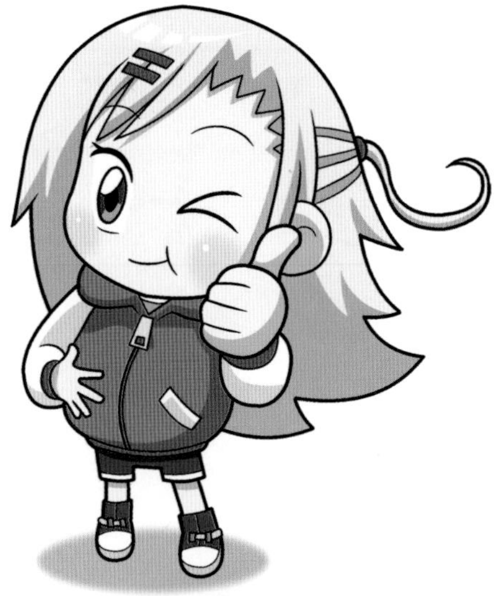

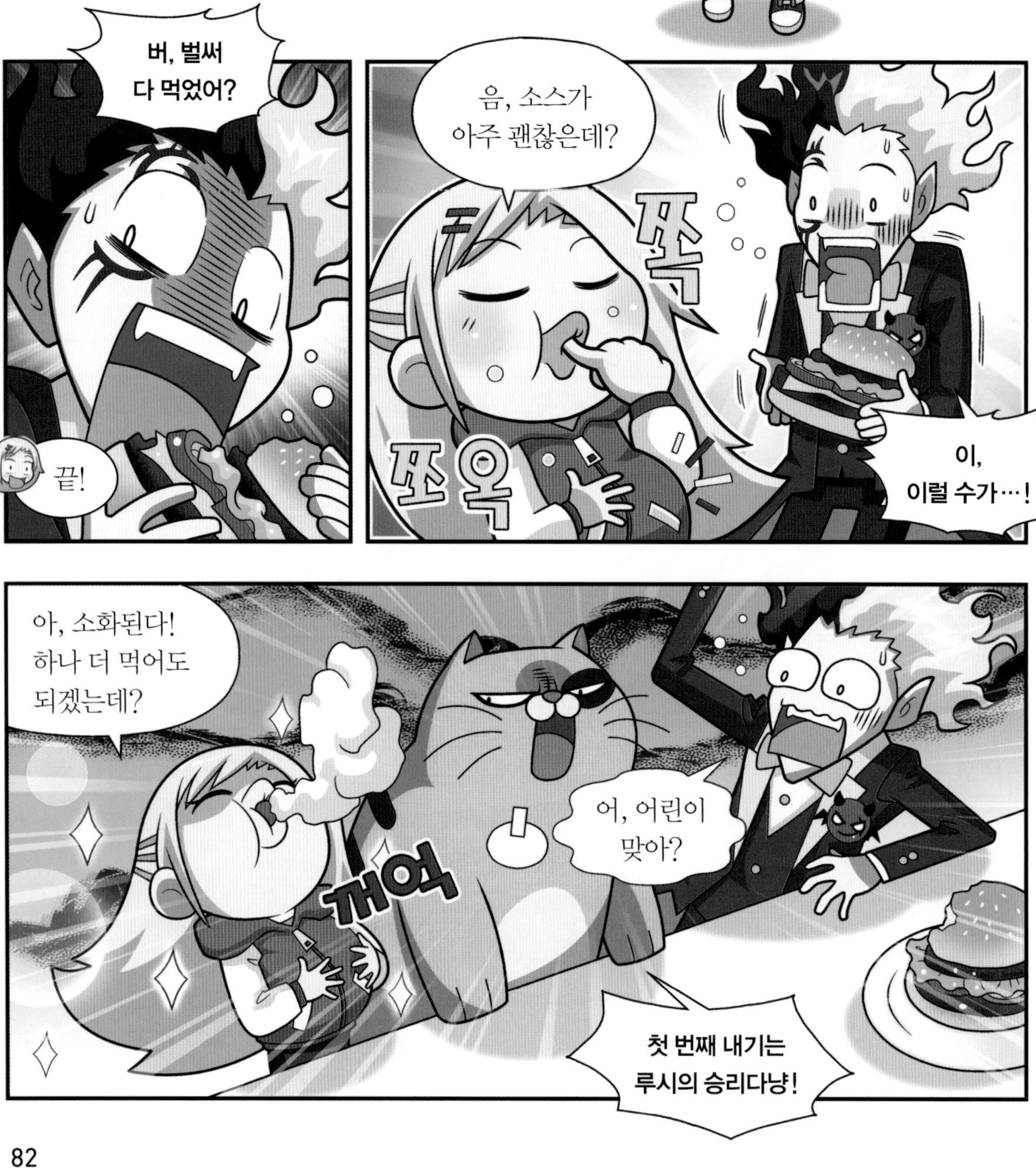

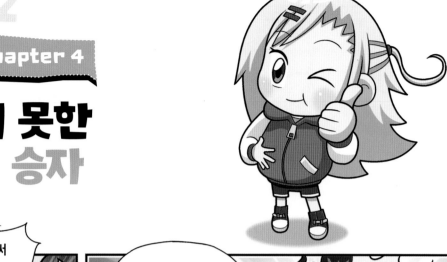

버, 벌써 다 먹었어?
끝!
음, 소스가 아주 괜찮은데?
쪽
쪼옥
이, 이럴 수가…!
아, 소화된다! 하나 더 먹어도 되겠는데?
꺼억
어, 어린이 맞아?
첫 번째 내기는 루시의 승리다냥!

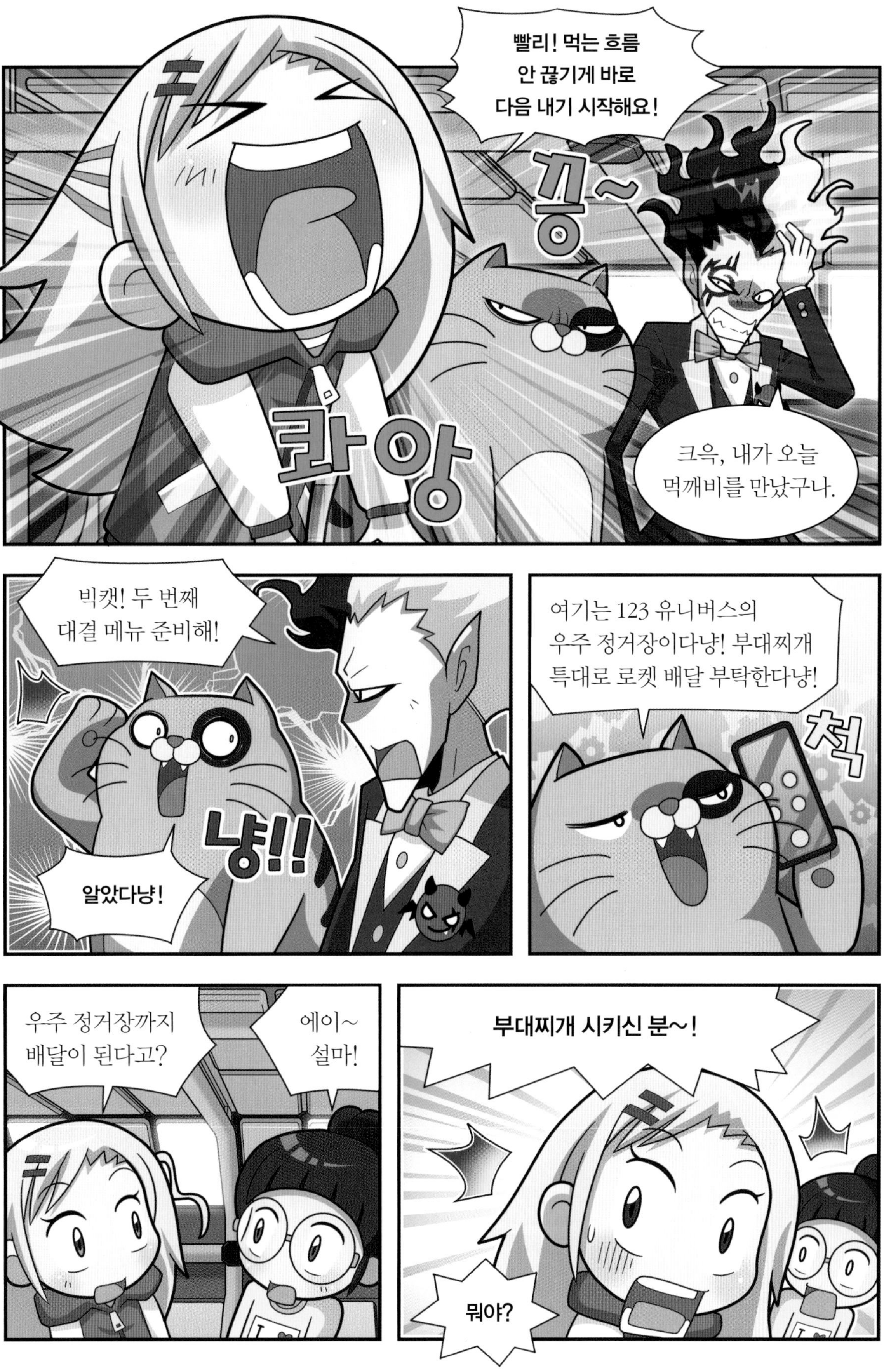
빨리! 먹는 흐름
안 끊기게 바로
다음 내기 시작해요!
끙~
콰앙
크윽, 내가 오늘
먹깨비를 만났구나.
빅캣! 두 번째
대결 메뉴 준비해!
냥!!
알았다냥!
여기는 123 유니버스의
우주 정거장이다냥! 부대찌개
특대로 로켓 배달 부탁한다냥!
척
우주 정거장까지
배달이 된다고?
에이~
설마!
부대찌개 시키신 분~!
뭐야?

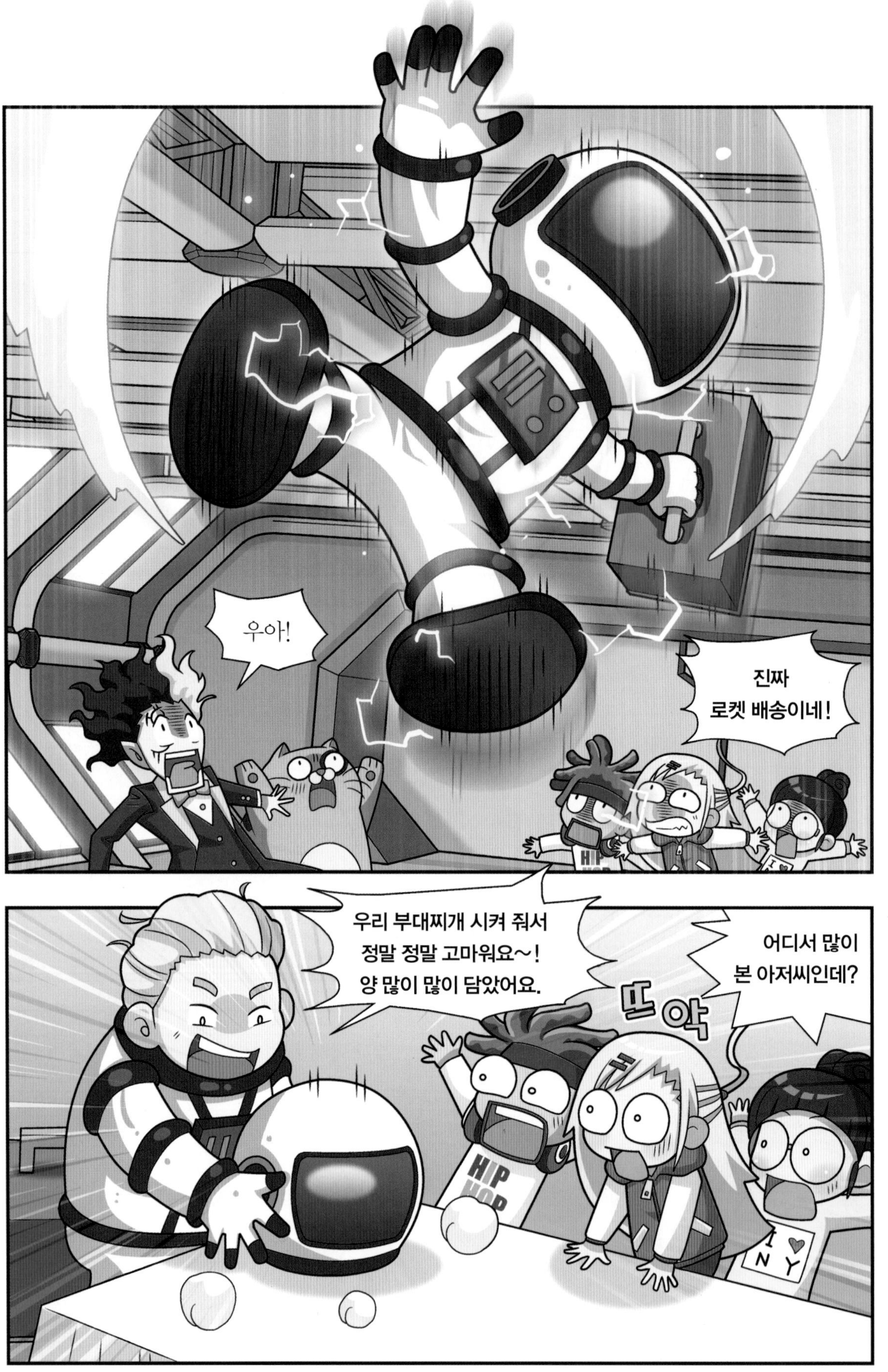
우아!
진짜
로켓 배송이네!
우리 부대찌개 시켜 줘서
정말 정말 고마워요~!
양 많이 많이 담았어요.
어디서 많이
본 아저씨인데?
또약

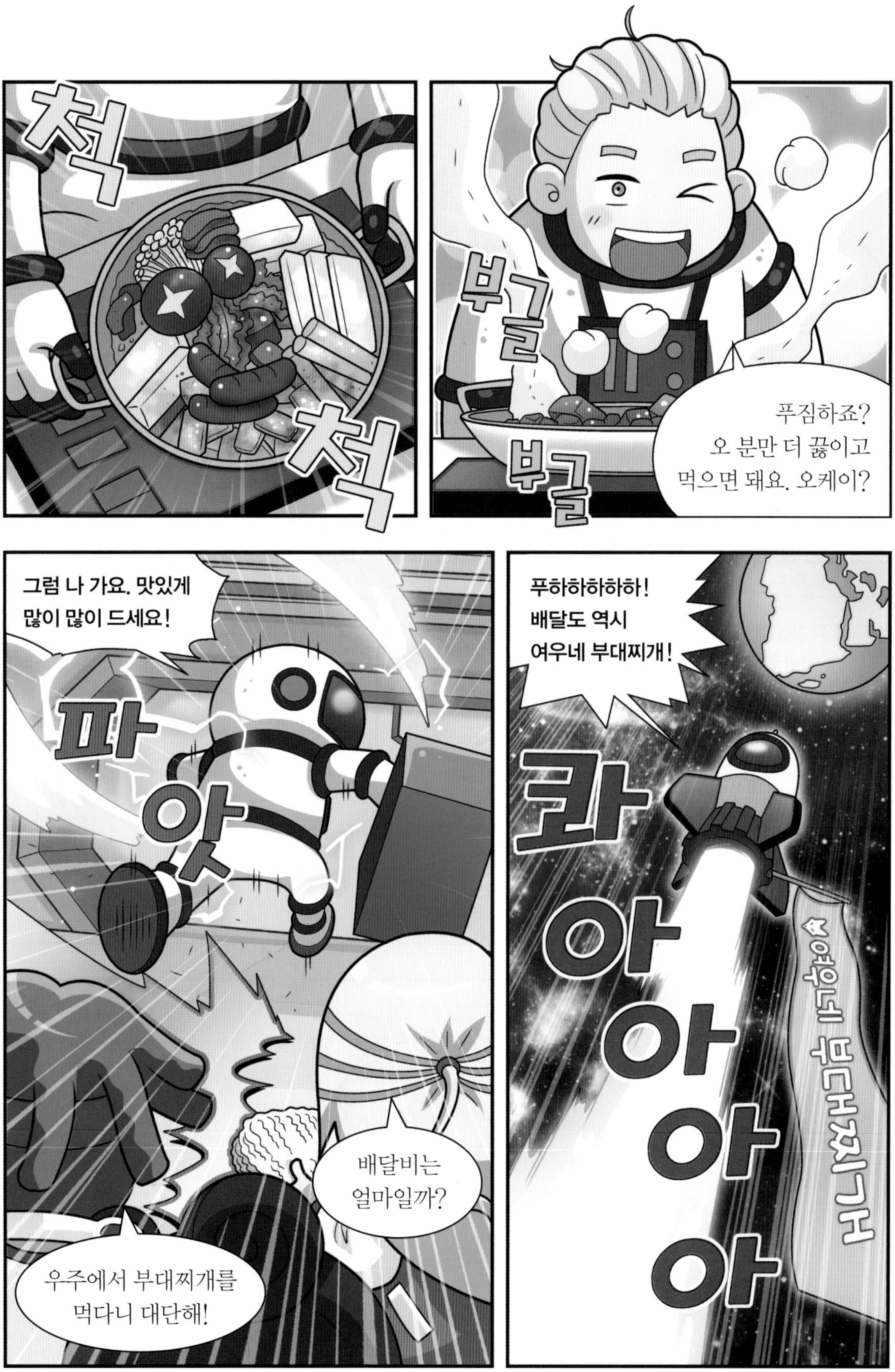

척
척
부글
부글
푸짐하죠?
오 분만 더 끓이고
먹으면 돼요. 오케이?
그럼 나 가요. 맛있게
많이 많이 드세요!
파
앗
배달비는
얼마일까?
우주에서 부대찌개를
먹다니 대단해!
푸하하하하하!
배달도 역시
여우네 부대찌개!
콰
아
아
아
아
여우네 부대찌개

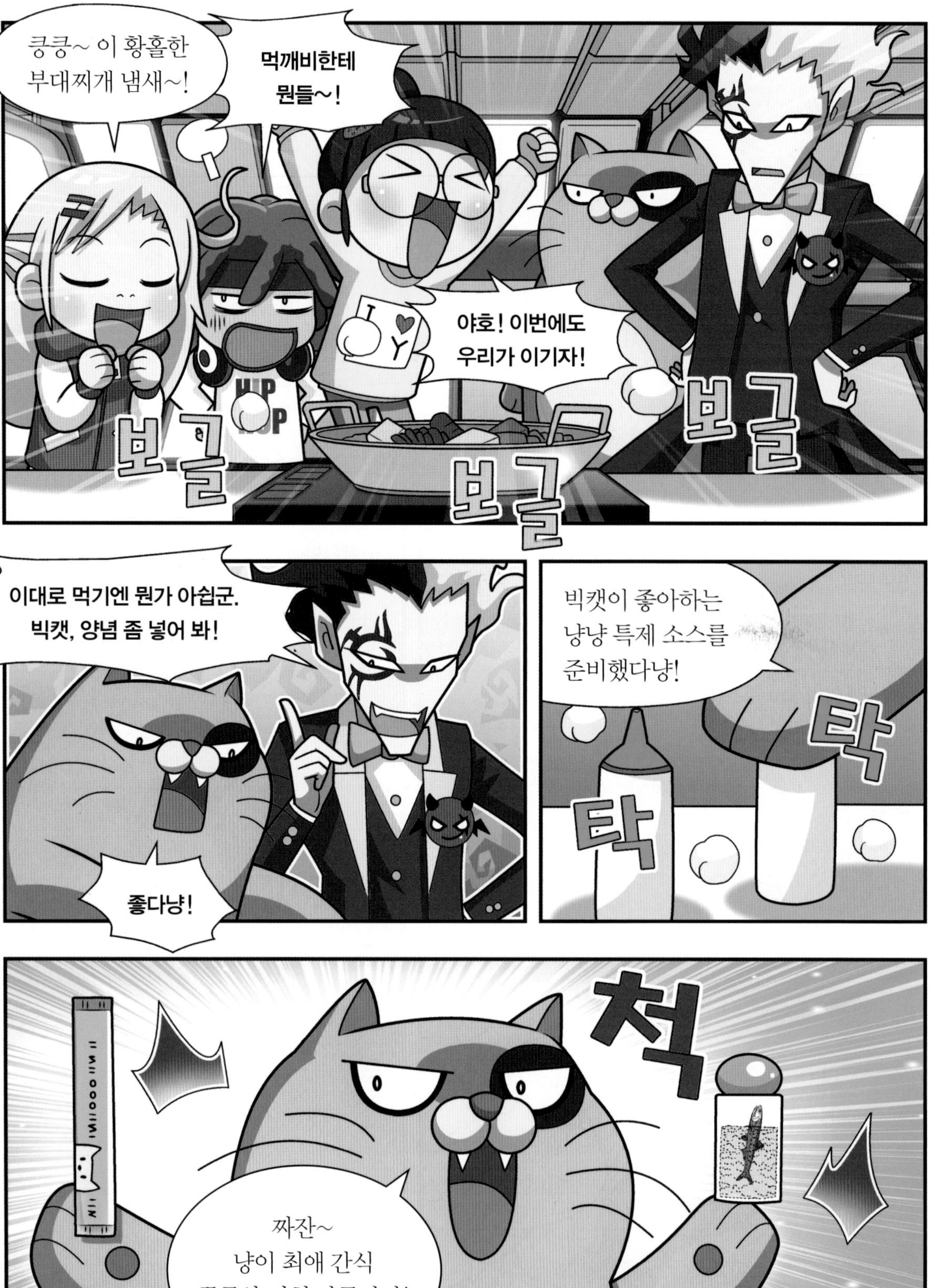

킁킁~ 이 황홀한 부대찌개 냄새~!
먹깨비한테 뭔들~!
야호! 이번에도 우리가 이기자!
보글
보글
보글
이대로 먹기엔 뭔가 아쉽군. 빅캣, 양념 좀 넣어 봐!
좋다냥!
빅캣이 좋아하는 냥냥 특제 소스를 준비했다냥!
탁
탁
척
짜잔~ 냥이 최애 간식 쭈루와 멸치 가루다냥!

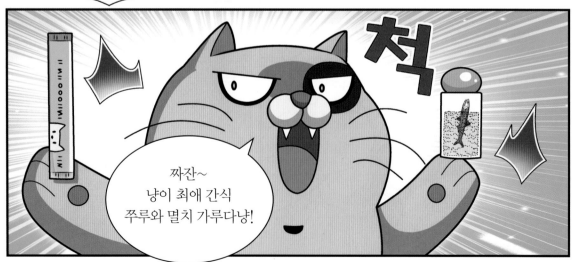

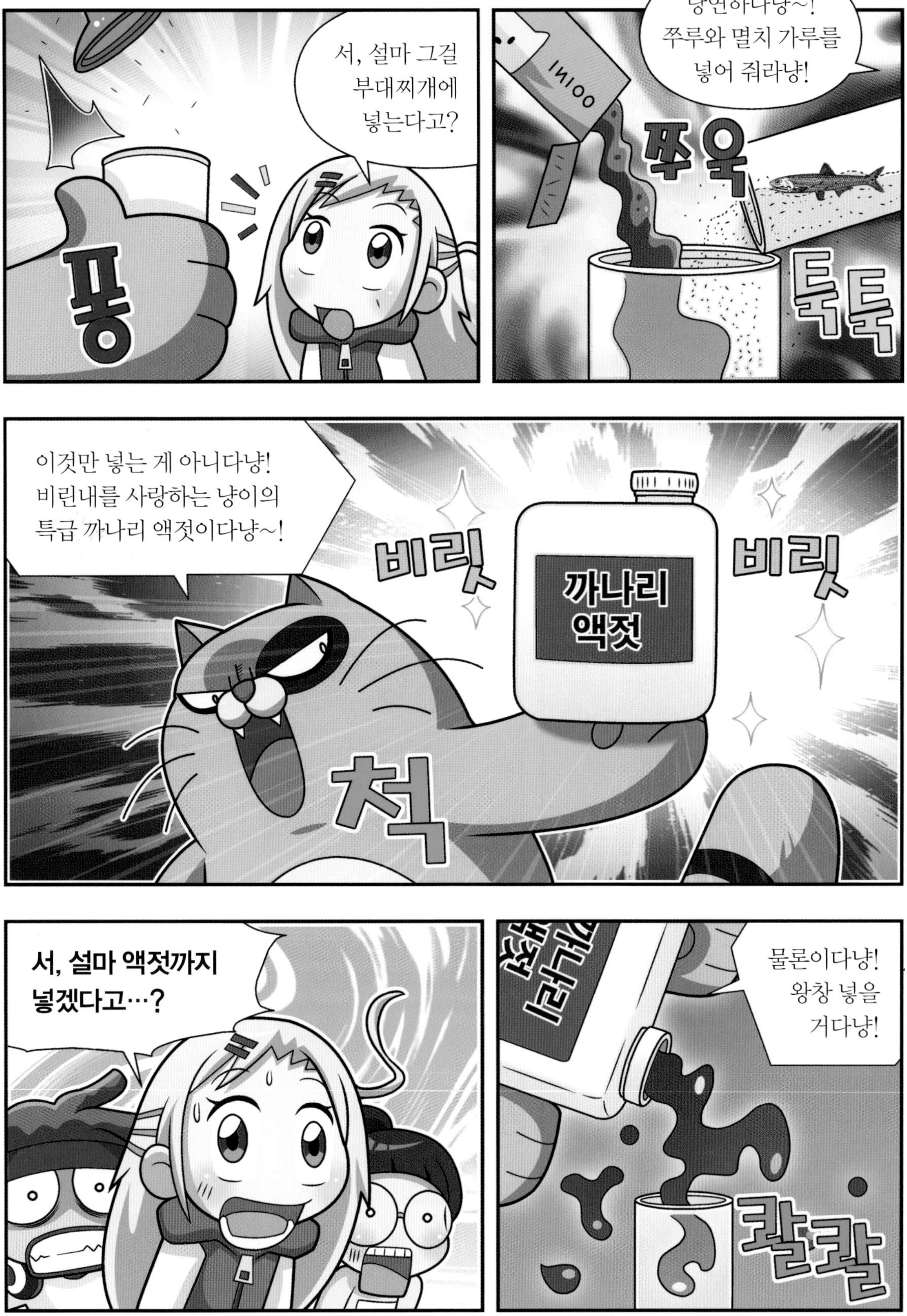
서, 설마 그걸 부대찌개에 넣는다고?
퐁
당연하다냥~! 쭈루와 멸치 가루를 넣어 줘라냥!
쭈욱
톡톡
이것만 넣는 게 아니다냥! 비린내를 사랑하는 냥이의 특급 까나리 액젓이다냥~!
비릿
까나리 액젓
비릿
척
서, 설마 액젓까지 넣겠다고…?
물론이다냥! 왕창 넣을 거다냥!
콸콸

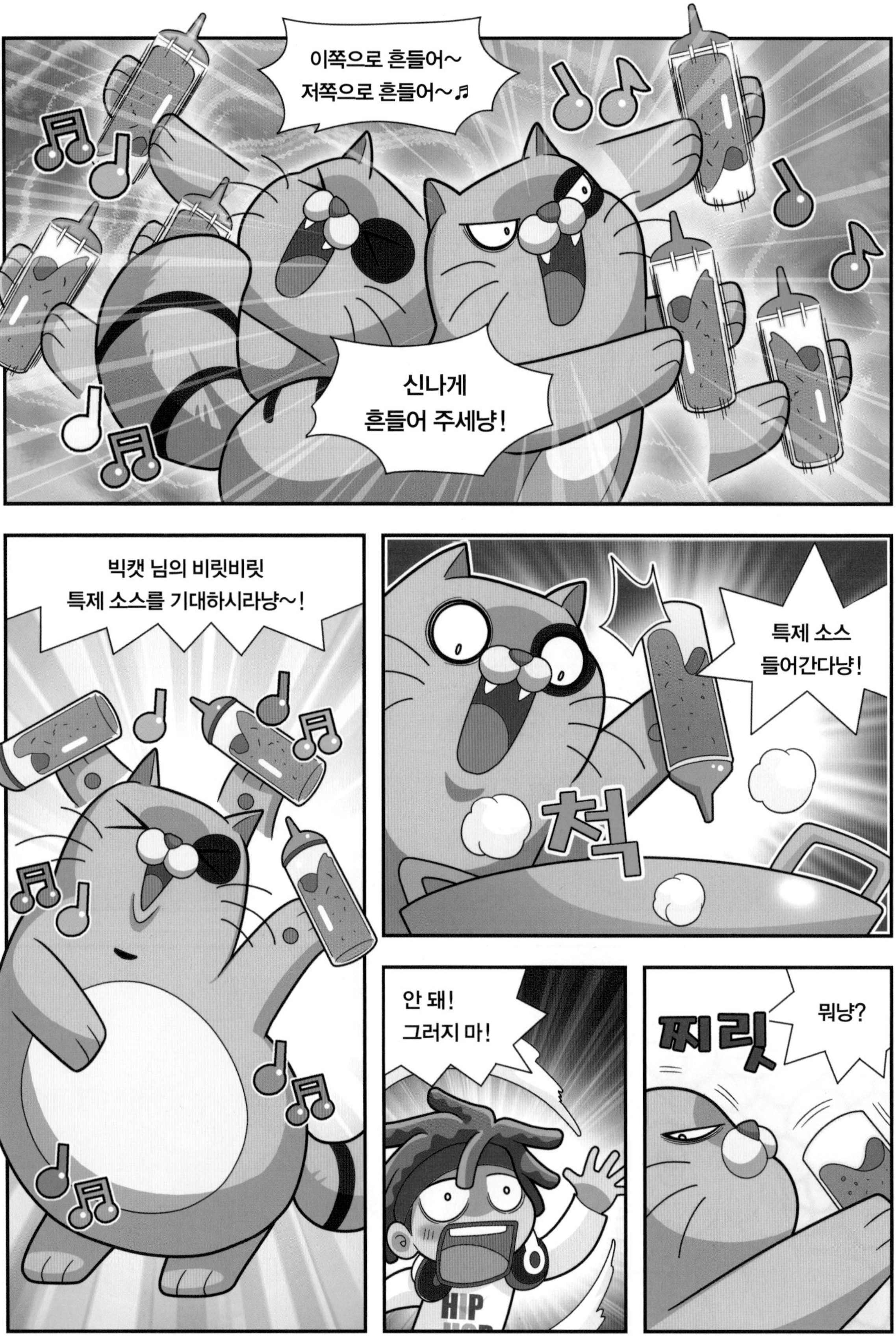
이쪽으로 흔들어~
저쪽으로 흔들어~♬
신나게
흔들어 주세냥!
빅캣 님의 비릿비릿
특제 소스를 기대하시라냥~!
특제 소스
들어간다냥!
척
안 돼!
그러지 마!
찌릿
뭐냥?

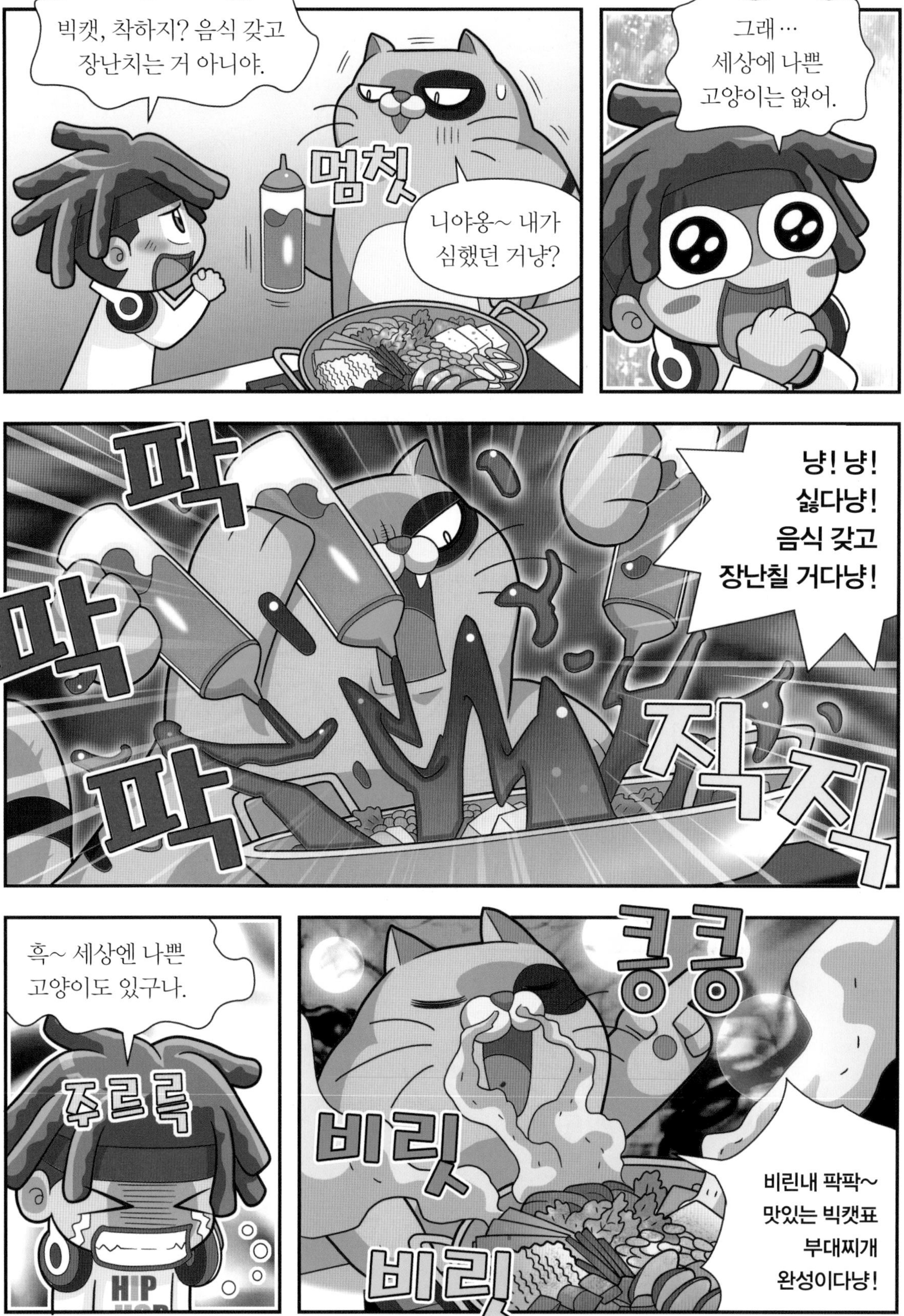

빅캣, 착하지? 음식 갖고 장난치는 거 아니야.
멈칫
니야옹~ 내가 심했던 거냥?
그래… 세상에 나쁜 고양이는 없어.
팍
팍
팍
냥! 냥! 싫다냥! 음식 갖고 장난칠 거다냥!
직직
흑~ 세상엔 나쁜 고양이도 있구나.
주르륵
HIP
킁킁
비릿
비릿
비린내 팍팍~ 맛있는 빅캣표 부대찌개 완성이다냥!

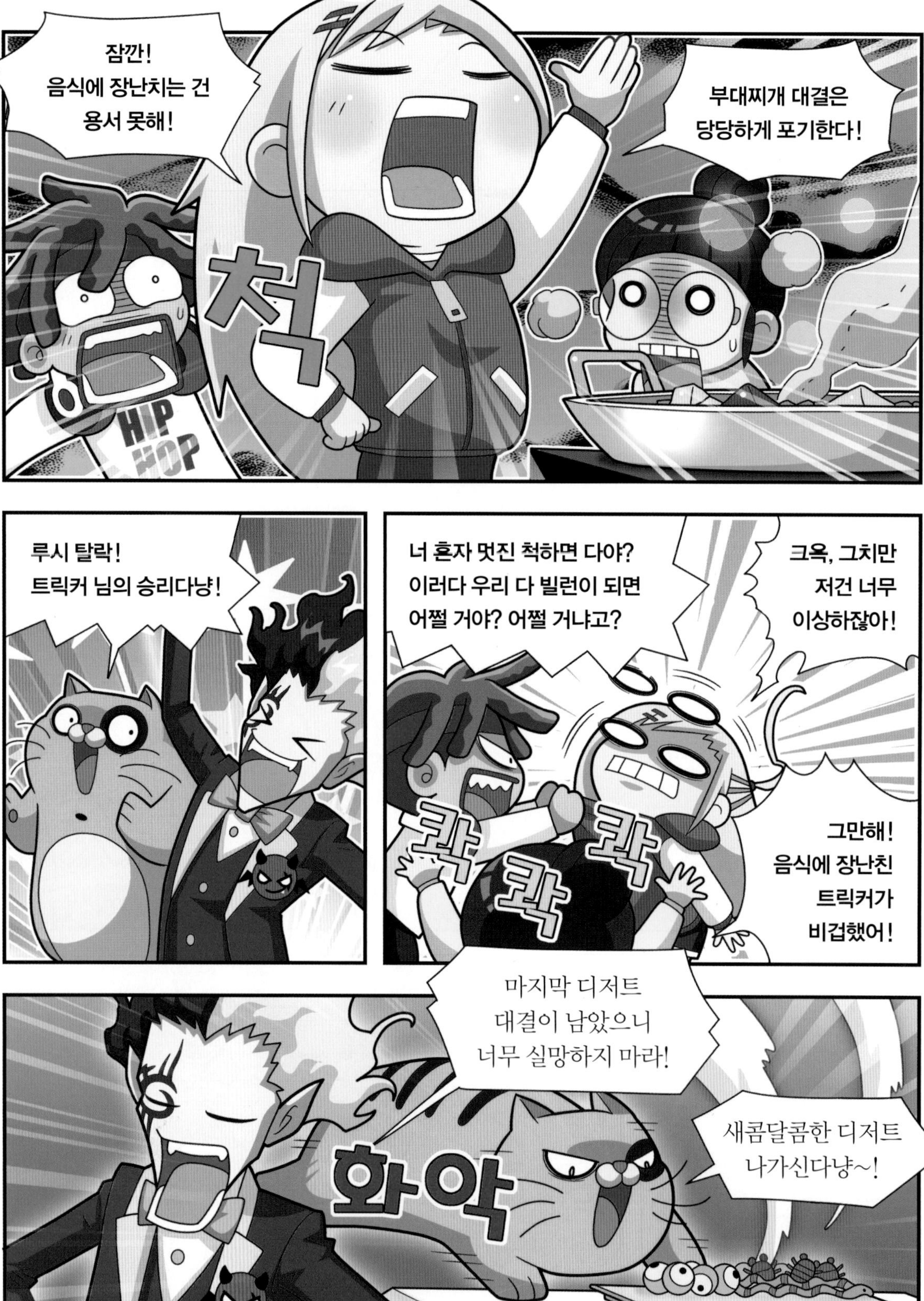
잠깐! 음식에 장난치는 건 용서 못해!
부대찌개 대결은 당당하게 포기한다!
척
HIP HOP
루시 탈락! 트릭커 님의 승리다냥!
너 혼자 멋진 척하면 다야? 이러다 우리 다 빌런이 되면 어쩔 거야? 어쩔 거냐고?
크옥, 그치만 저건 너무 이상하잖아!
콱 콱 콱
그만해! 음식에 장난친 트릭커가 비겁했어!
마지막 디저트 대결이 남았으니 너무 실망하지 마라!
새콤달콤한 디저트 나가신다냥~!
화악

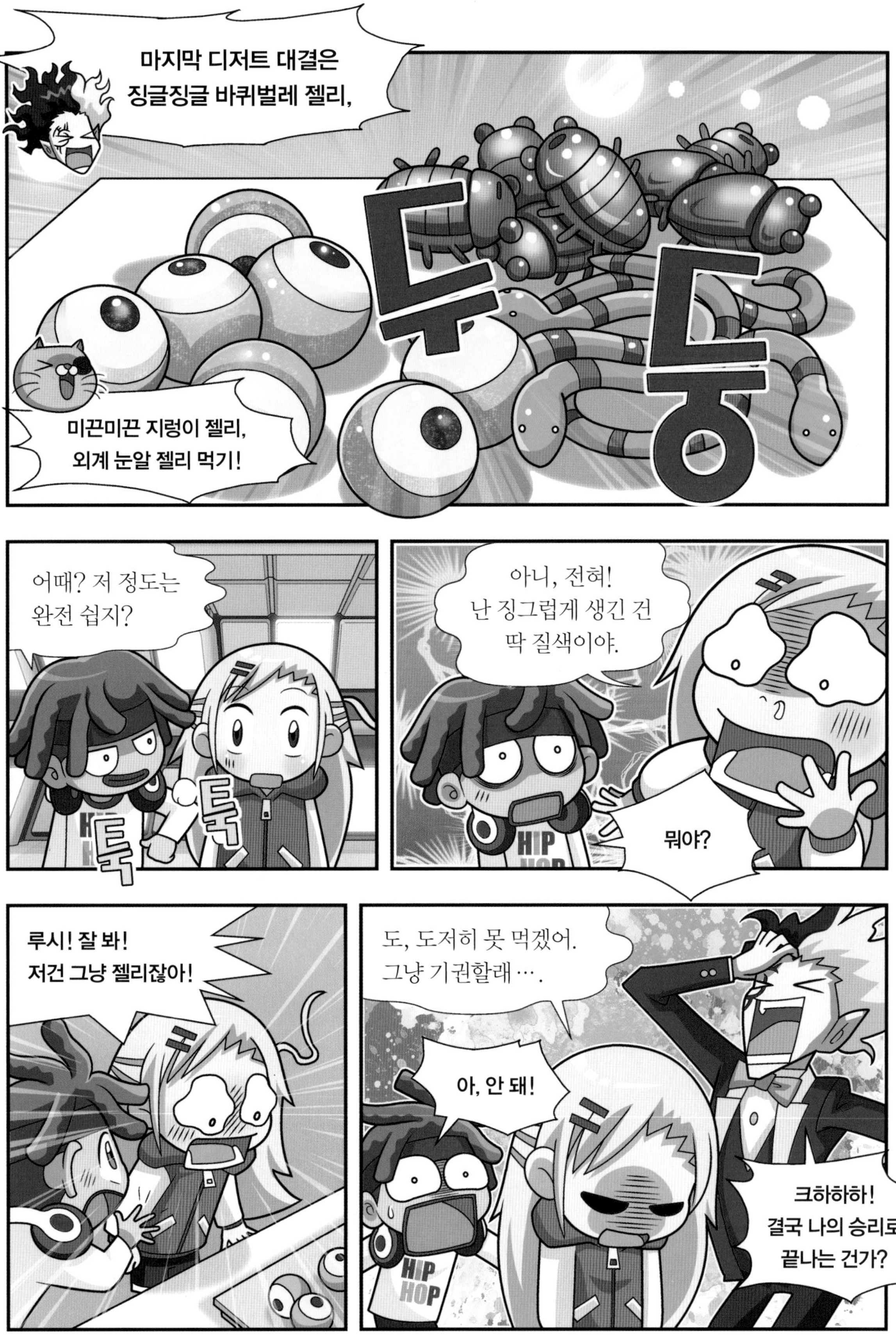

마지막 디저트 대결은
징글징글 바퀴벌레 젤리,
두둥
미끈미끈 지렁이 젤리,
외계 눈알 젤리 먹기!
어때? 저 정도는
완전 쉽지?
툭
툭
아니, 전혀!
난 징그럽게 생긴 건
딱 질색이야.
뭐야?
루시! 잘 봐!
저건 그냥 젤리잖아!
도, 도저히 못 먹겠어.
그냥 기권할래….
아, 안 돼!
크하하하!
결국 나의 승리로
끝나는 건가?

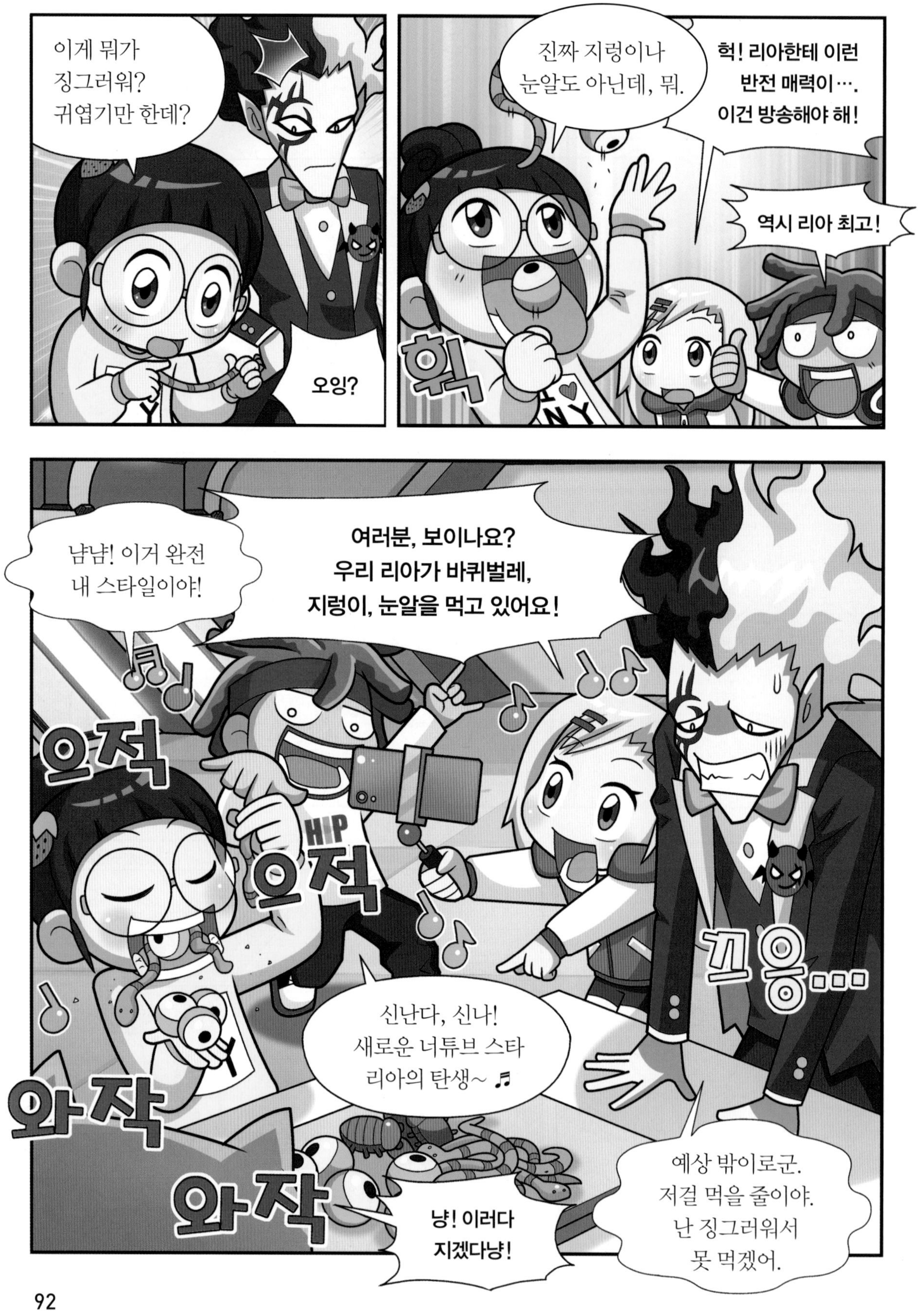
이게 뭐가 징그러워? 귀엽기만 한데?
오잉?
진짜 지렁이나 눈알도 아닌데, 뭐.
휙
헉! 리아한테 이런 반전 매력이…. 이건 방송해야 해!
역시 리아 최고!
냠냠! 이거 완전 내 스타일이야!
여러분, 보이나요? 우리 리아가 바퀴벌레, 지렁이, 눈알을 먹고 있어요!
으적
으적
끄응…
신난다, 신나! 새로운 너튜브 스타 리아의 탄생~ ♬
와작
와작
예상 밖이로군. 저걸 먹을 줄이야. 난 징그러워서 못 먹겠어.
냥! 이러다 지겠다냥!

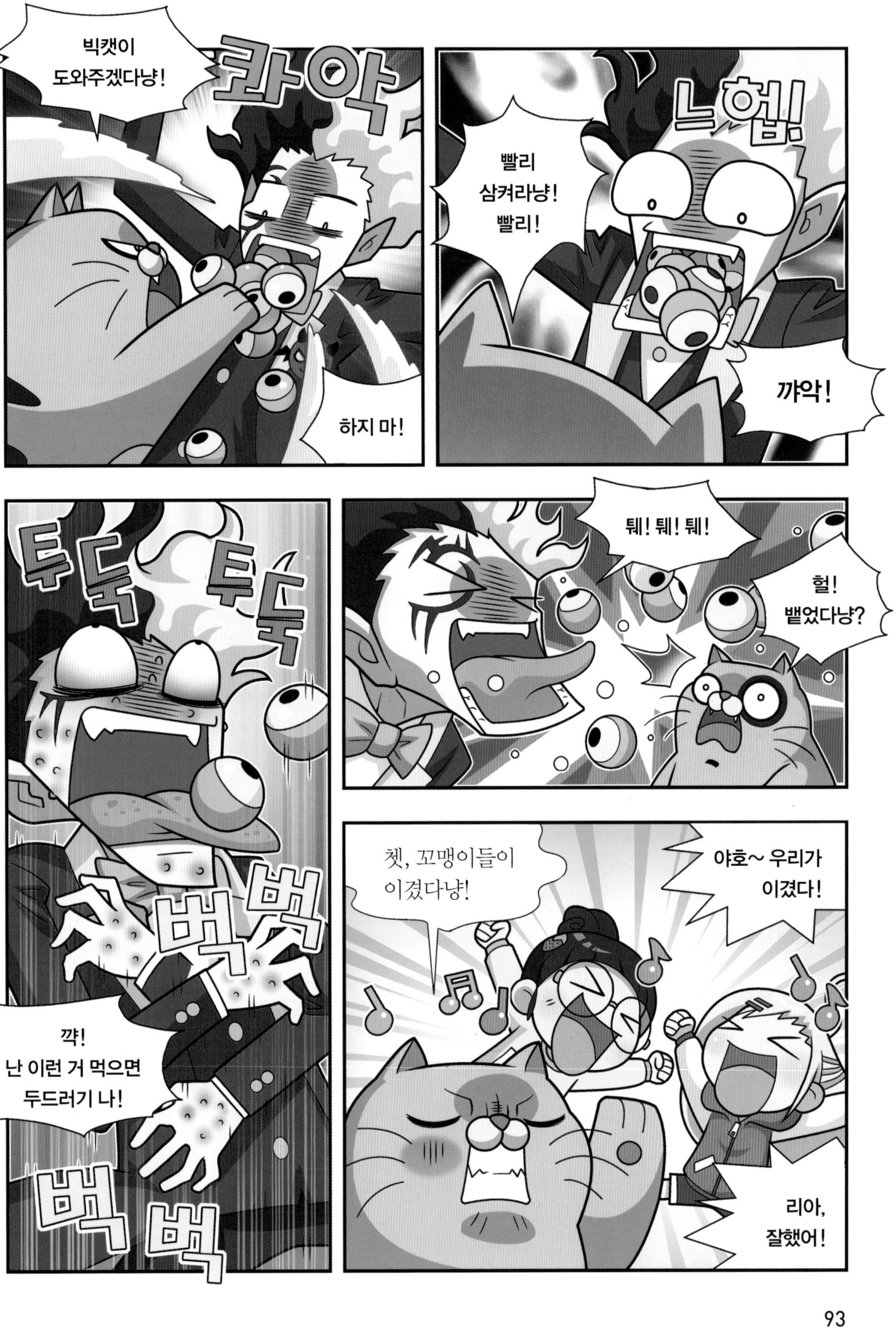
빅캣이
도와주겠다냥!
콰악
하지 마!
빨리
삼켜라냥!
빨리!
느헙!
꺄악!
투둑 투둑
벅벅
꺅!
난 이런 거 먹으면
두드러기 나!
벅벅
퉤! 퉤! 퉤!
헐!
뱉었다냥?
쳇, 꼬맹이들이
이겼다냥!
야호~ 우리가
이겼다!
리아,
잘했어!

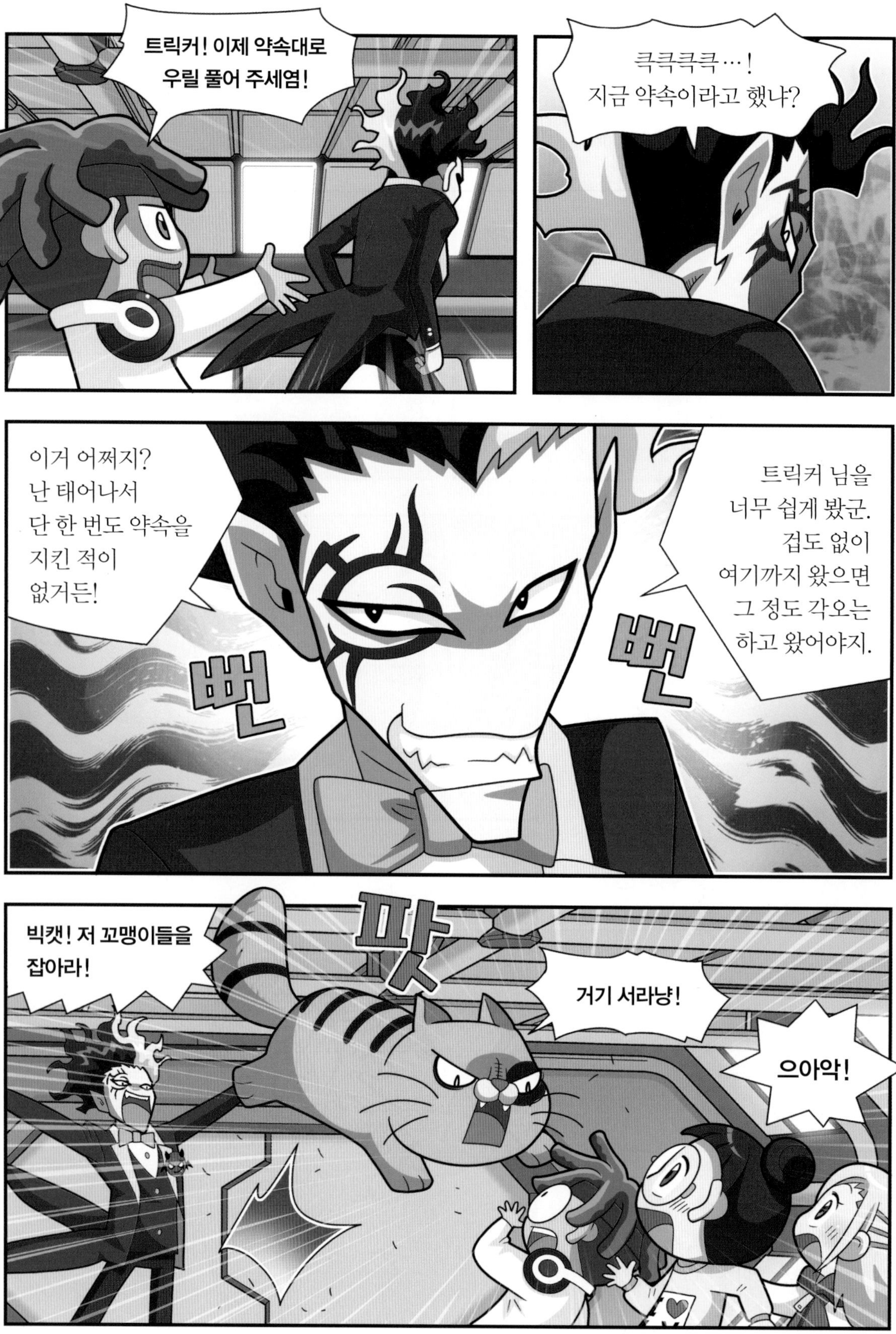
트릭커! 이제 약속대로 우릴 풀어 주세염!
크크크크…! 지금 약속이라고 했냐?
이거 어쩌지? 난 태어나서 단 한 번도 약속을 지킨 적이 없거든!
뻔뻔
트릭커 님을 너무 쉽게 봤군. 겁도 없이 여기까지 왔으면 그 정도 각오는 하고 왔어야지.
빅캣! 저 꼬맹이들을 잡아라!
팟
거기 서라냥!
으아악!

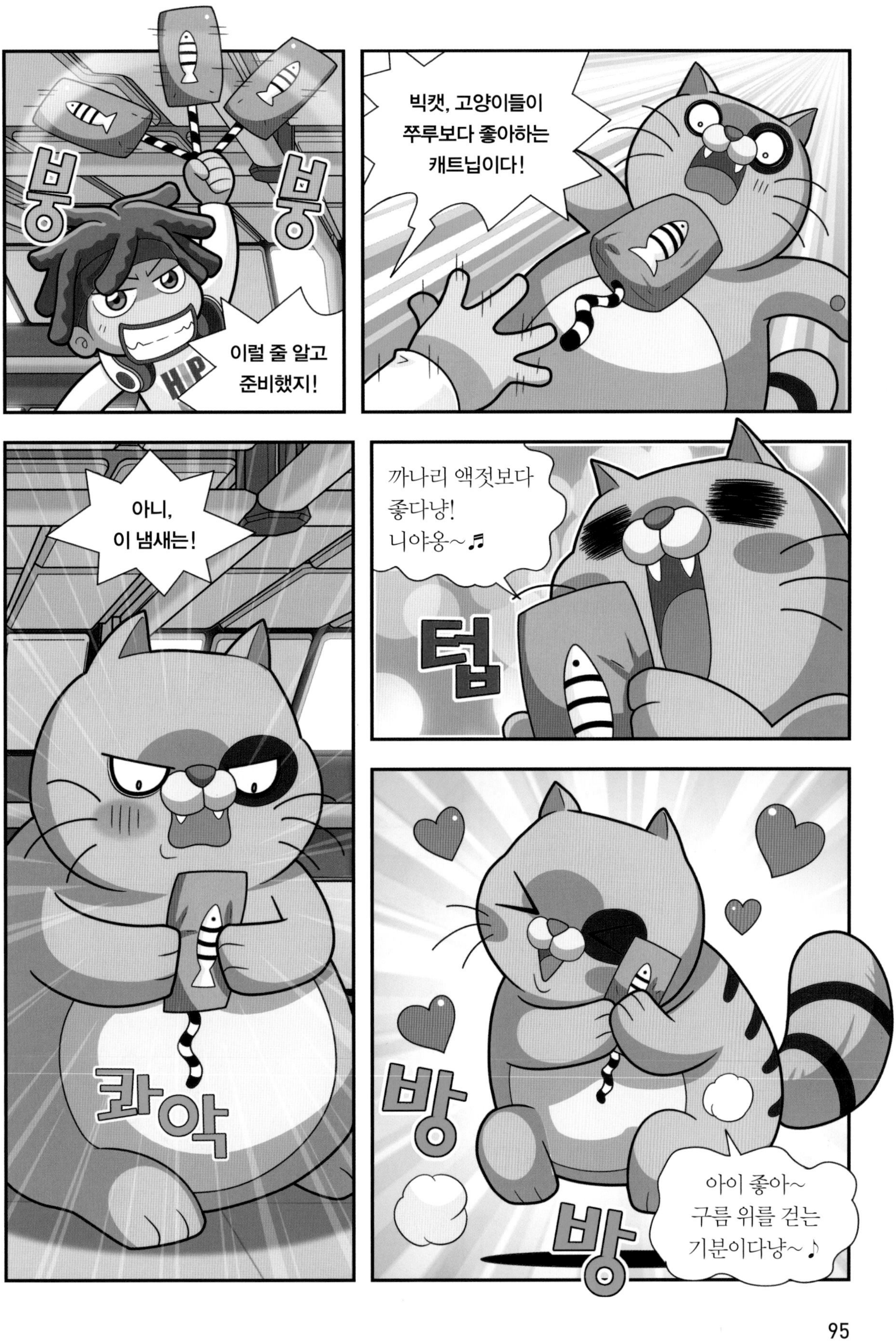

붕
붕
이럴 줄 알고
준비했지!
빅캣, 고양이들이
쭈루보다 좋아하는
캐트닙이다!
아니,
이 냄새는!
콰악
까나리 액젓보다
좋다냥!
니야옹~♬
텁
방
방
아이 좋아~
구름 위를 걷는
기분이다냥~♪

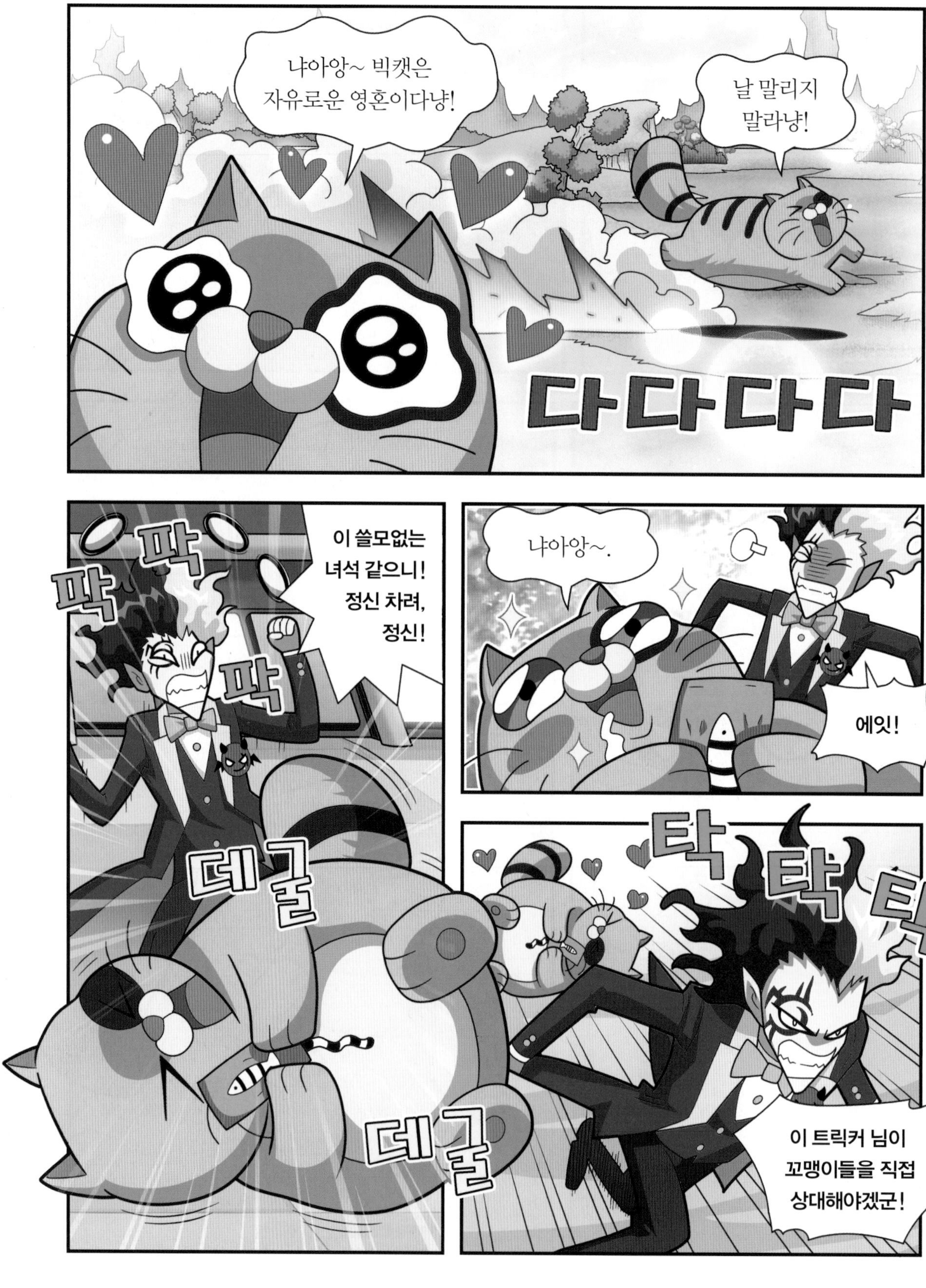
냐아앙~ 빅캣은 자유로운 영혼이다냥!
날 말리지 말라냥!
다다다다다
딱
딱
이 쓸모없는 녀석 같으니! 정신 차려, 정신!
딱
데굴
데굴
냐아앙~.
에잇!
탁
탁
탁
이 트릭커 님이 꼬맹이들을 직접 상대해야겠군!

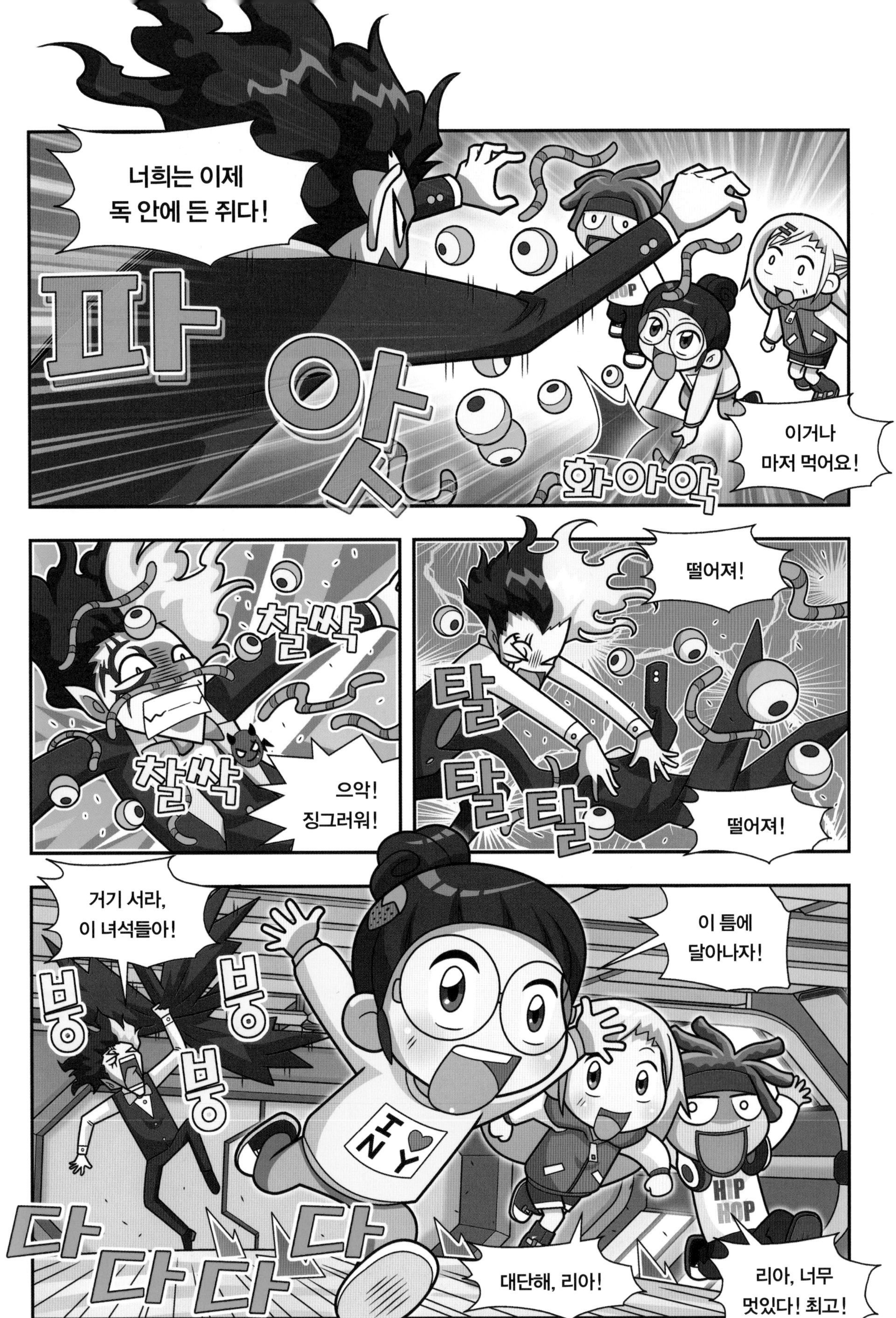

너희는 이제
독 안에 든 쥐다!
파
앗
화아악
이거나
마저 먹어요!
찰싹
찰싹
으악!
징그러워!
떨어져!
탈
탈
탈
떨어져!
거기 서라,
이 녀석들아!
붕
붕
붕
이 틈에
달아나자!
다
다다다
다
대단해, 리아!
리아, 너무
멋있다! 최고!

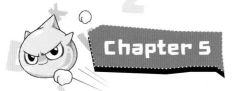

Chapter 5

우주인의 용기

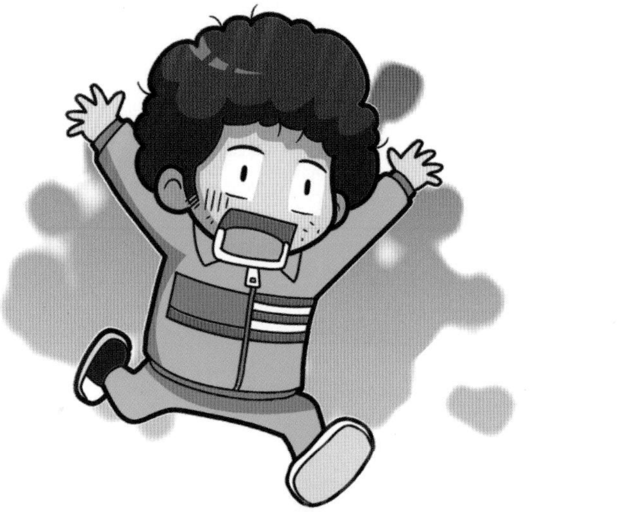

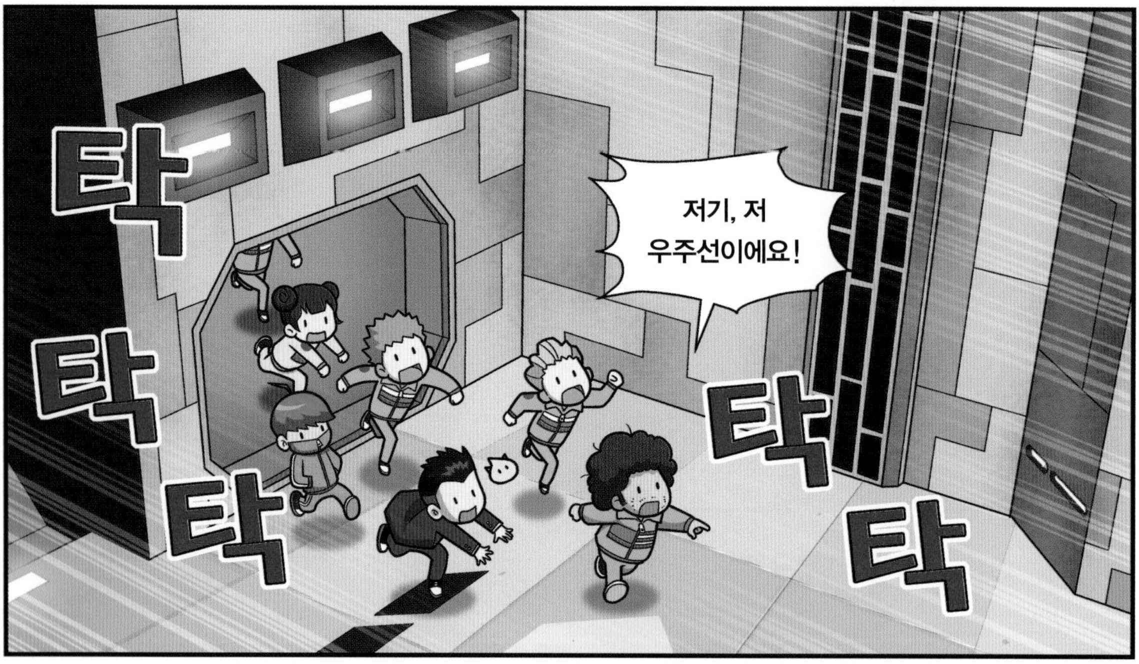
탁
탁
탁
저기, 저
우주선이에요!
탁
탁

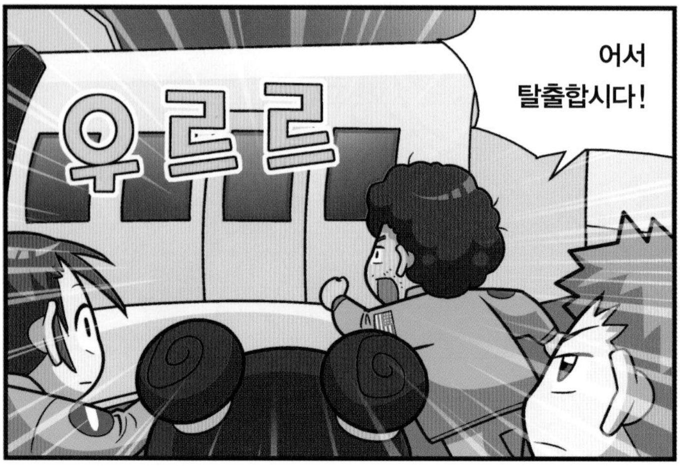
우르르
어서
탈출합시다!

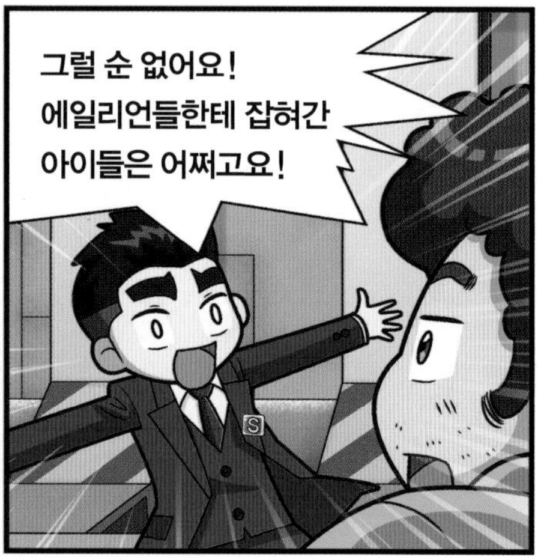
그럴 순 없어요!
에일리언들한테 잡혀간
아이들은 어쩌고요!

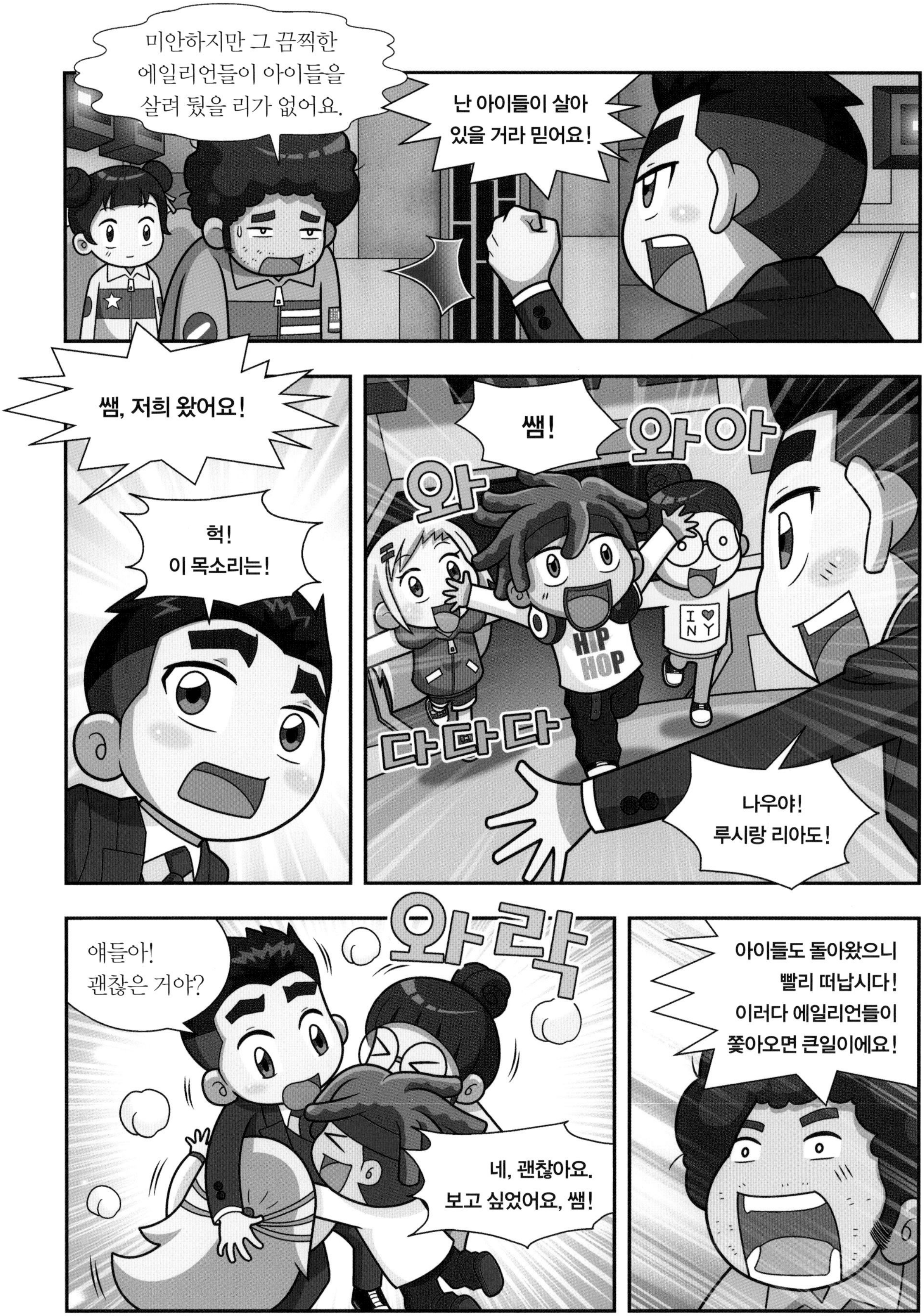
미안하지만 그 끔찍한 에일리언들이 아이들을 살려 뒀을 리가 없어요.
난 아이들이 살아 있을 거라 믿어요!
쌤, 저희 왔어요!
헉! 이 목소리는!
쌤!
와아
와
다다다
나우야! 루시랑 리아도!
와락
애들아! 괜찮은 거야?
네, 괜찮아요. 보고 싶었어요, 쌤!
아이들도 돌아왔으니 빨리 떠납시다! 이러다 에일리언들이 쫓아오면 큰일이에요!

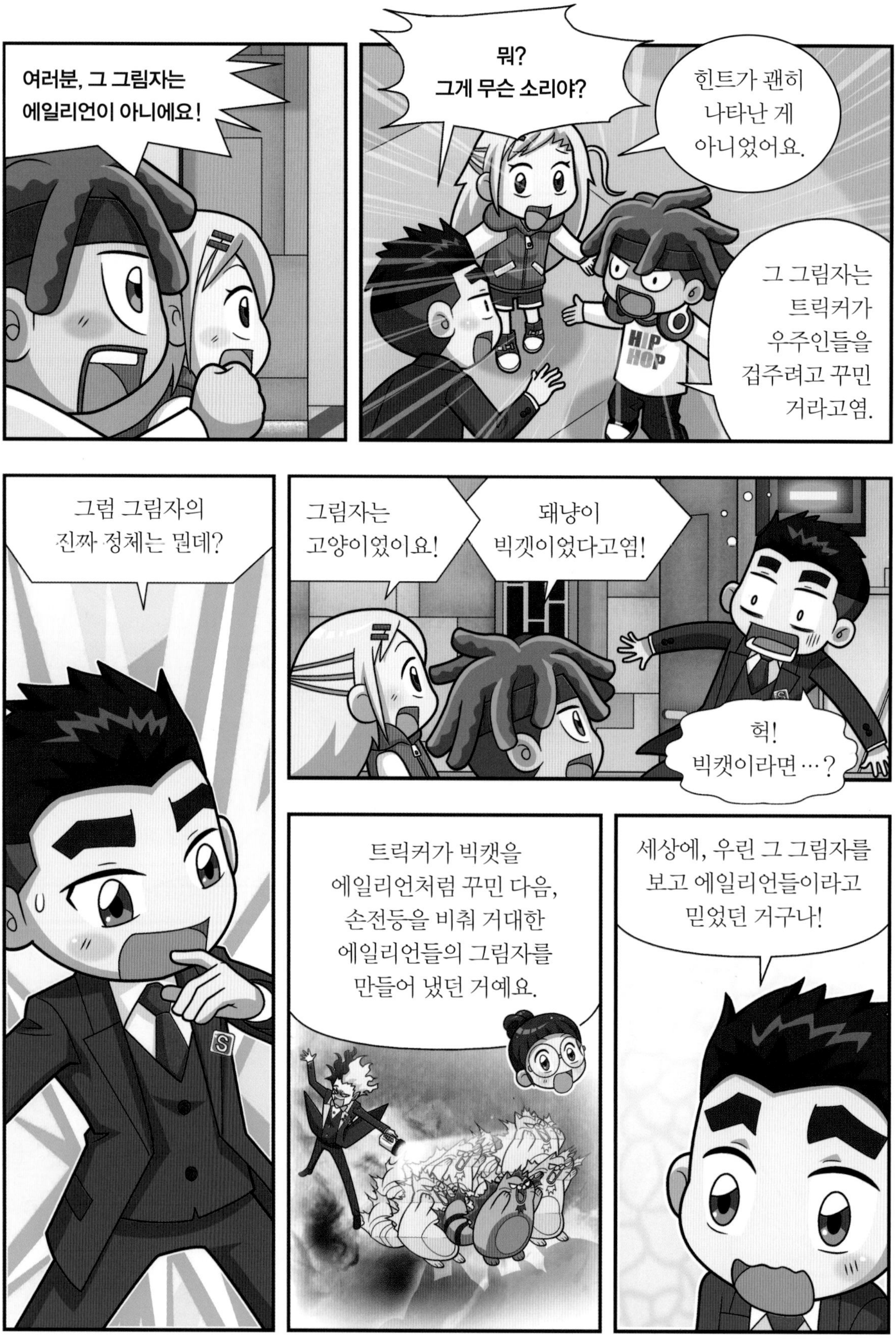

여러분, 그 그림자는 에일리언이 아니에요!
뭐? 그게 무슨 소리야?
힌트가 괜히 나타난 게 아니었어요.
그 그림자는 트릭커가 우주인들을 겁주려고 꾸민 거라고염.
그럼 그림자의 진짜 정체는 뭔데?
그림자는 고양이었어요!
돼냥이 빅캣이었다고염!
헉! 빅캣이라면…?
트릭커가 빅캣을 에일리언처럼 꾸민 다음, 손전등을 비춰 거대한 에일리언들의 그림자를 만들어 냈던 거예요.
세상에, 우린 그 그림자를 보고 에일리언들이라고 믿었던 거구나!

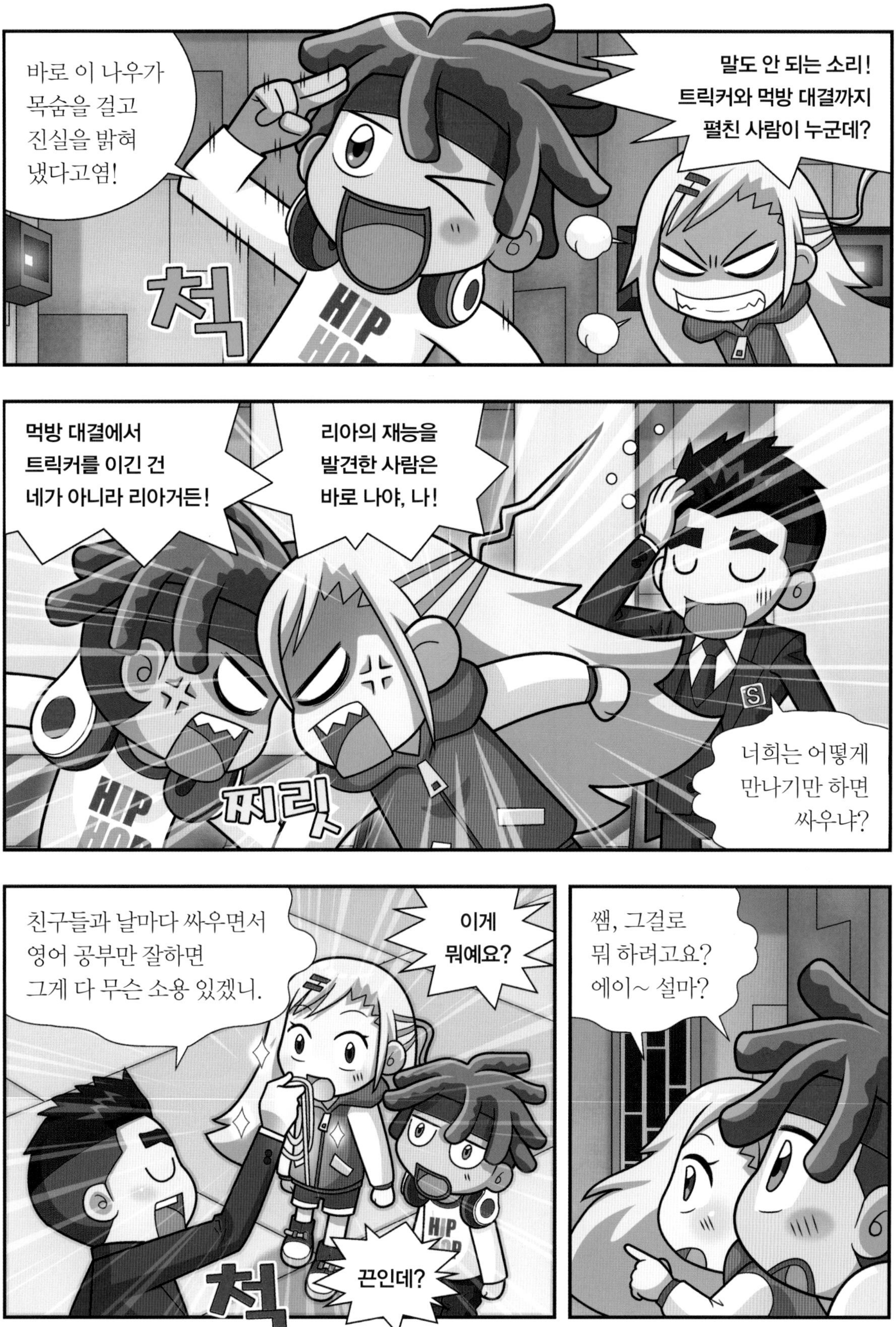
바로 이 나우가 목숨을 걸고 진실을 밝혀 냈다고염!
척
HIP HOP
말도 안 되는 소리! 트릭커와 먹방 대결까지 펼친 사람이 누군데?
먹방 대결에서 트릭커를 이긴 건 네가 아니라 리아거든!
리아의 재능을 발견한 사람은 바로 나야, 나!
찌릿
HIP
너희는 어떻게 만나기만 하면 싸우냐?
친구들과 날마다 싸우면서 영어 공부만 잘하면 그게 다 무슨 소용 있겠니.
이게 뭐예요?
척
끈인데?
쌤, 그걸로 뭐 하려고요? 에이~ 설마?

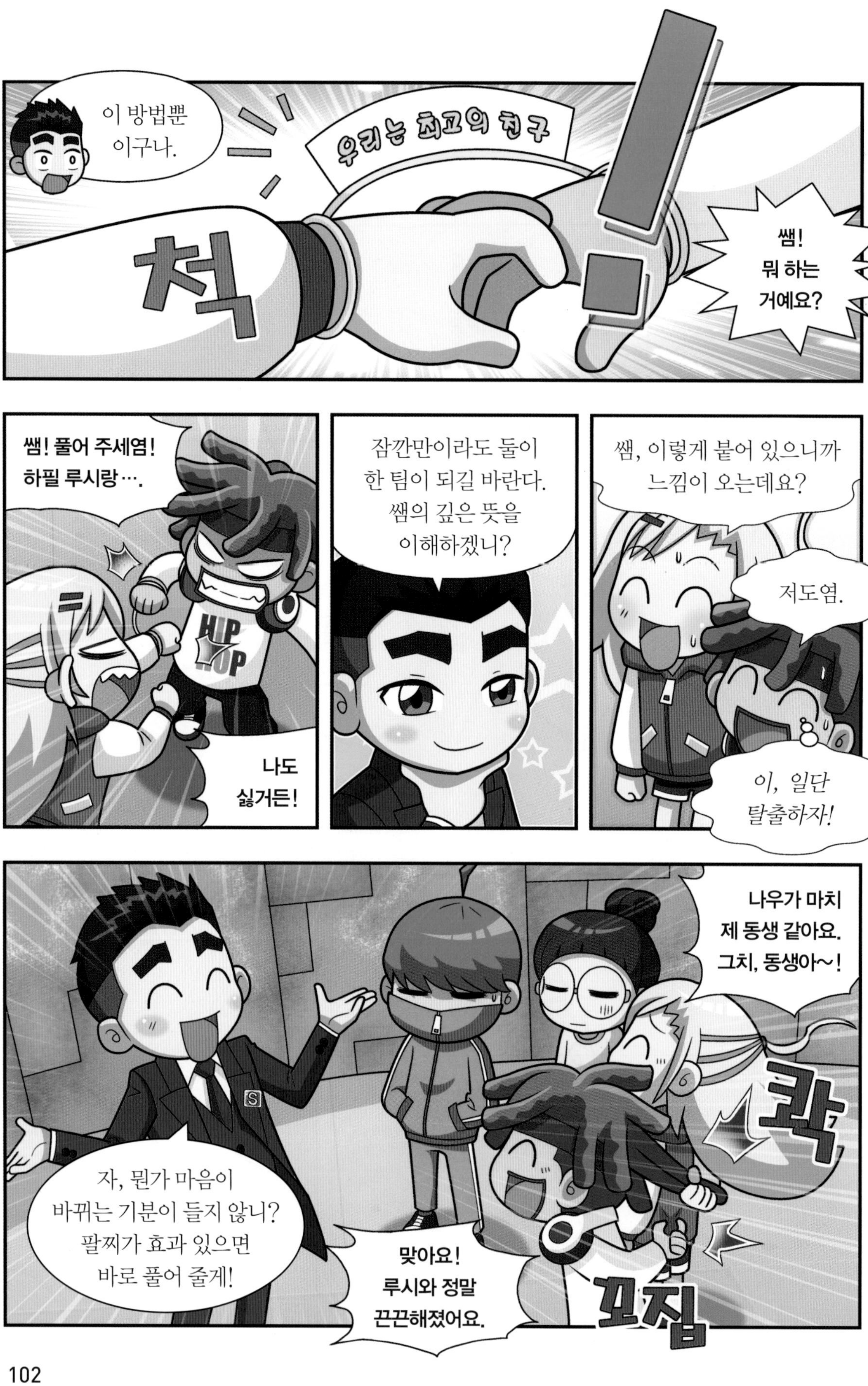
이 방법뿐 이구나.
우리는 최고의 친구
척
쌤! 뭐 하는 거예요?
쌤! 풀어 주세염! 하필 루시랑….
나도 싫거든!
잠깐만이라도 둘이 한 팀이 되길 바란다. 쌤의 깊은 뜻을 이해하겠니?
쌤, 이렇게 붙어 있으니까 느낌이 오는데요?
저도염.
이, 일단 탈출하자!
자, 뭔가 마음이 바뀌는 기분이 들지 않니? 팔찌가 효과 있으면 바로 풀어 줄게!
나우가 마치 제 동생 같아요. 그치, 동생아~!
콱
맞아요! 루시와 정말 끈끈해졌어요.
꼬집

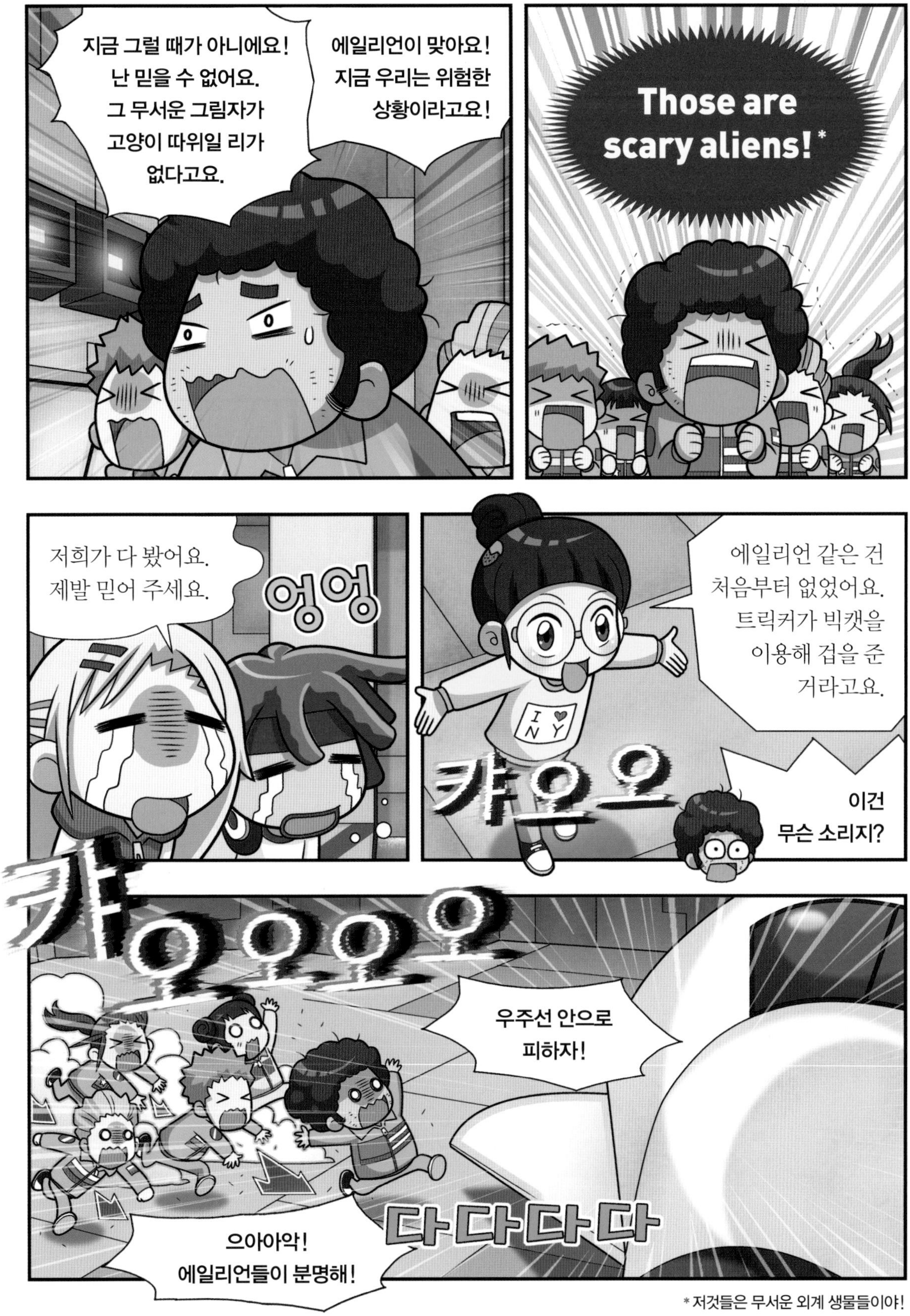

지금 그럴 때가 아니에요! 난 믿을 수 없어요. 그 무서운 그림자가 고양이 따위일 리가 없다고요.
에일리언이 맞아요! 지금 우리는 위험한 상황이라고요!
Those are scary aliens! *
저희가 다 봤어요. 제발 믿어 주세요.
엉엉
에일리언 같은 건 처음부터 없었어요. 트릭커가 빅캣을 이용해 겁을 준 거라고요.
캬오오
이건 무슨 소리지?
캬오오오오
우주선 안으로 피하자!
으아아악! 에일리언들이 분명해!
다다다다다

* 저것들은 무서운 외계 생물들이야!

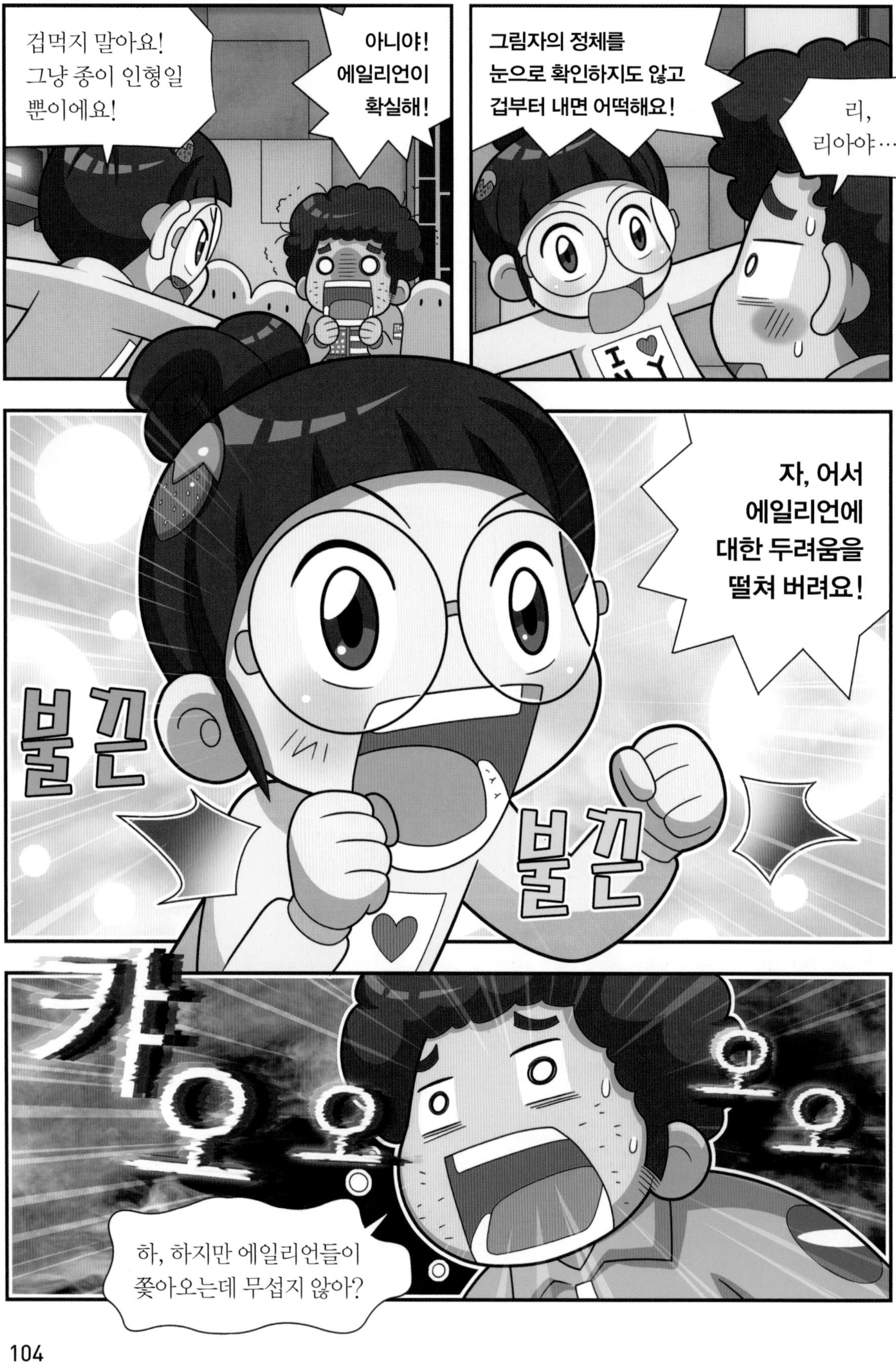
겁먹지 말아요!
그냥 종이 인형일
뿐이에요!
아니야!
에일리언이
확실해!
그림자의 정체를
눈으로 확인하지도 않고
겁부터 내면 어떡해요!
리,
리아야….
자, 어서
에일리언에
대한 두려움을
떨쳐 버려요!
불끈
불끈
캬오오오오
하, 하지만 에일리언들이
쫓아오는데 무섭지 않아?

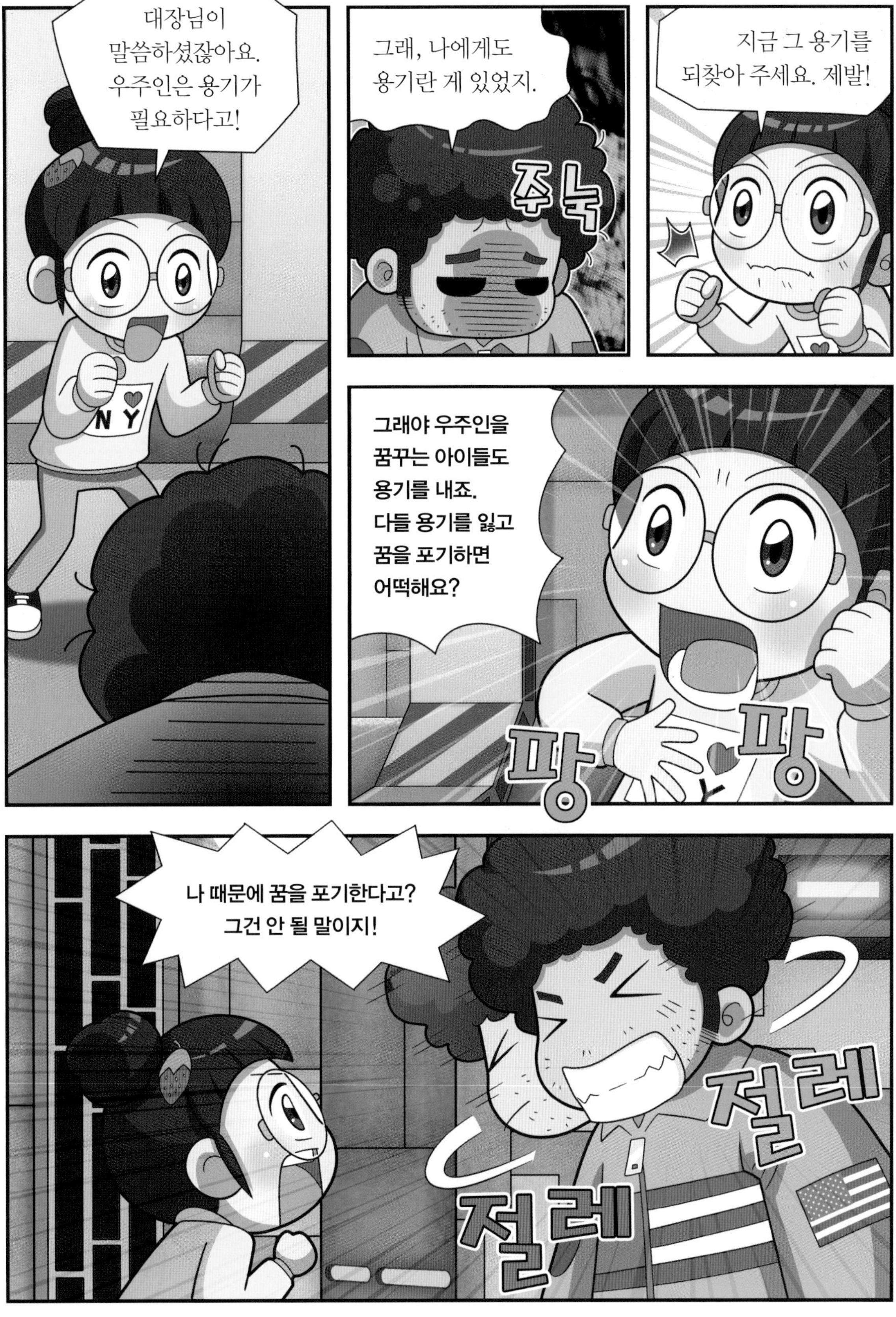
대장님이 말씀하셨잖아요. 우주인은 용기가 필요하다고!
그래, 나에게도 용기란 게 있었지.
주눅
지금 그 용기를 되찾아 주세요. 제발!
그래야 우주인을 꿈꾸는 아이들도 용기를 내죠. 다들 용기를 잃고 꿈을 포기하면 어떡해요?
팡 팡
나 때문에 꿈을 포기한다고? 그건 안 될 말이지!
절레 절레

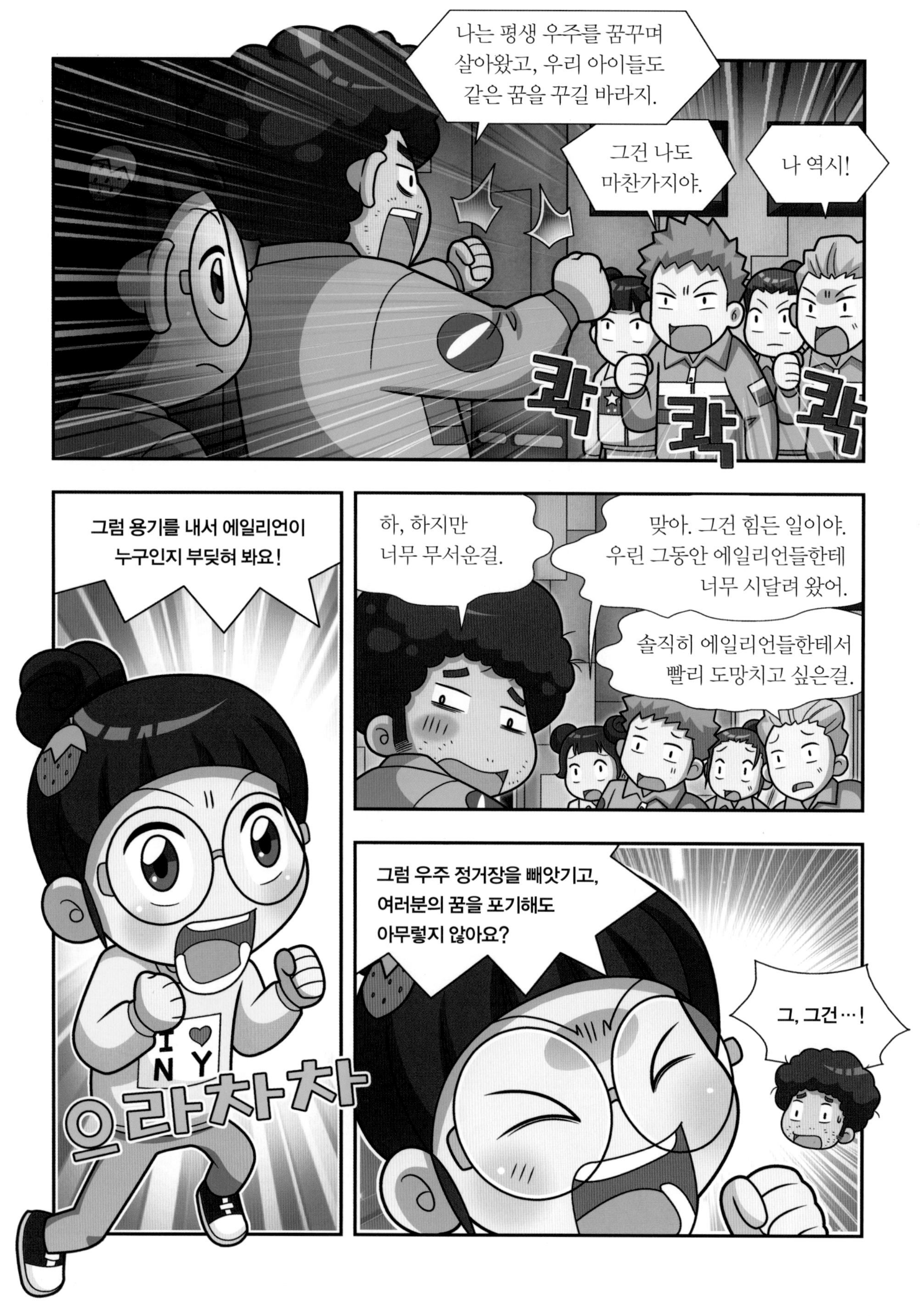
나는 평생 우주를 꿈꾸며 살아왔고, 우리 아이들도 같은 꿈을 꾸길 바라지.
그건 나도 마찬가지야.
나 역시!
콱
콱
콱
그럼 용기를 내서 에일리언이 누구인지 부딪혀 봐요!
I ♥ NY
으라차차
하, 하지만 너무 무서운걸.
맞아. 그건 힘든 일이야. 우린 그동안 에일리언들한테 너무 시달려 왔어.
솔직히 에일리언들한테서 빨리 도망치고 싶은걸.
그럼 우주 정거장을 빼앗기고, 여러분의 꿈을 포기해도 아무렇지 않아요?
그, 그건…!

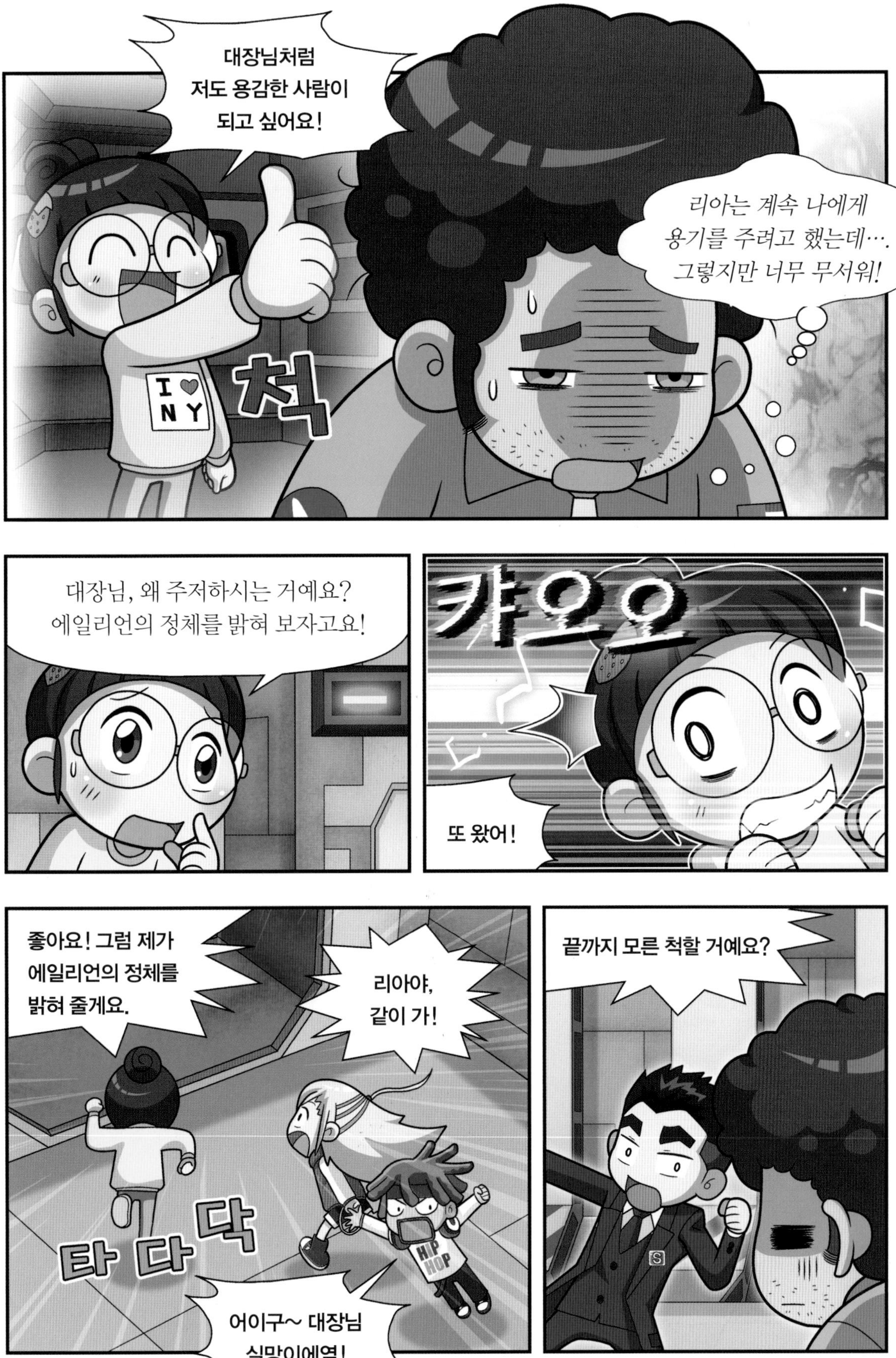
대장님처럼 저도 용감한 사람이 되고 싶어요!
I ♥ NY
척
리아는 계속 나에게 용기를 주려고 했는데…. 그렇지만 너무 무서워!
대장님, 왜 주저하시는 거예요? 에일리언의 정체를 밝혀 보자고요!
캬오오
또 왔어!
좋아요! 그럼 제가 에일리언의 정체를 밝혀 줄게요.
리아야, 같이 가!
타 다 닥
HIP HOP
어이구~ 대장님 실망이에염!
끝까지 모른 척할 거예요?

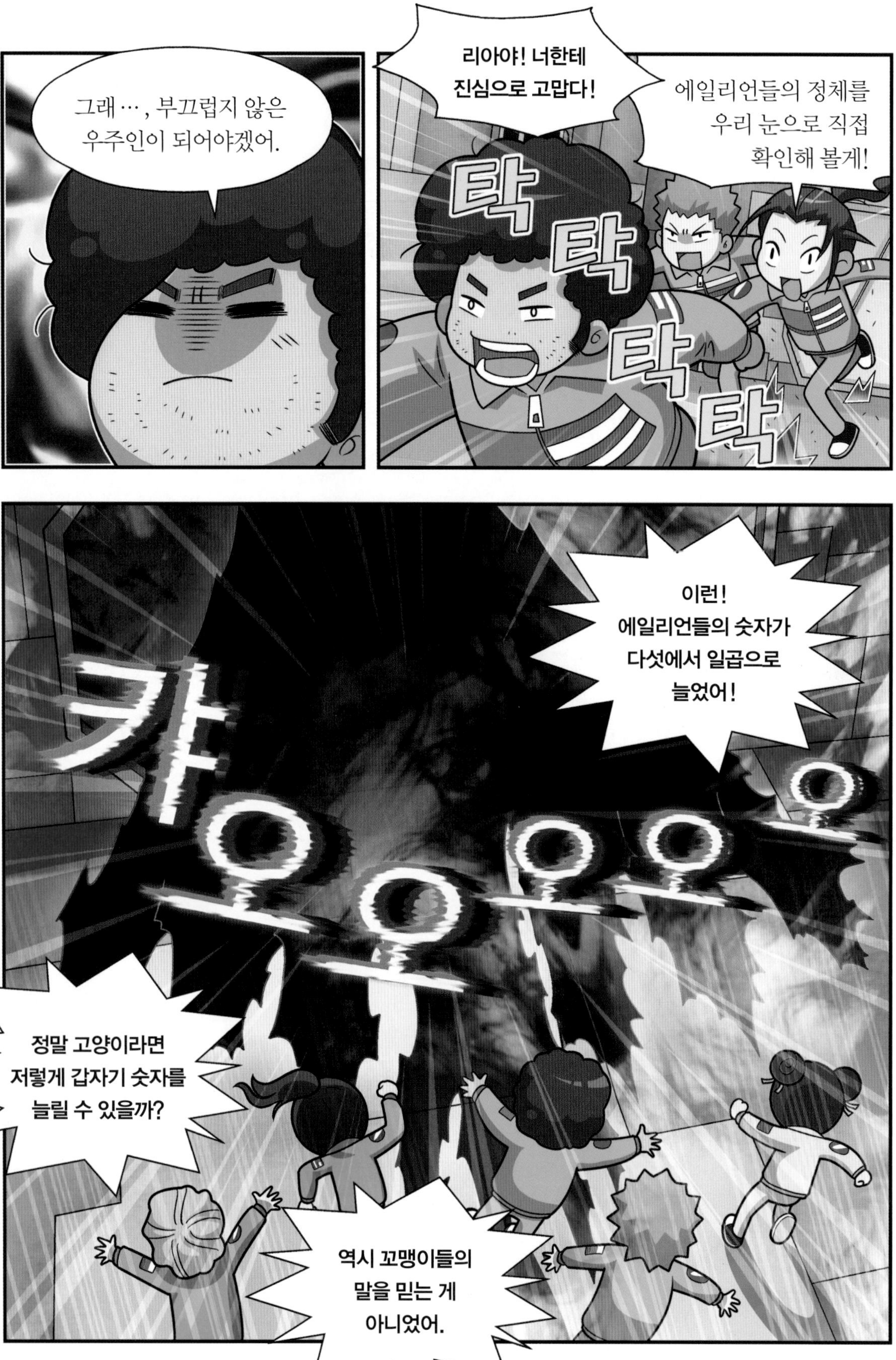
그래…, 부끄럽지 않은 우주인이 되어야겠어.
리아야! 너한테 진심으로 고맙다!
에일리언들의 정체를 우리 눈으로 직접 확인해 볼게!
탁 탁 탁 탁
카오오오오오
이런! 에일리언들의 숫자가 다섯에서 일곱으로 늘었어!
정말 고양이라면 저렇게 갑자기 숫자를 늘릴 수 있을까?
역시 꼬맹이들의 말을 믿는 게 아니었어.

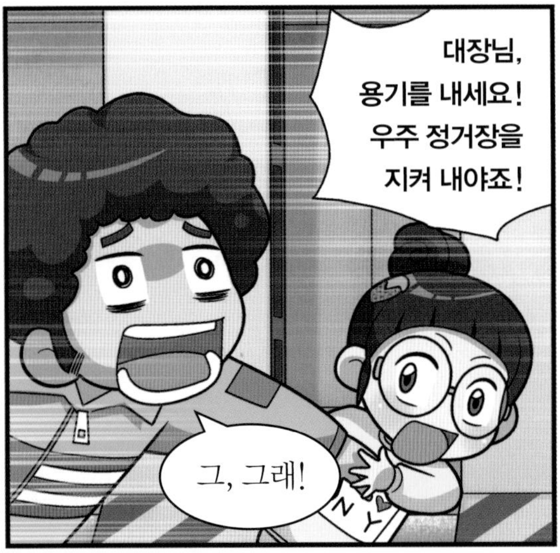
대장님,
용기를 내세요!
우주 정거장을
지켜 내야죠!
그, 그래!
N Y

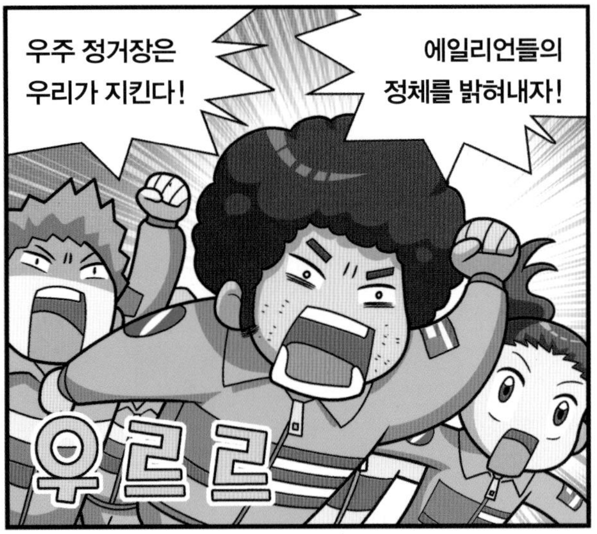
우주 정거장은
우리가 지킨다!
에일리언들의
정체를 밝혀내자!
우르르

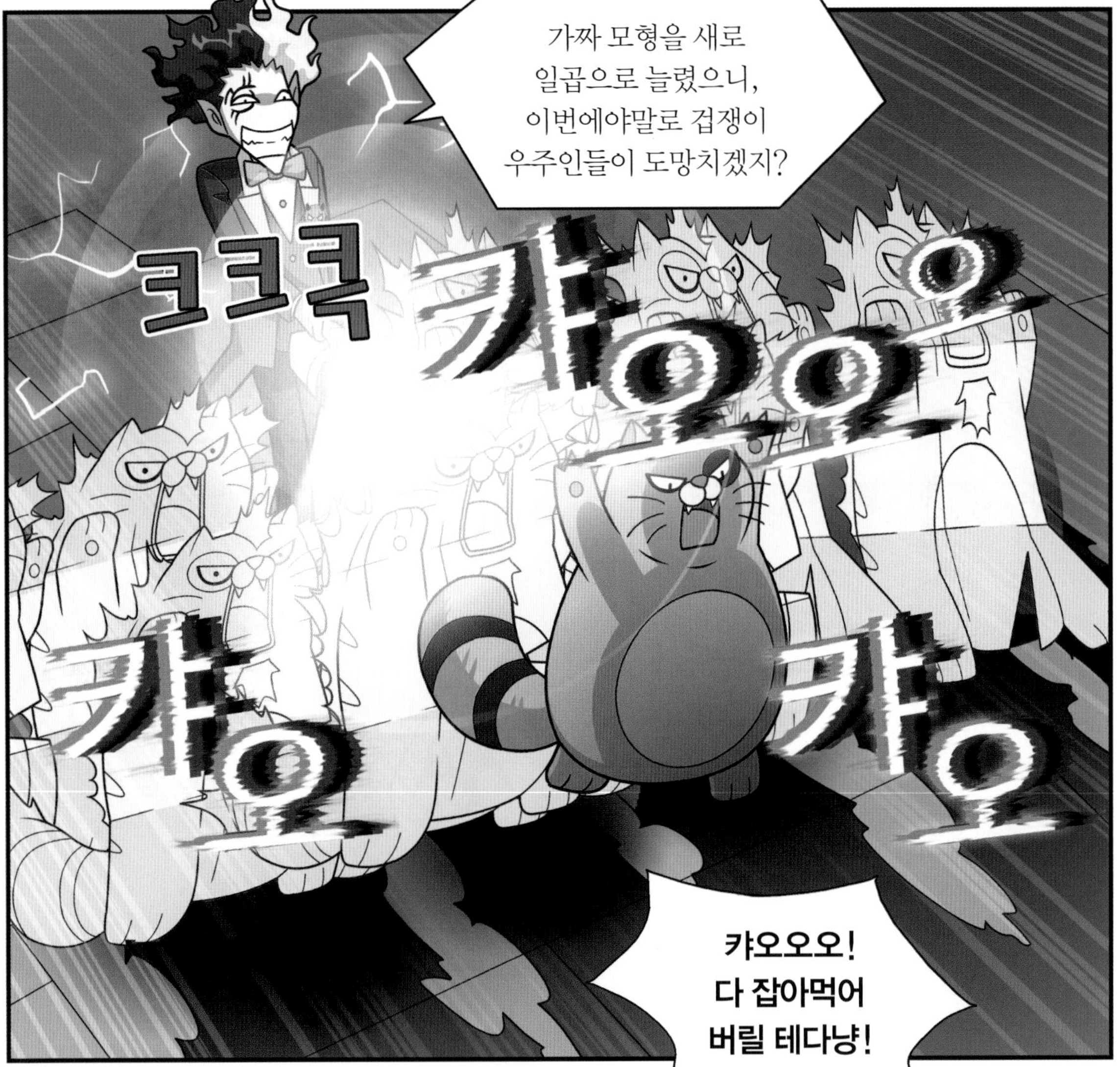
가짜 모형을 새로
일곱으로 늘렸으니,
이번에야말로 겁쟁이
우주인들이 도망치겠지?
크크큭
캬오오오
캬오
캬오
캬오오오!
다 잡아먹어
버릴 테다냥!

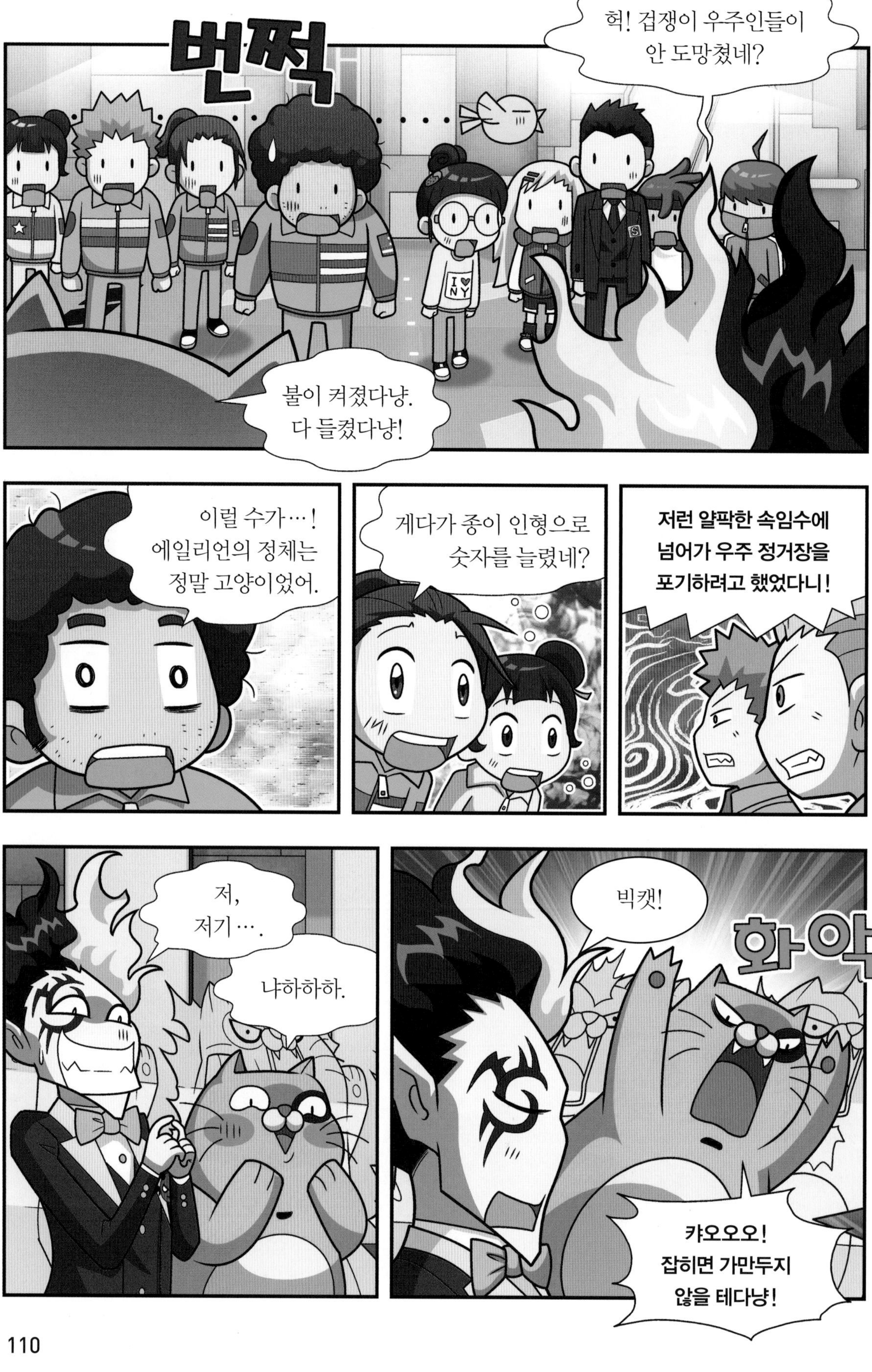
번쩍
헉! 겁쟁이 우주인들이 안 도망쳤네?
불이 켜졌다냥. 다 들켰다냥!
이럴 수가…! 에일리언의 정체는 정말 고양이었어.
게다가 종이 인형으로 숫자를 늘렸네?
저런 얄팍한 속임수에 넘어가 우주 정거장을 포기하려고 했었다니!
저, 저기….
냐하하하.
빅캣!
화악
캬오오오! 잡히면 가만두지 않을 테다냥!

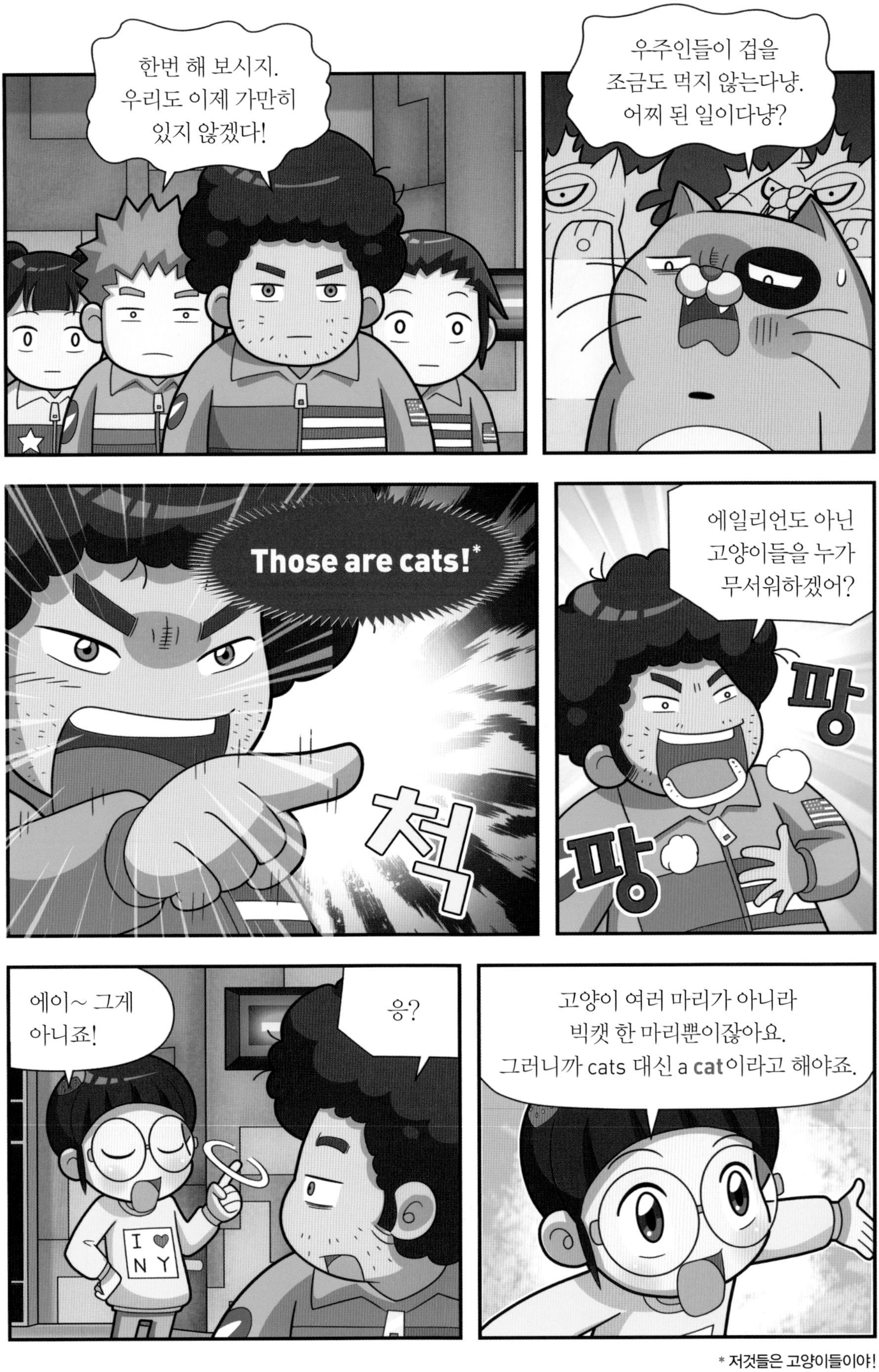
한번 해 보시지.
우리도 이제 가만히
있지 않겠다!
우주인들이 겁을
조금도 먹지 않는다냥.
어찌 된 일이다냥?
Those are cats!*
척
에일리언도 아닌
고양이들을 누가
무서워하겠어?
팡
팡
에이~ 그게
아니죠!
응?
고양이 여러 마리가 아니라
빅캣 한 마리뿐이잖아요.
그러니까 cats 대신 a cat이라고 해야죠.

* 저것들은 고양이들이야!

* 분홍색 단어의 발음이 궁금하다면 143쪽을 펼쳐 보세요.

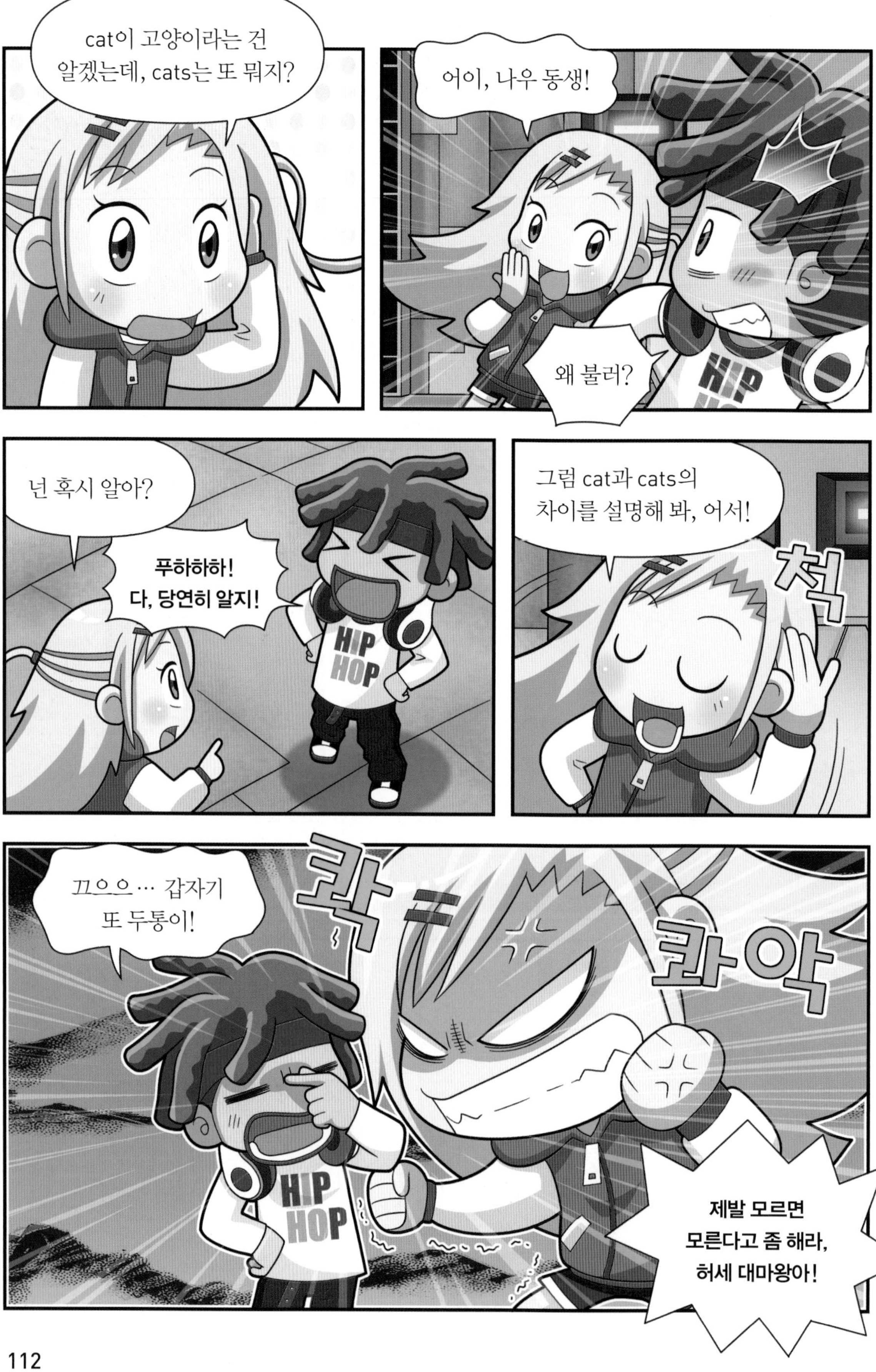
cat이 고양이라는 건 알겠는데, cats는 또 뭐지?
어이, 나우 동생!
왜 불러?
넌 혹시 알아?
푸하하하! 다, 당연히 알지!
그럼 cat과 cats의 차이를 설명해 봐, 어서!
척
끄으으… 갑자기 또 두통이!
콱
콰악
제발 모르면 모른다고 좀 해라, 허세 대마왕아!

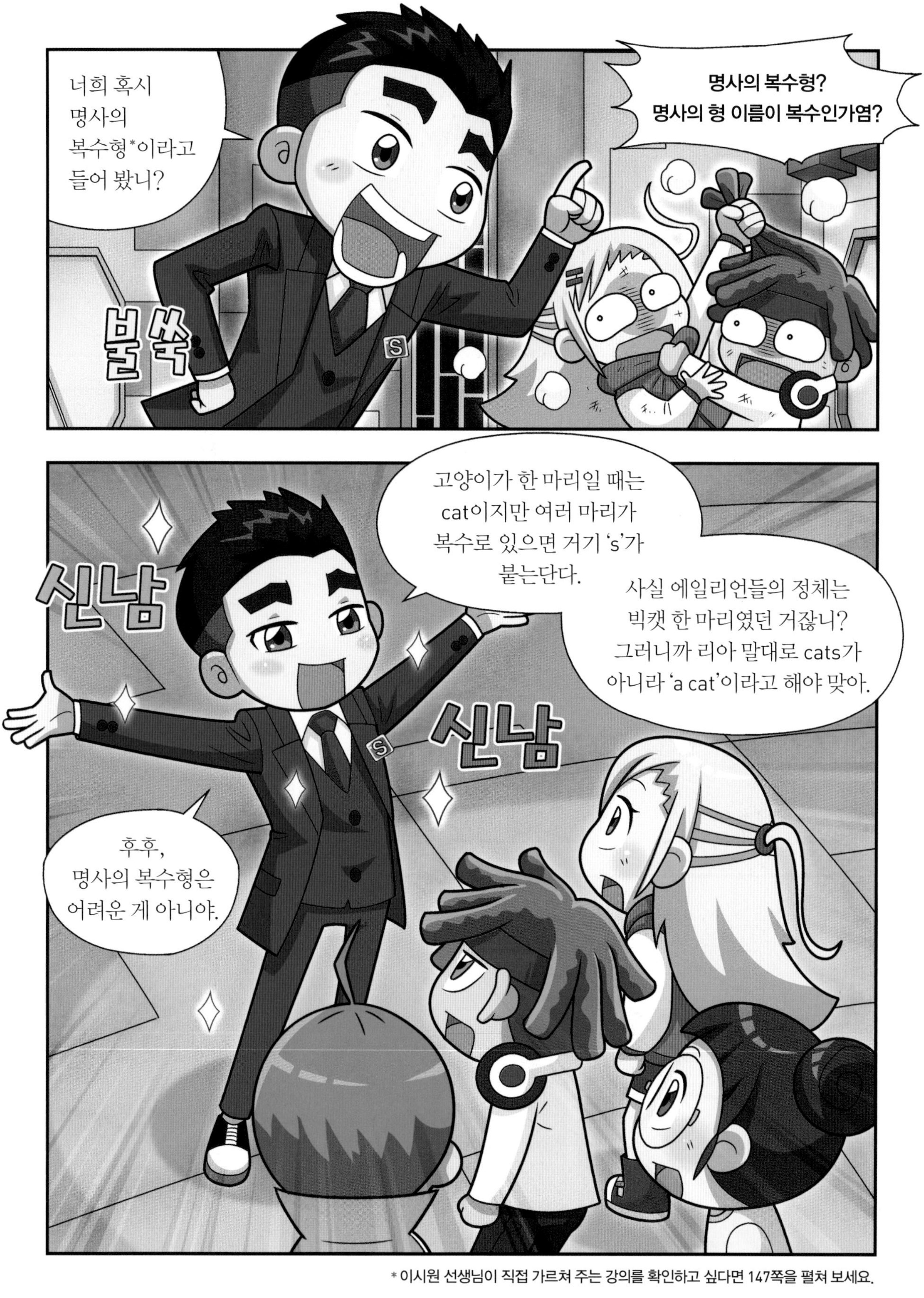

너희 혹시 명사의 복수형*이라고 들어 봤니?
명사의 복수형? 명사의 형 이름이 복수인가염?
불쑥
고양이가 한 마리일 때는 cat이지만 여러 마리가 복수로 있으면 거기 's'가 붙는단다.
사실 에일리언들의 정체는 빅캣 한 마리였던 거잖니? 그러니까 리아 말대로 cats가 아니라 'a cat'이라고 해야 맞아.
신남
신남
후후, 명사의 복수형은 어려운 게 아니야.

* 이시원 선생님이 직접 가르쳐 주는 강의를 확인하고 싶다면 147쪽을 펼쳐 보세요.

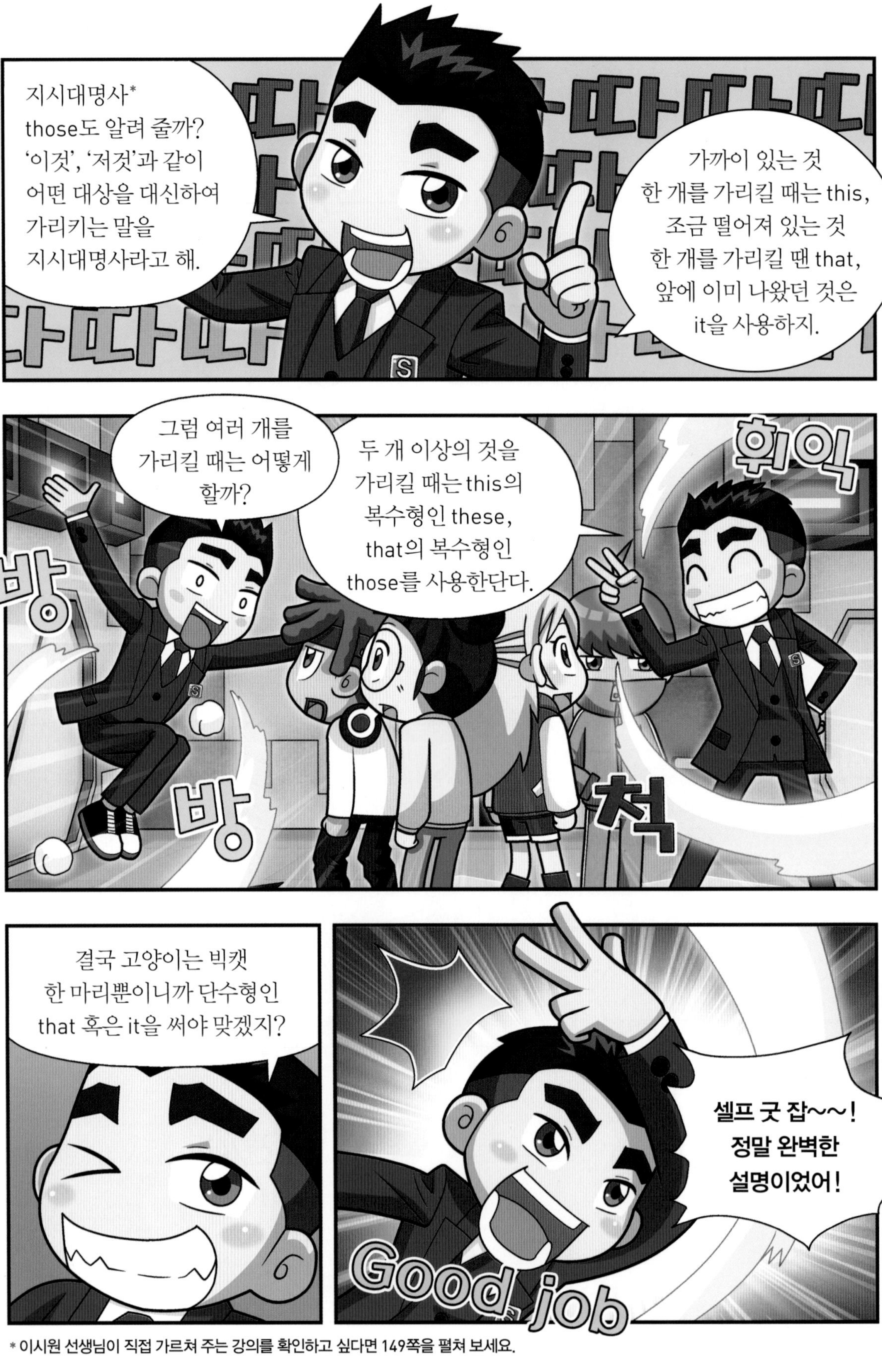
지시대명사*
those도 알려 줄까?
'이것', '저것'과 같이
어떤 대상을 대신하여
가리키는 말을
지시대명사라고 해.
가까이 있는 것
한 개를 가리킬 때는 this,
조금 떨어져 있는 것
한 개를 가리킬 땐 that,
앞에 이미 나왔던 것은
it을 사용하지.
그럼 여러 개를
가리킬 때는 어떻게
할까?
두 개 이상의 것을
가리킬 때는 this의
복수형인 these,
that의 복수형인
those를 사용한단다.
휘익
방
방
척
결국 고양이는 빅캣
한 마리뿐이니까 단수형인
that 혹은 it을 써야 맞겠지?
셀프 굿 잡~~!
정말 완벽한
설명이었어!
Good job

* 이시원 선생님이 직접 가르쳐 주는 강의를 확인하고 싶다면 149쪽을 펼쳐 보세요.

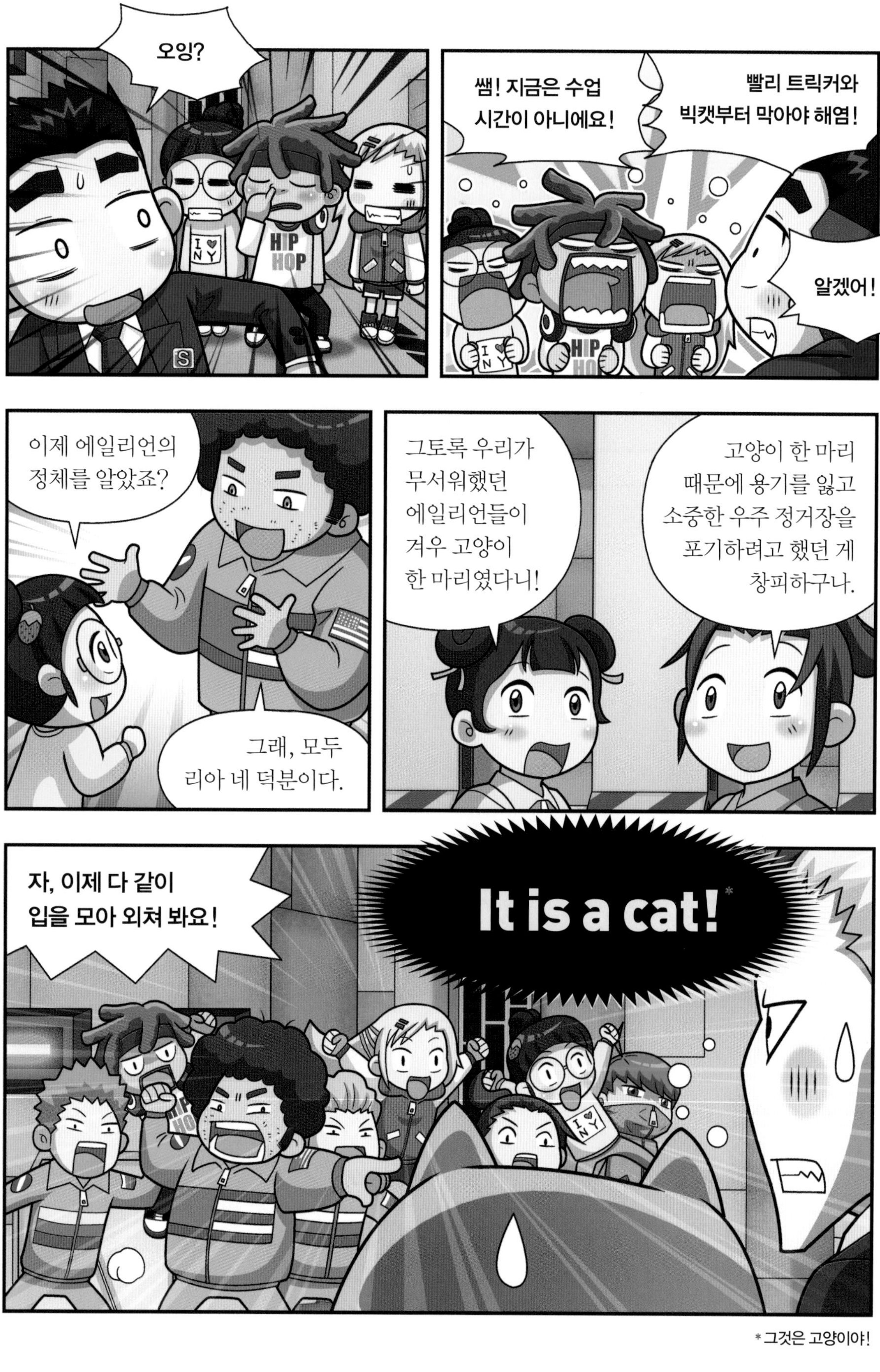
오잉?
쌤! 지금은 수업 시간이 아니에요!
빨리 트릭커와 빅캣부터 막아야 해염!
알겠어!
이제 에일리언의 정체를 알았죠?
그래, 모두 리아 네 덕분이다.
그토록 우리가 무서워했던 에일리언들이 겨우 고양이 한 마리였다니!
고양이 한 마리 때문에 용기를 잃고 소중한 우주 정거장을 포기하려고 했던 게 창피하구나.
자, 이제 다 같이 입을 모아 외쳐 봐요!
It is a cat!*

* 그것은 고양이야!

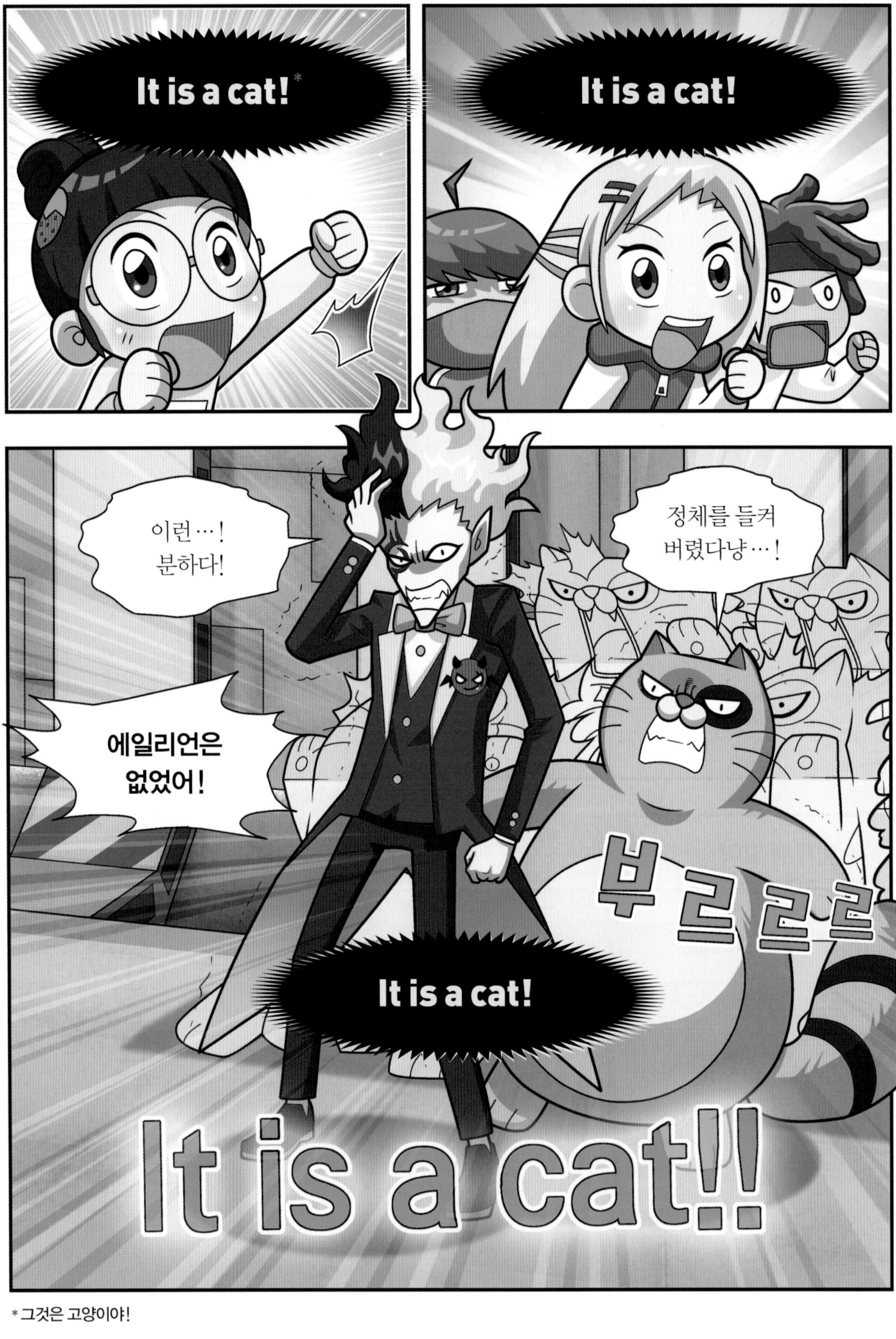
It is a cat!*
It is a cat!
이런…!
분하다!
정체를 들켜
버렸다냥…!
에일리언은
없었어!
부르르르
It is a cat!
It is a cat!!

* 그것은 고양이야!

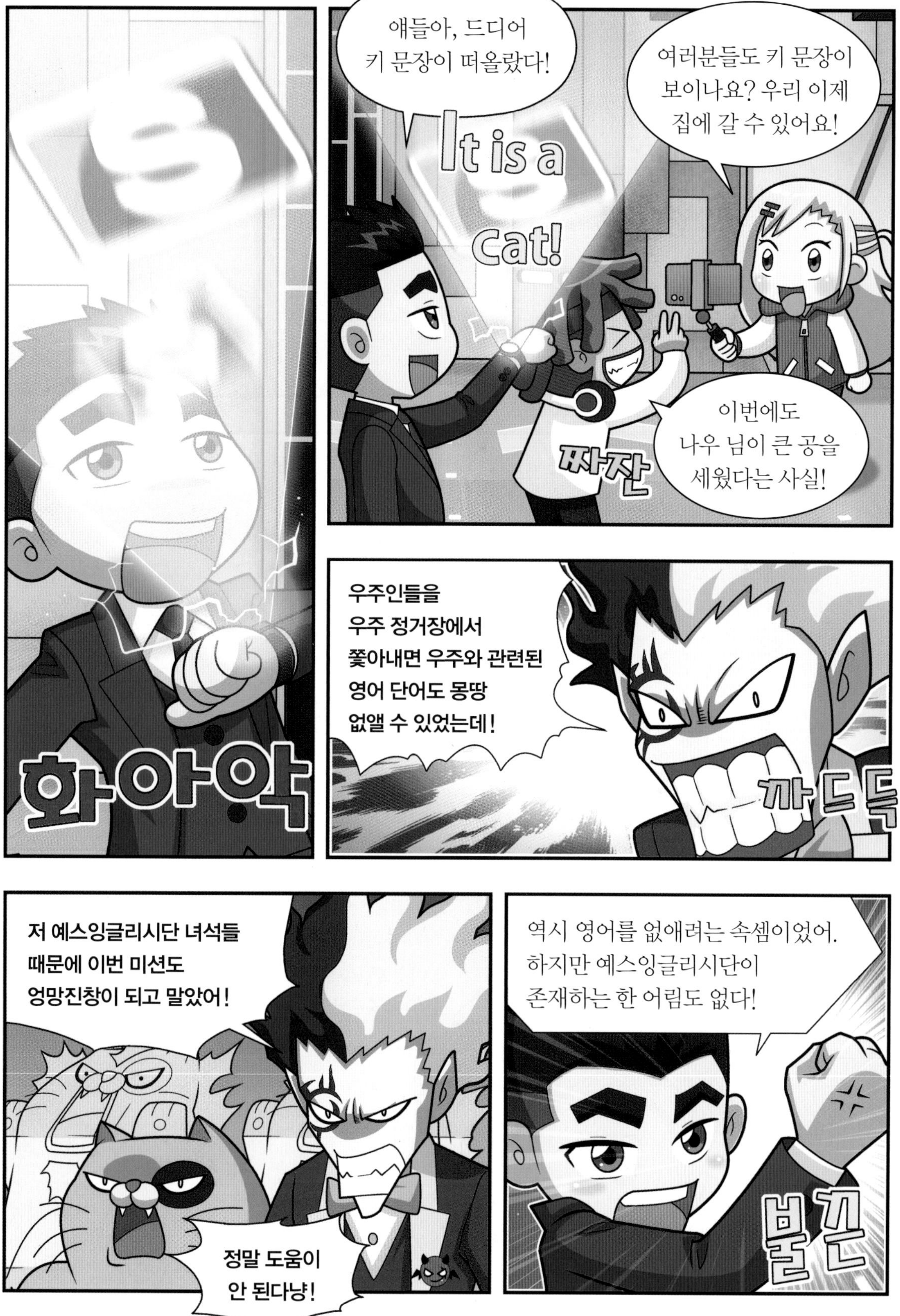

화아악
얘들아, 드디어 키 문장이 떠올랐다!
It is a cat!
여러분들도 키 문장이 보이나요? 우리 이제 집에 갈 수 있어요!
짜잔
이번에도 나우 님이 큰 공을 세웠다는 사실!
우주인들을 우주 정거장에서 쫓아내면 우주와 관련된 영어 단어도 몽땅 없앨 수 있었는데!
까드득
저 예스잉글리시단 녀석들 때문에 이번 미션도 엉망진창이 되고 말았어!
정말 도움이 안 된다냥!
역시 영어를 없애려는 속셈이었어. 하지만 예스잉글리시단이 존재하는 한 어림도 없다!
불끈

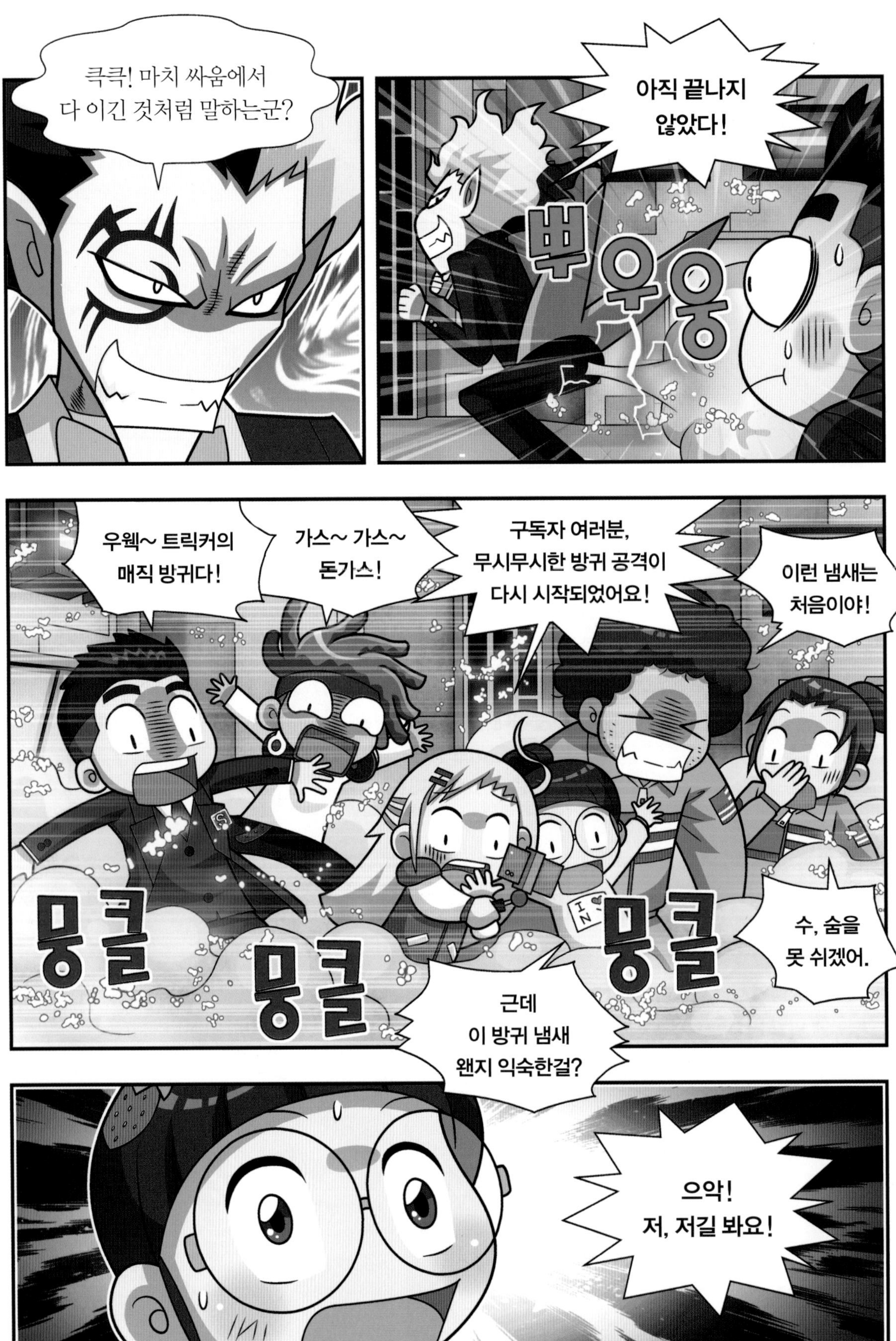

크큭! 마치 싸움에서 다 이긴 것처럼 말하는군?
아직 끝나지 않았다!
뿌우웅
우웩~ 트릭커의 매직 방귀다!
가스~ 가스~ 돈가스!
구독자 여러분, 무시무시한 방귀 공격이 다시 시작되었어요!
이런 냄새는 처음이야!
뭉클 뭉클 뭉클
수, 숨을 못 쉬겠어.
근데 이 방귀 냄새 왠지 익숙한걸?
으악! 저, 저길 봐요!

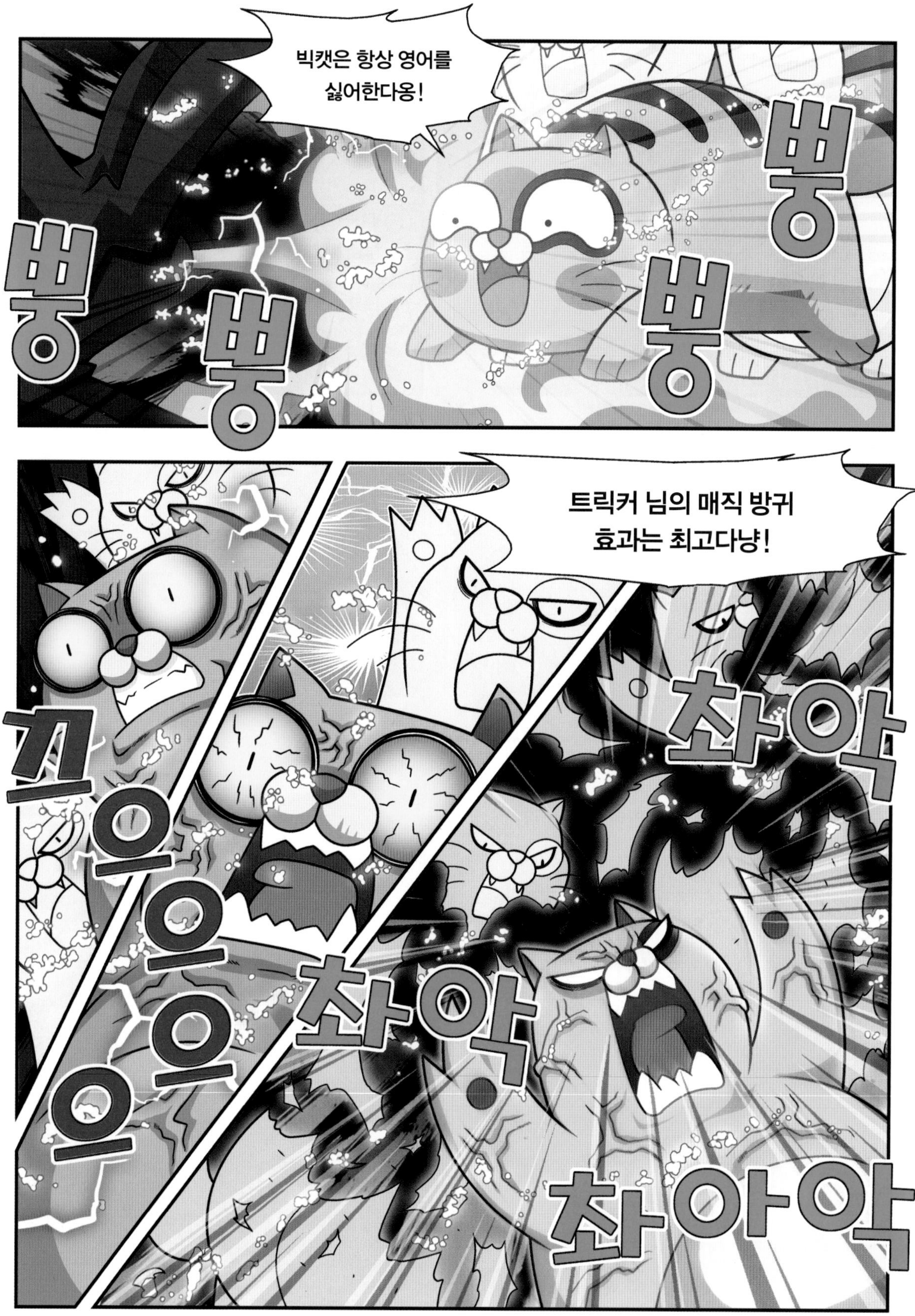
빅캣은 항상 영어를
싫어한다옹!
뿡
뿡
뿡
뿡
트릭커 님의 매직 방귀
효과는 최고다냥!
끄으으으
촤악
촤악
촤아악

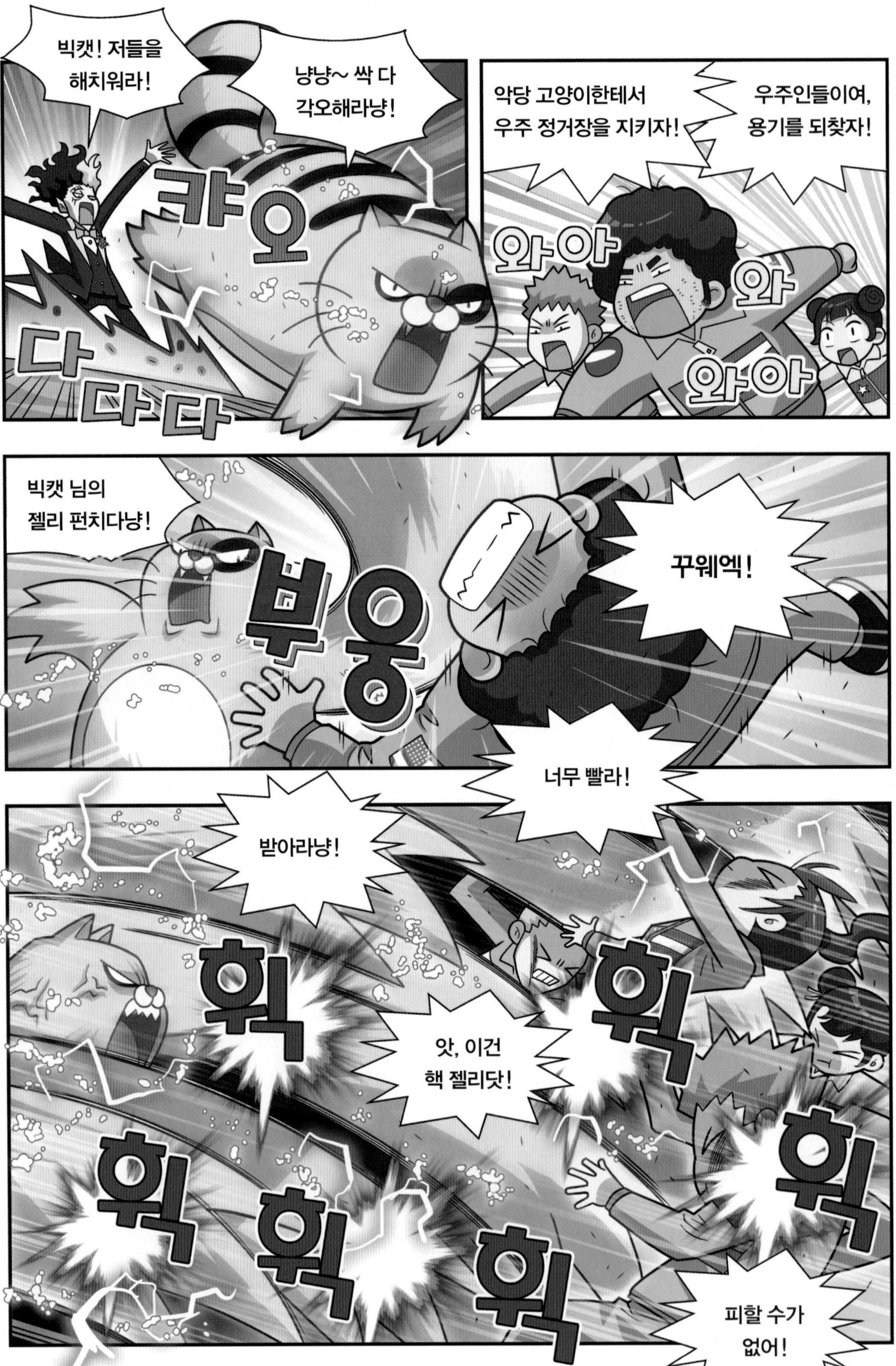

빅캣! 저들을
해치워라!
냥냥~ 싹 다
각오해라냥!
캬오
다
다다
악당 고양이한테서
우주 정거장을 지키자!
우주인들이여,
용기를 되찾자!
와아
와
와아
빅캣 님의
젤리 펀치다냥!
부웅
꾸웨엑!
너무 빨라!
받아라냥!
휙
휙
앗, 이건
핵 젤리닷!
휙
휙
휙
휙
피할 수가
없어!

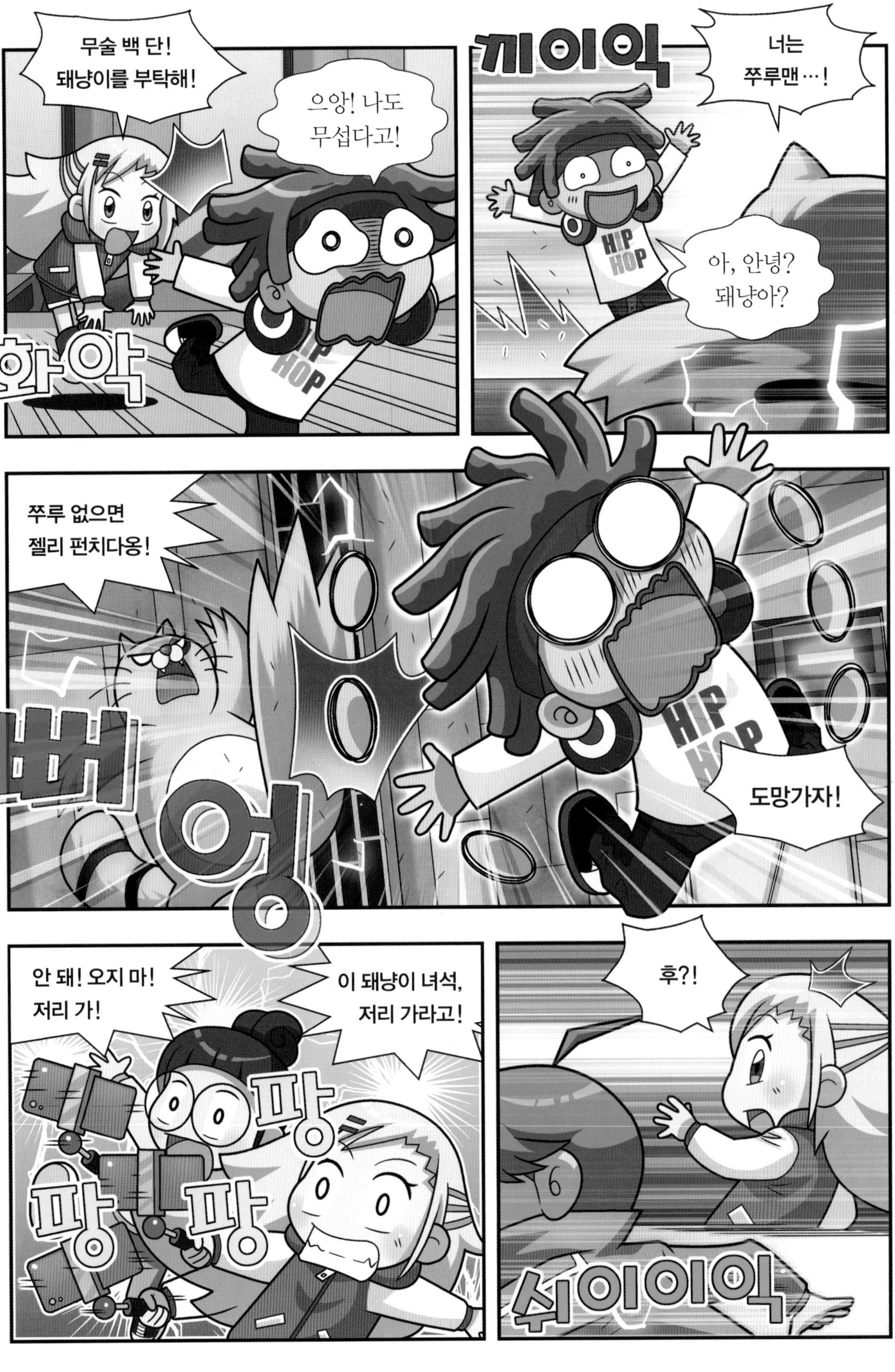
무술 백 단!
돼냥이를 부탁해!
으앙! 나도
무섭다고!
화악
끼이익
너는
쭈루맨…!
아, 안녕?
돼냥아?
쭈루 없으면
젤리 펀치다옹!
뻐엉
도망가자!
안 돼! 오지 마!
저리 가!
이 돼냥이 녀석,
저리 가라고!
팡
팡 팡
후?!
쉬이이이익

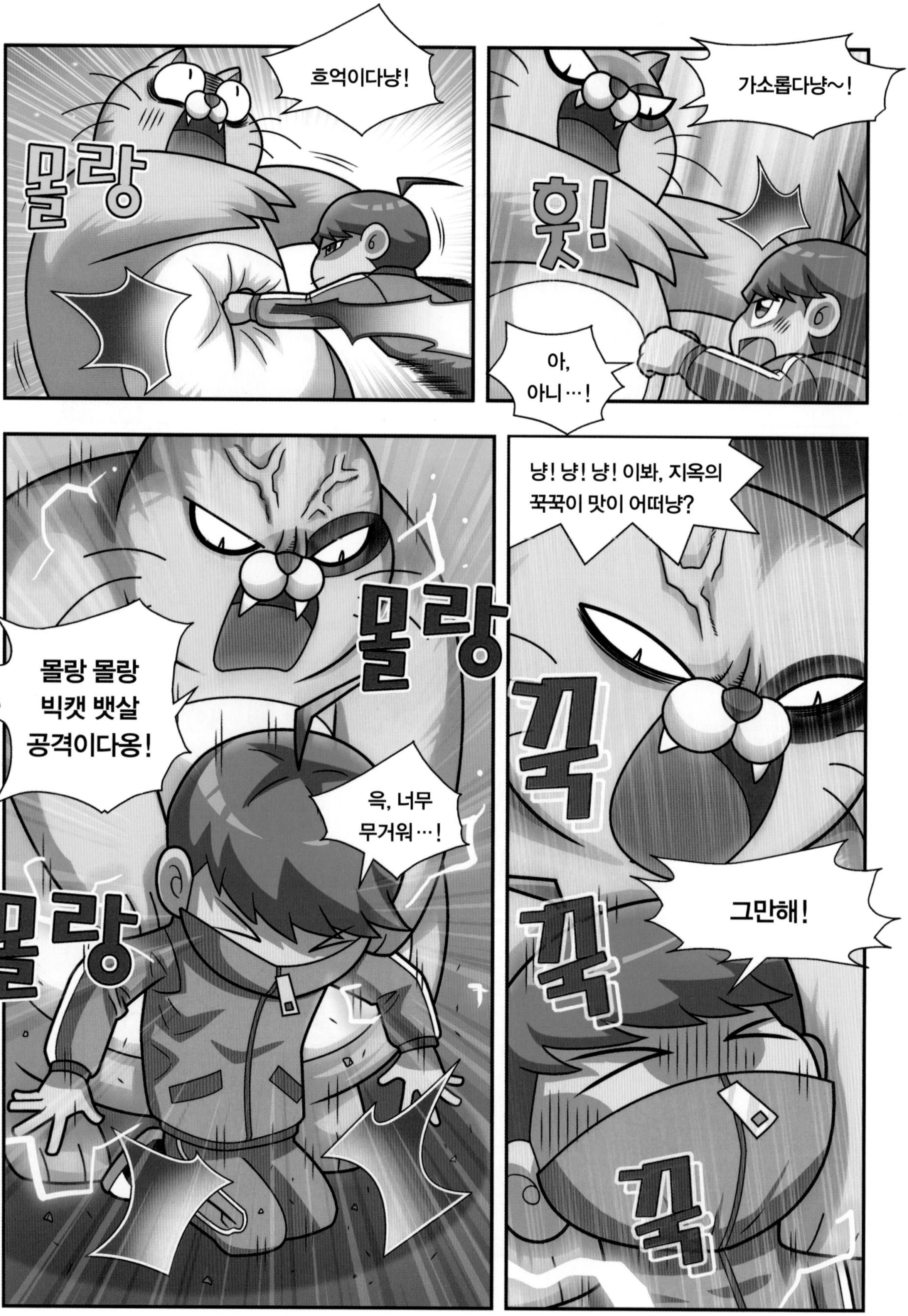
흐억이다냥!
몰랑
가소롭다냥~!
흣!
아,
아니…!
몰랑 몰랑
빅캣 뱃살
공격이다옹!
몰랑
욱, 너무
무거워…!
몰랑
냥! 냥! 냥! 이봐, 지옥의
꾹꾹이 맛이 어떠냥?
꾹
꾹
그만해!
꾹

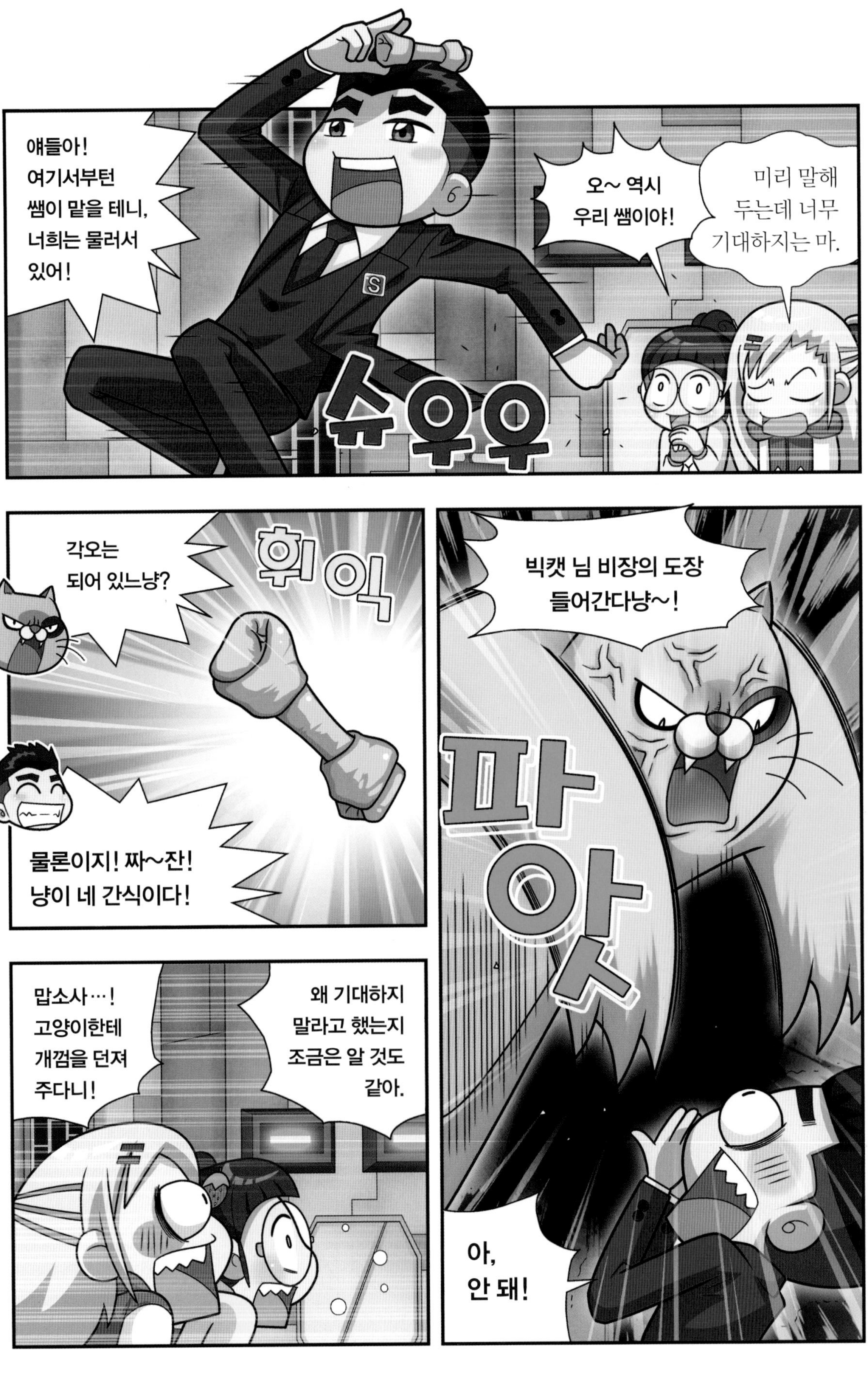
애들아!
여기서부턴
쌤이 맡을 테니,
너희는 물러서
있어!
오~ 역시
우리 쌤이야!
미리 말해
두는데 너무
기대하지는 마.
슈우우
각오는
되어 있느냥?
휘익
물론이지! 짜~잔!
냥이 네 간식이다!
맙소사…!
고양이한테
개껌을 던져
주다니!
왜 기대하지
말라고 했는지
조금은 알 것도
같아.
빅캣 님 비장의 도장
들어간다냥~!
파앗
아,
안 돼!

Chapter 6

새로운 별자리의 탄생

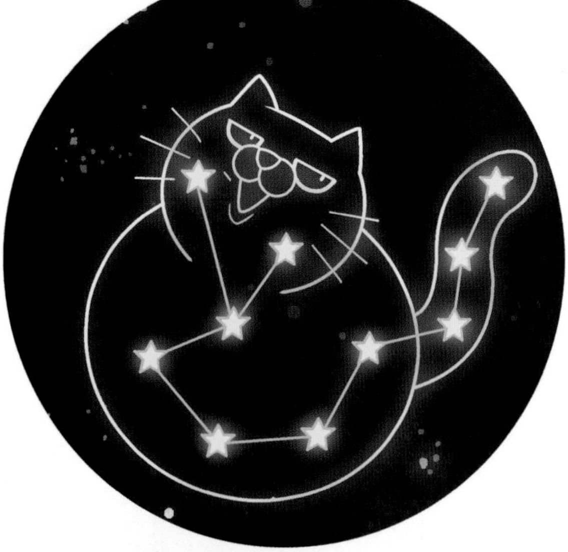

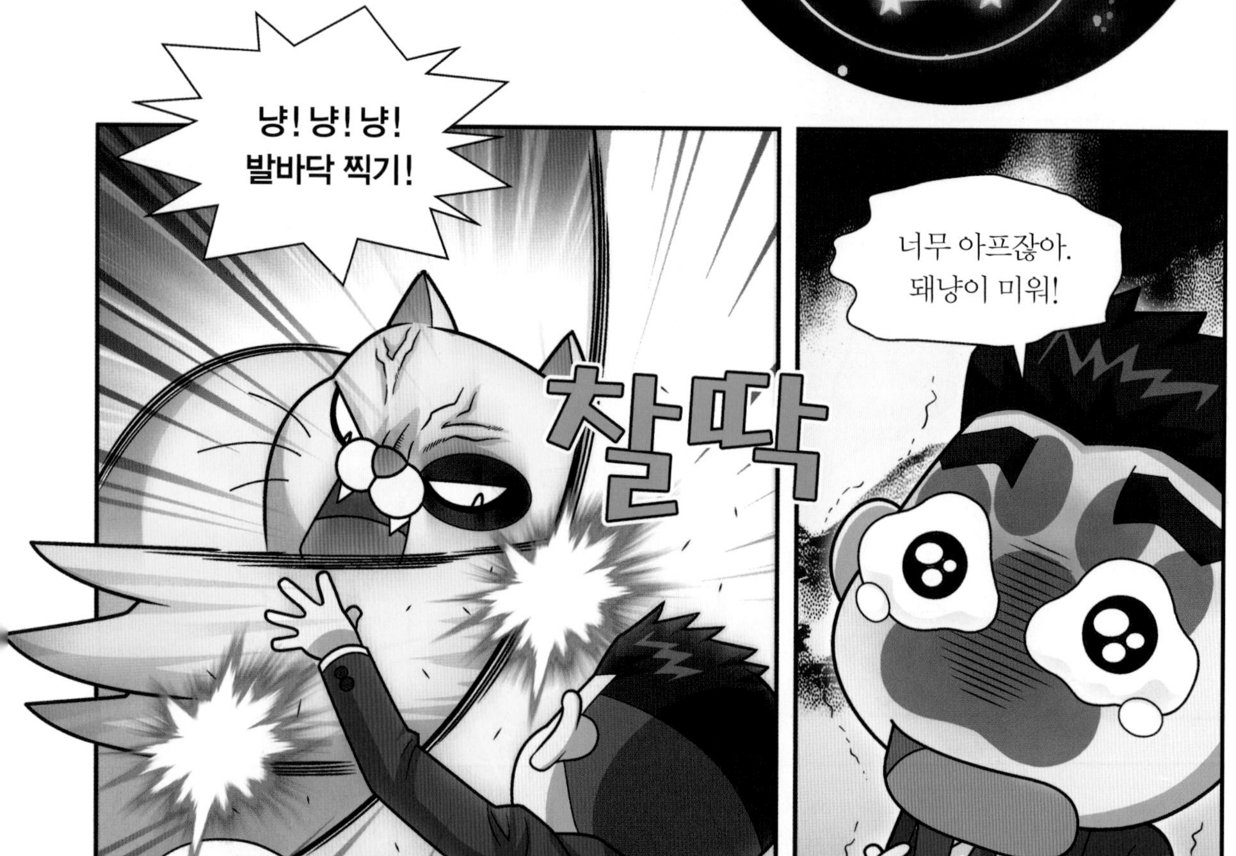
냥! 냥! 냥!
발바닥 찍기!
찰싹
찰싹
으악, 제발
그것만은…!
너무 아프잖아.
돼냥이 미워!
글썽

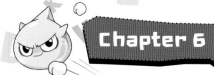

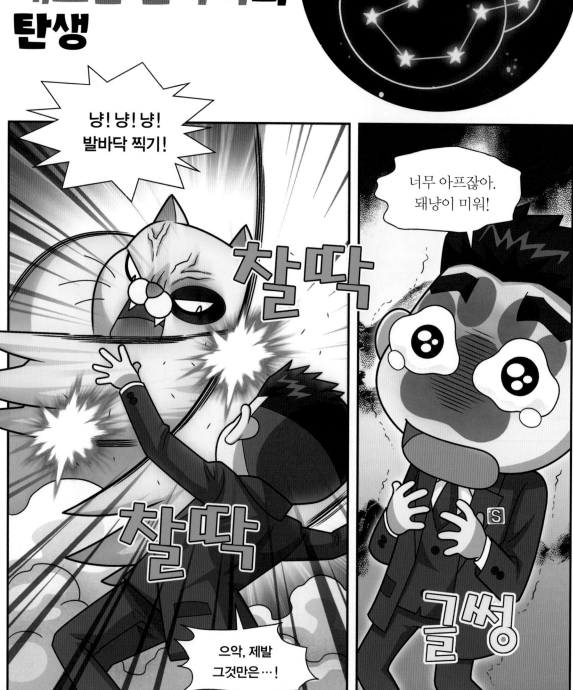

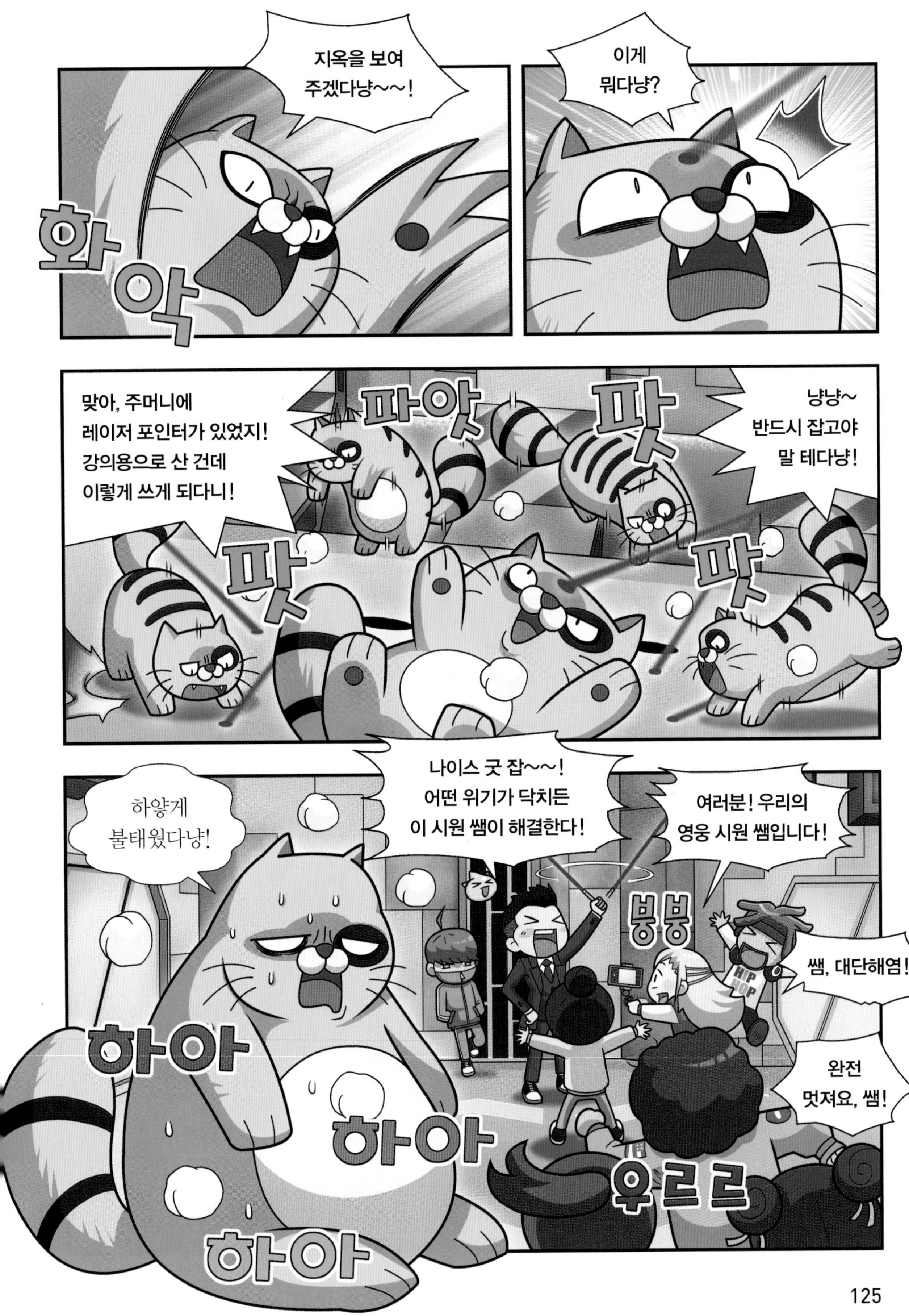

지옥을 보여
주겠다냥~~!
화악
이게
뭐다냥?
맞아, 주머니에
레이저 포인터가 있었지!
강의용으로 산 건데
이렇게 쓰게 되다니!
파앗
팟
냥냥~
반드시 잡고야
말 테다냥!
팟
팟
하얗게
불태웠다냥!
나이스 굿 잡~~!
어떤 위기가 닥치든
이 시원 쌤이 해결한다!
여러분! 우리의
영웅 시원 쌤입니다!
붕붕
쌤, 대단해염!
완전
멋져요, 쌤!
하아
하아
하아
우르르

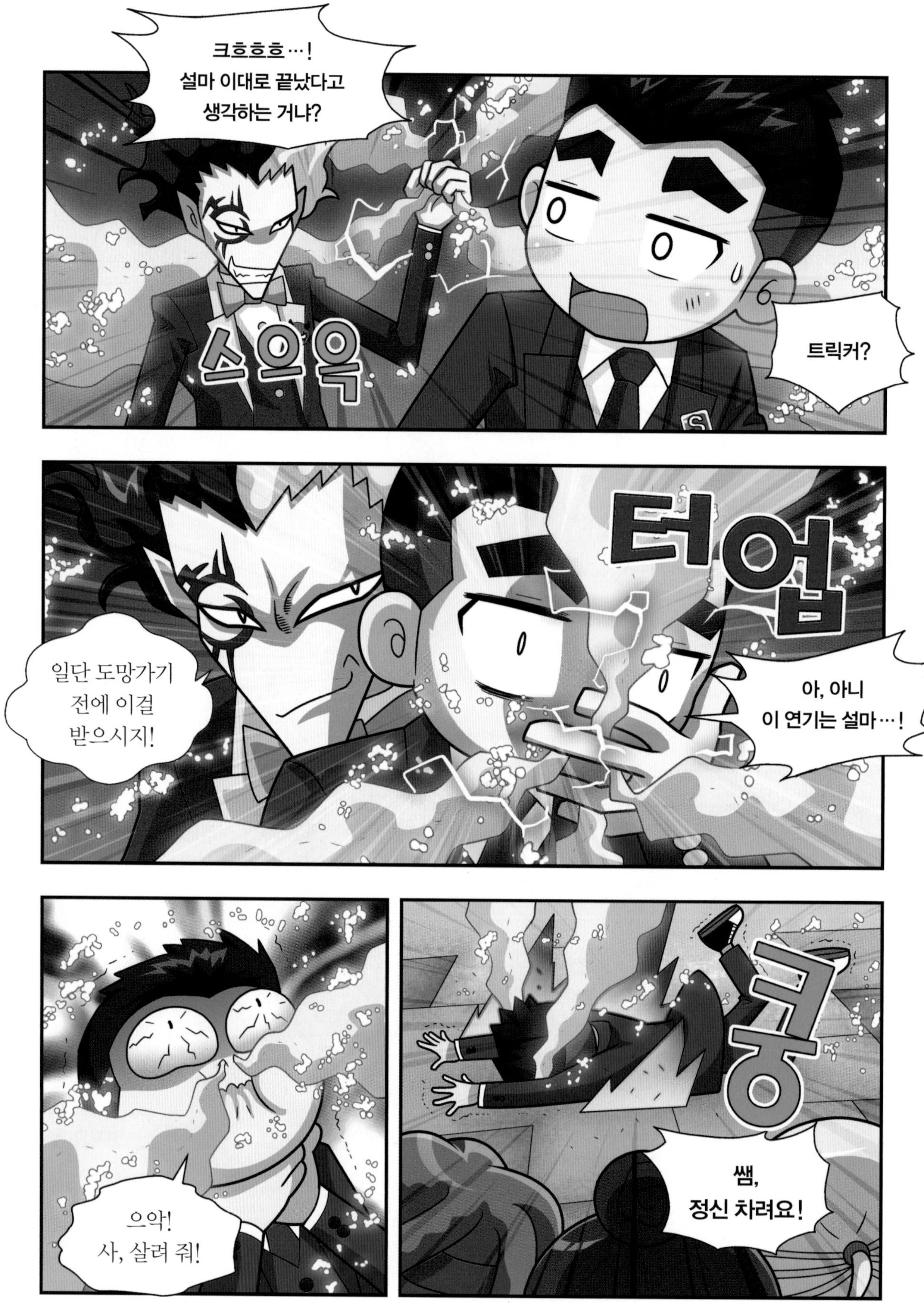
크흐흐흐…!
설마 이대로 끝났다고
생각하는 거냐?
스으윽
트릭커?
터업
일단 도망가기
전에 이걸
받으시지!
아, 아니
이 연기는 설마…!
으악!
사, 살려 줘!
쿵
쌤,
정신 차려요!

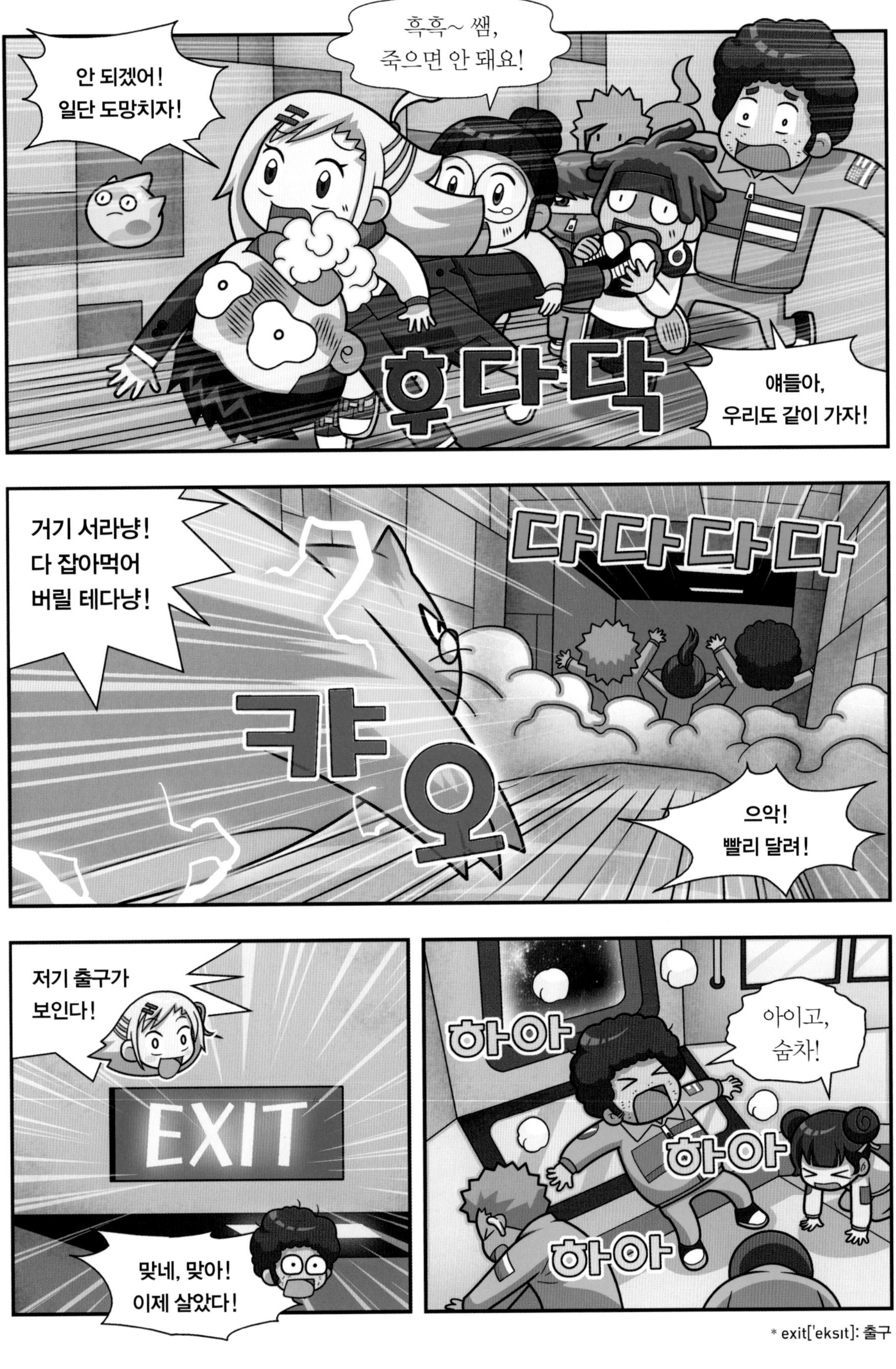

안 되겠어!
일단 도망치자!
흑흑~ 쌤,
죽으면 안 돼요!
후다닥
얘들아,
우리도 같이 가자!
거기 서라냥!
다 잡아먹어
버릴 테다냥!
다다다다다
캬오
으악!
빨리 달려!
저기 출구가
보인다!
EXIT
맞네, 맞아!
이제 살았다!
하아
아이고,
숨차!
하아
하아

* exit['eksɪt]: 출구

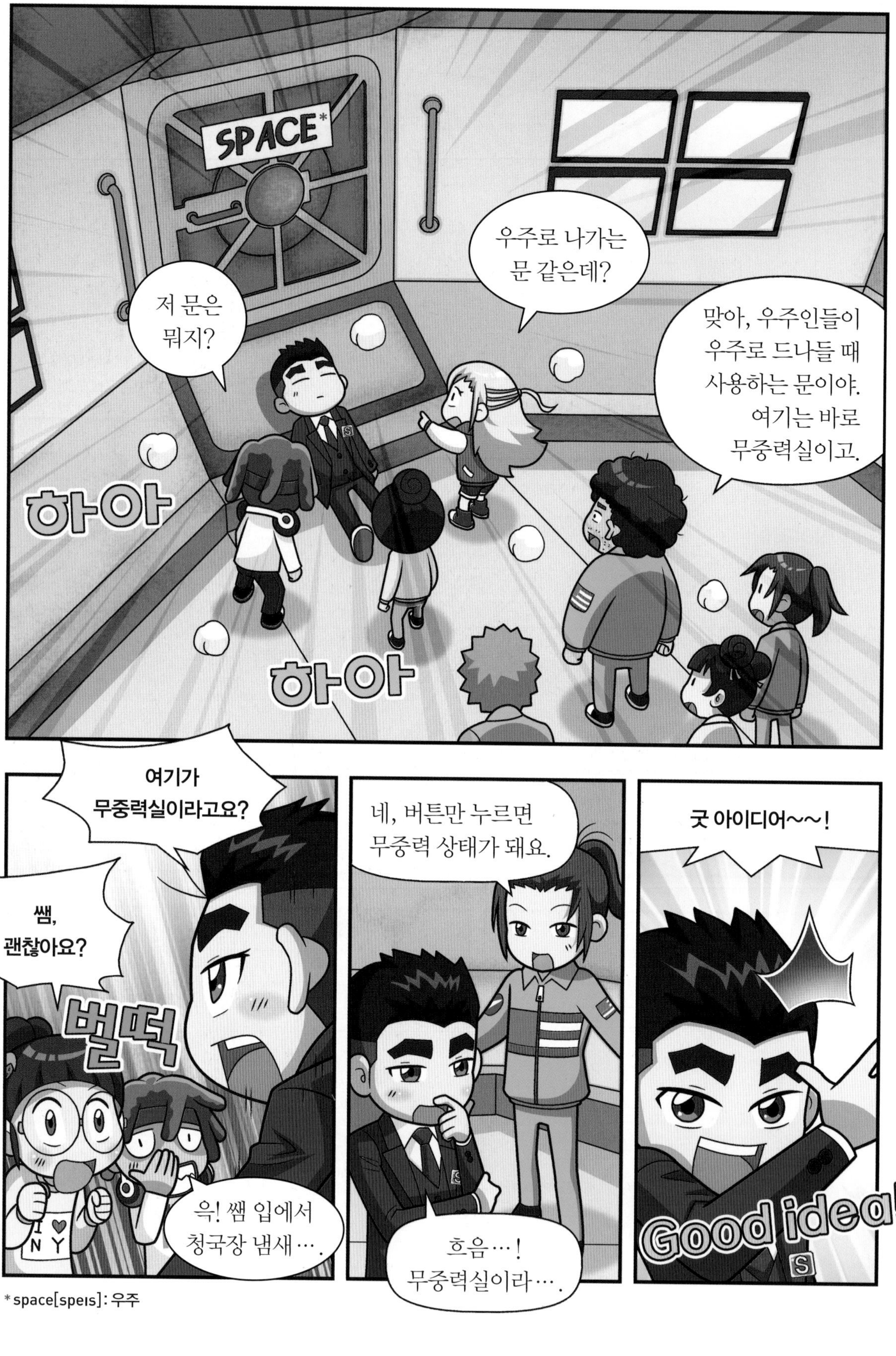
SPACE*
저 문은
뭐지?
우주로 나가는
문 같은데?
맞아, 우주인들이
우주로 드나들 때
사용하는 문이야.
여기는 바로
무중력실이고.
하아
하아
여기가
무중력실이라고요?
쌤,
괜찮아요?
벌떡
윽! 쌤 입에서
청국장 냄새….
네, 버튼만 누르면
무중력 상태가 돼요.
흐음…!
무중력실이라….
굿 아이디어~~!
Good idea!

* space[speɪs]: 우주

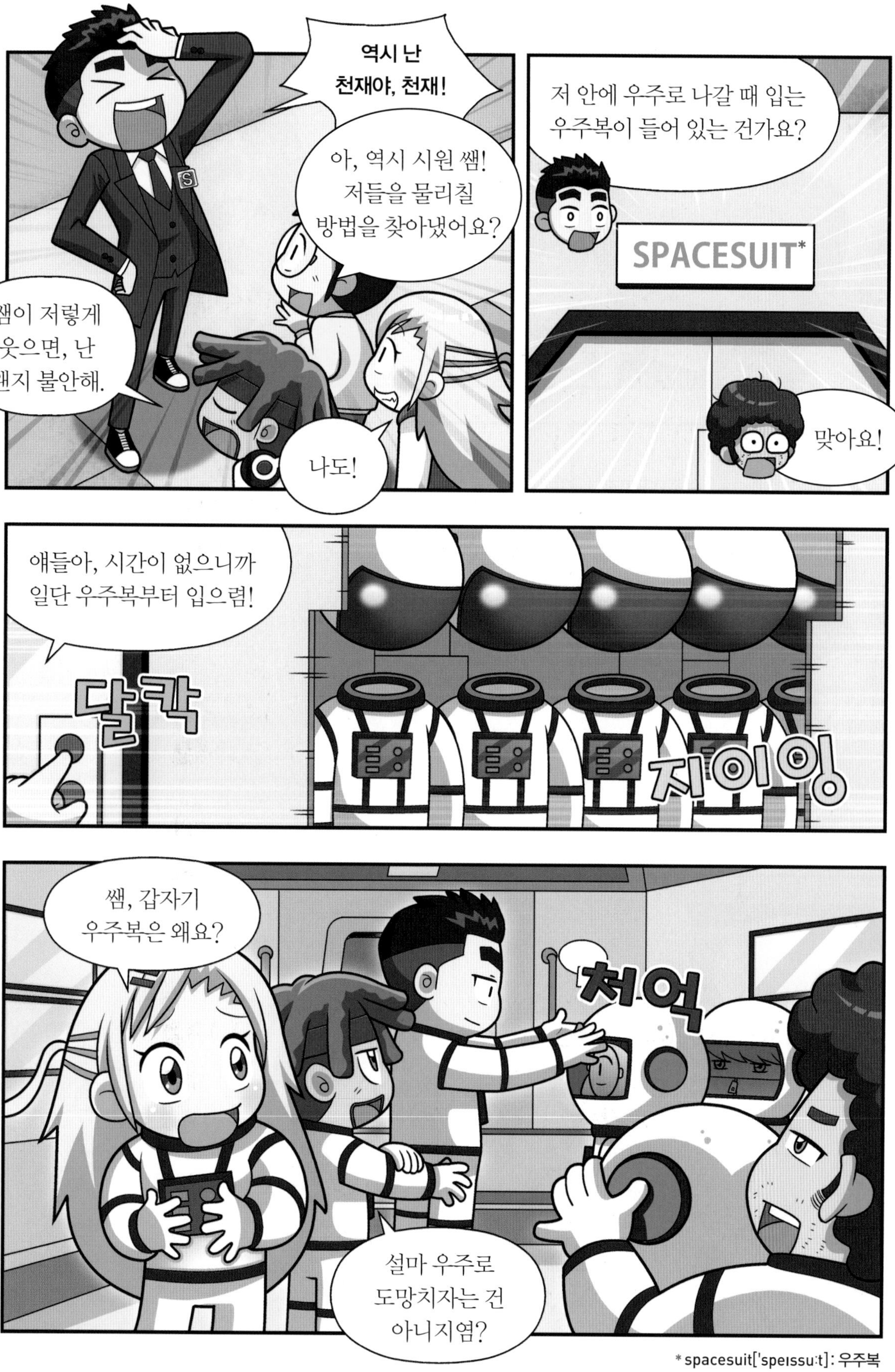
역시 난 천재야, 천재!
아, 역시 시원 쌤! 저들을 물리칠 방법을 찾아냈어요?
쌤이 저렇게 웃으면, 난 왠지 불안해.
나도!
저 안에 우주로 나갈 때 입는 우주복이 들어 있는 건가요?
SPACESUIT*
맞아요!
얘들아, 시간이 없으니까 일단 우주복부터 입으렴!
달칵
지이잉
쌤, 갑자기 우주복은 왜요?
처억
설마 우주로 도망치자는 건 아니지염?

* spacesuit['speɪssuːt] : 우주복

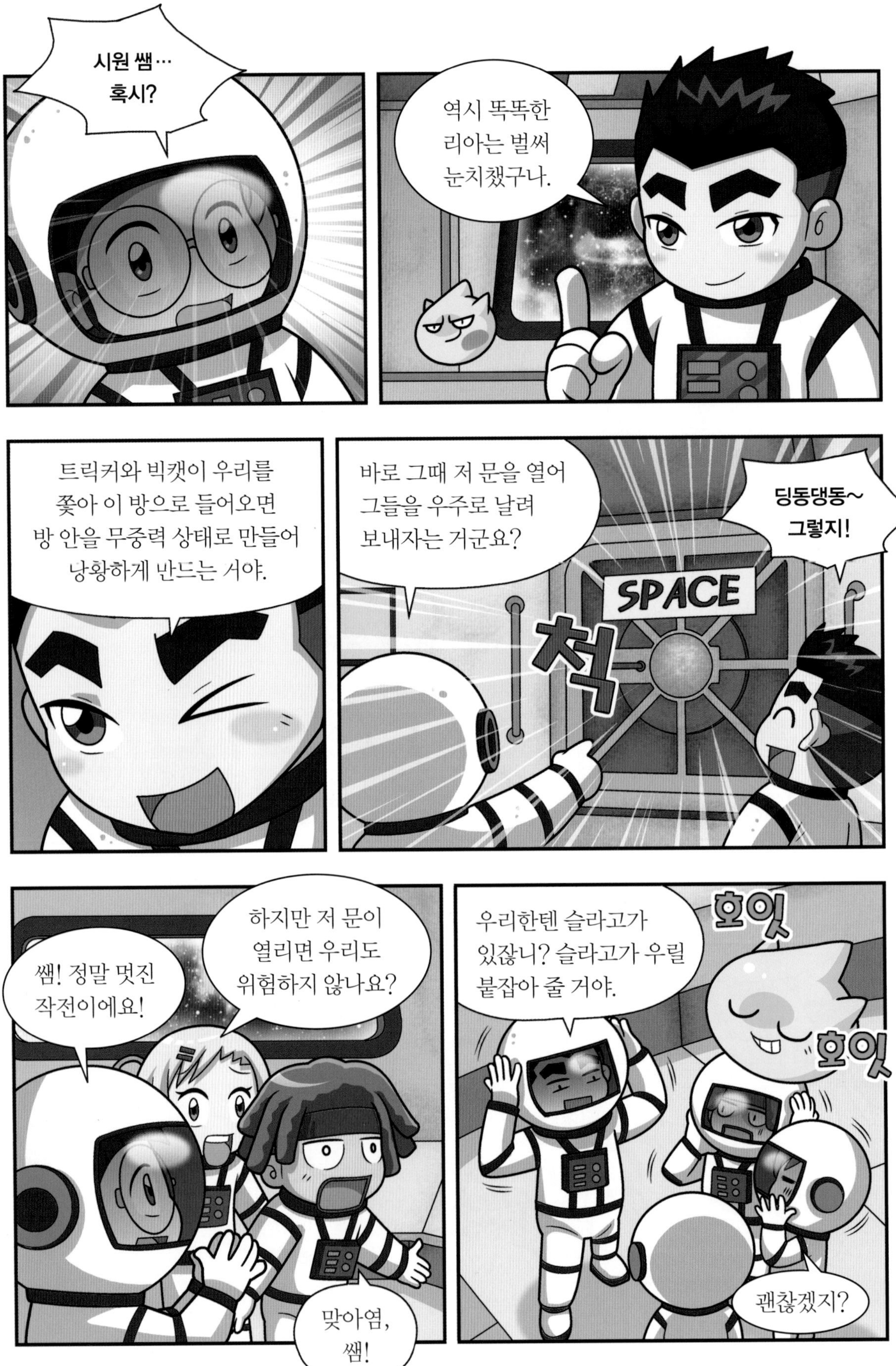
시원 쌤…
혹시?
역시 똑똑한 리아는 벌써 눈치챘구나.
트릭커와 빅캣이 우리를 쫓아 이 방으로 들어오면 방 안을 무중력 상태로 만들어 낭황하게 반드는 서야.
바로 그때 저 문을 열어 그들을 우주로 날려 보내자는 거군요?
딩동댕동~
그렇지!
SPACE
척
쌤! 정말 멋진 작전이에요!
하지만 저 문이 열리면 우리도 위험하지 않나요?
맞아염, 쌤!
우리한텐 슬라고가 있잖니? 슬라고가 우릴 붙잡아 줄 거야.
호잇
호잇
괜찮겠지?

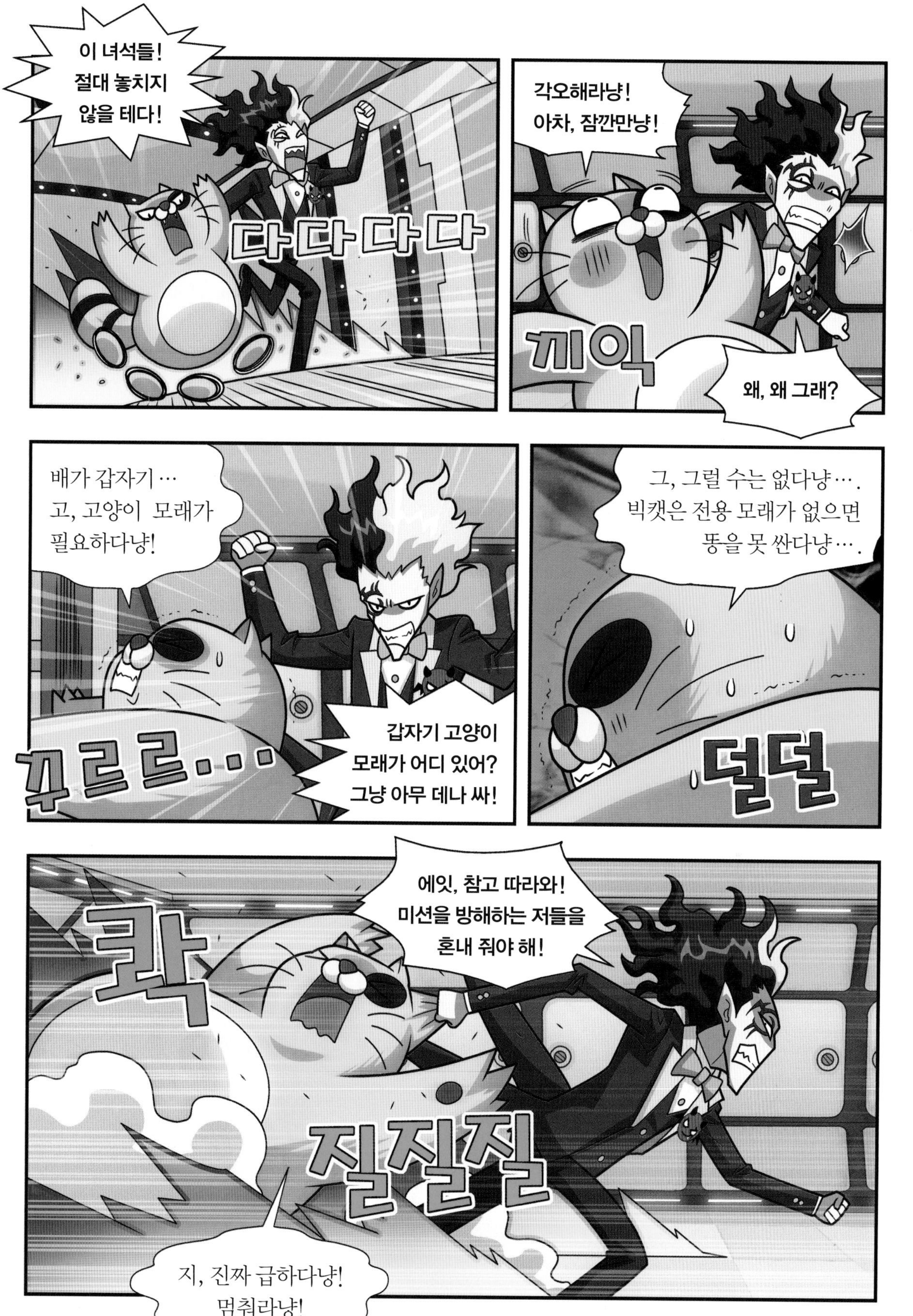

이 녀석들! 절대 놓치지 않을 테다!
다다다다다
각오해라냥! 아차, 잠깐만냥!
끼익
왜, 왜 그래?
배가 갑자기… 고, 고양이 모래가 필요하다냥!
꾸르르…
갑자기 고양이 모래가 어디 있어? 그냥 아무 데나 싸!
그, 그럴 수는 없다냥…. 빅캣은 전용 모래가 없으면 똥을 못 싼다냥….
덜덜
콱
에잇, 참고 따라와! 미션을 방해하는 저들을 혼내 줘야 해!
질질질
지, 진짜 급하다냥! 멈춰라냥!

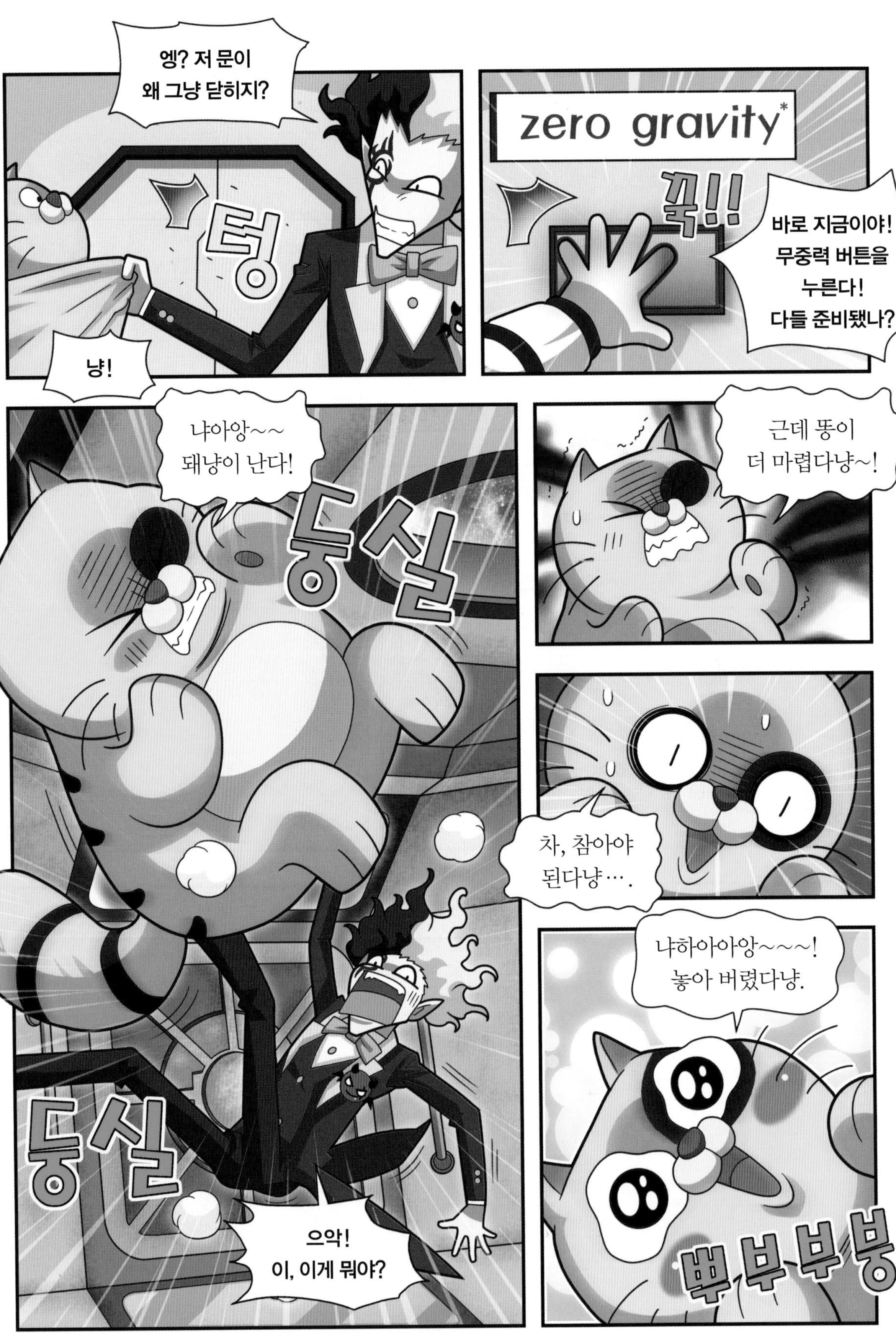
엥? 저 문이
왜 그냥 닫히지?
텅
냥!
zero gravity*
꾹!!
바로 지금이야!
무중력 버튼을
누른다!
다들 준비됐나?
냐아앙~~
돼냥이 난다!
둥실
근데 똥이
더 마렵다냥~!
차, 참아야
된다냥….
둥실
으악!
이, 이게 뭐야?
냐하아아앙~~~!
놓아 버렸다냥.
뿌부부붕

* zero['zɪroʊ] 0, 값이 없는 수. gravity ['grævəti] 중력, 지구 위의 물체가 지구로부터 받는 힘.
zero gravity['zɪroʊ 'grævəti] 무중력(상태). 마치 중력이 없는 것처럼 느끼는 현상.

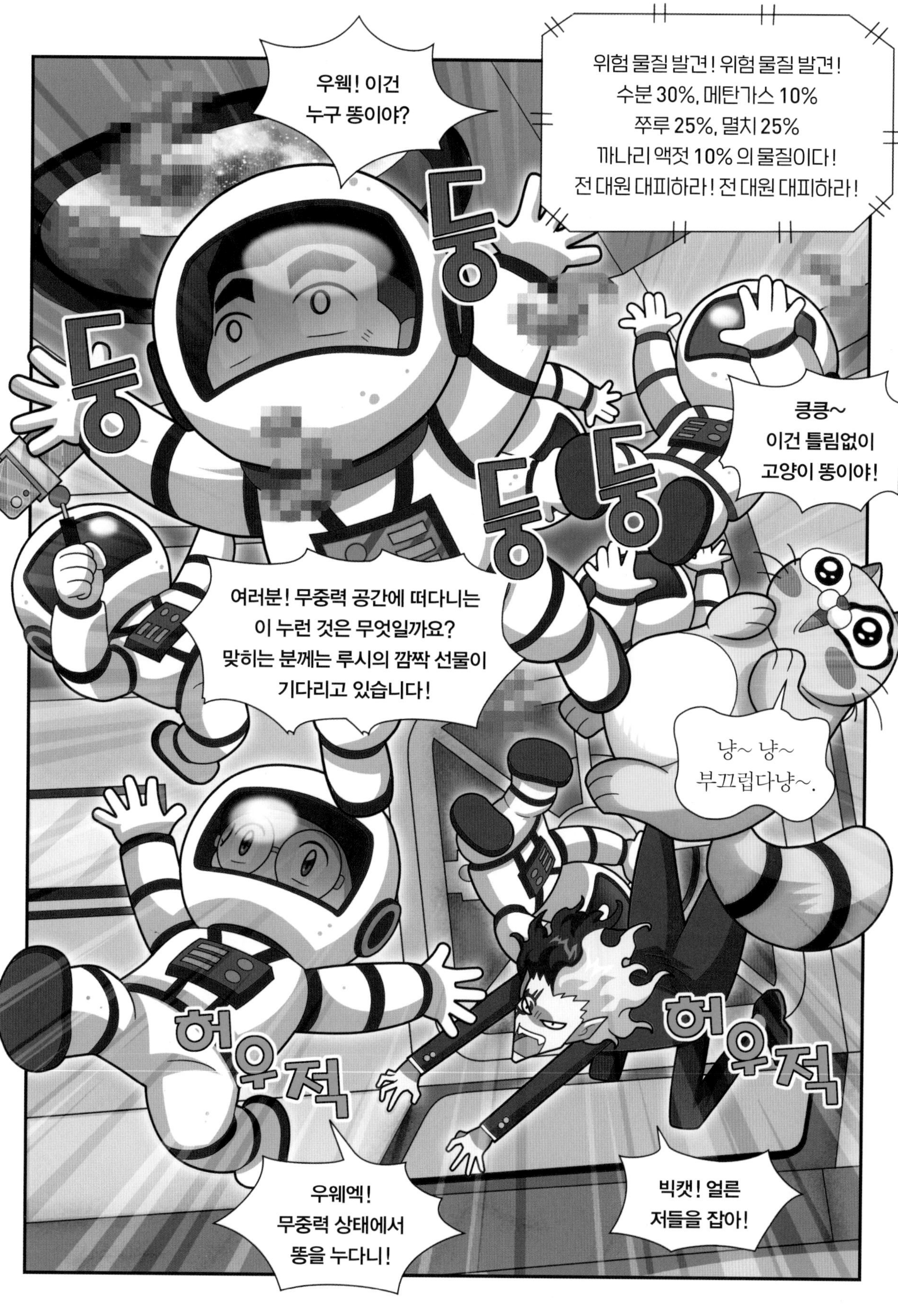
우웩! 이건
누구 똥이야?
위험 물질 발견! 위험 물질 발견!
수분 30%, 메탄가스 10%
쭈루 25%, 멸치 25%
까나리 액젓 10% 의 물질이다!
전 대원 대피하라! 전 대원 대피하라!
둥
둥
둥
둥
킁킁~
이건 틀림없이
고양이 똥이야!
여러분! 무중력 공간에 떠다니는
이 누런 것은 무엇일까요?
맞히는 분께는 루시의 깜짝 선물이
기다리고 있습니다!
냥~ 냥~
부끄럽다냥~.
허우적
허우적
우웨엑!
무중력 상태에서
똥을 누다니!
빅캣! 얼른
저들을 잡아!

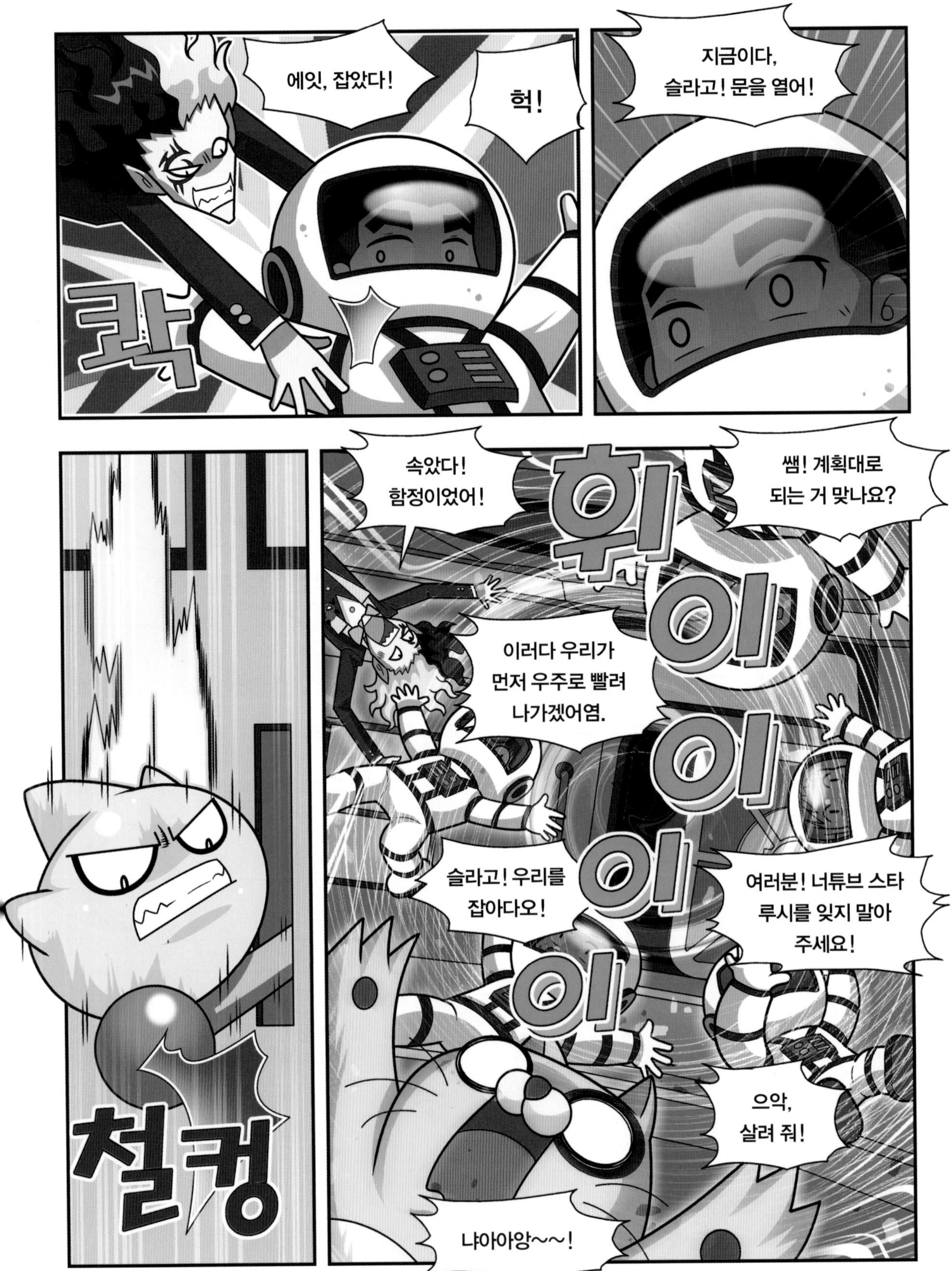

에잇, 잡았다!
헉!
콱
지금이다,
슬라고! 문을 열어!
철컹
속았다!
함정이었어!
휘이이이이
쌤! 계획대로
되는 거 맞나요?
이러다 우리가
먼저 우주로 빨려
나가겠어염.
슬라고! 우리를
잡아다오!
여러분! 너튜브 스타
루시를 잊지 말아
주세요!
으악,
살려 줘!
냐아아앙~~!

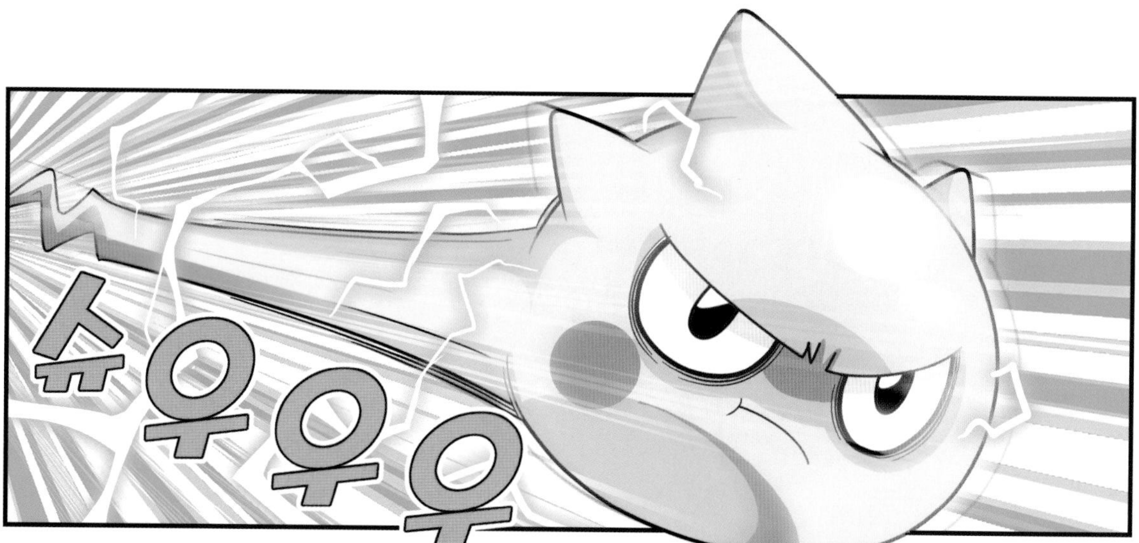
슈우우우

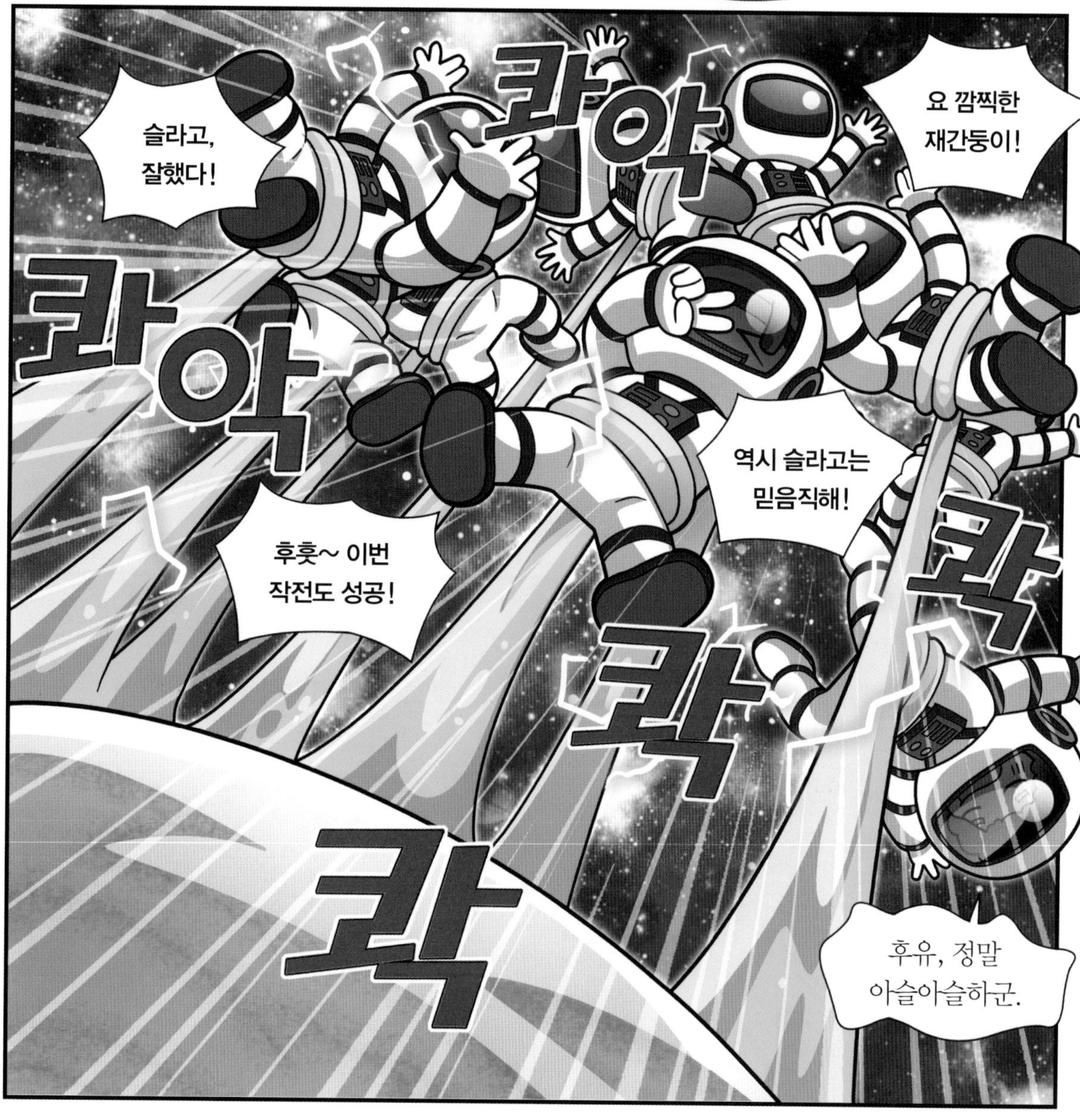
슬라고,
잘했다!
콰악
요 깜찍한
재간둥이!
콰악
역시 슬라고는
믿음직해!
후훗~ 이번
작전도 성공!
콰
콰
콰
후유, 정말
아슬아슬하군.

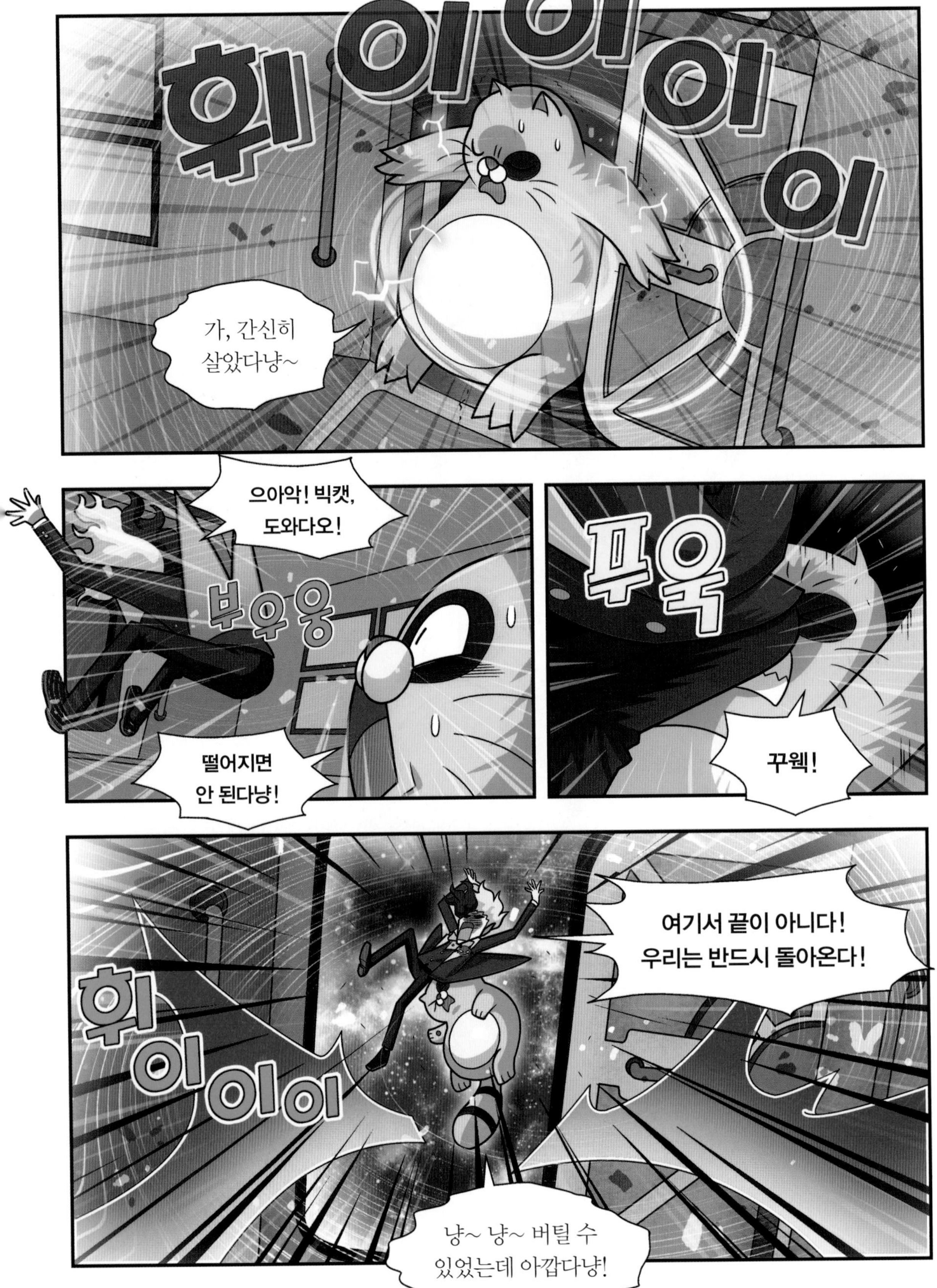
휘이이이이이
가, 간신히 살았다냥~
으아악! 빅캣, 도와다오!
부우웅
떨어지면 안 된다냥!
푸욱
꾸웩!
여기서 끝이 아니다! 우리는 반드시 돌아온다!
휘이이이
냥~ 냥~ 버틸 수 있었는데 아깝다냥!

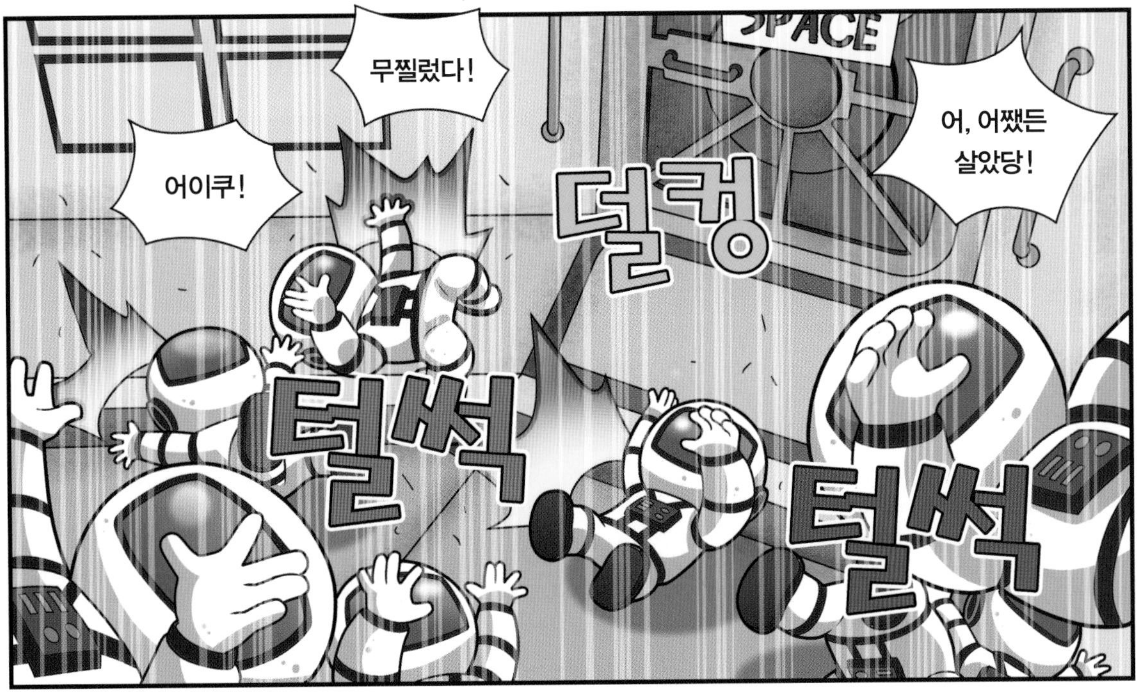

무찔렀다!
어이쿠!
덜컹
어, 어쨌든
살았당!
털썩
털썩

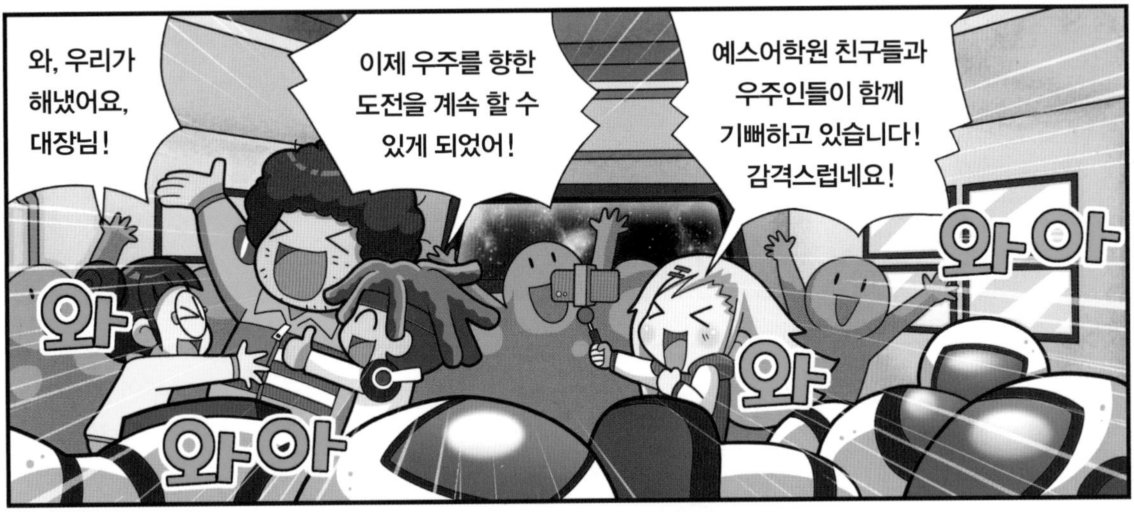

와, 우리가
해냈어요,
대장님!
이제 우주를 향한
도전을 계속 할 수
있게 되었어!
예스어학원 친구들과
우주인들이 함께
기뻐하고 있습니다!
감격스럽네요!
와아
와
와
와아

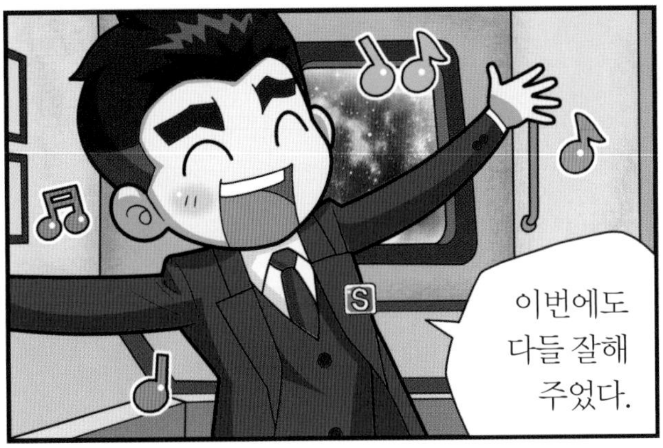

이번에도
다들 잘해
주었다.

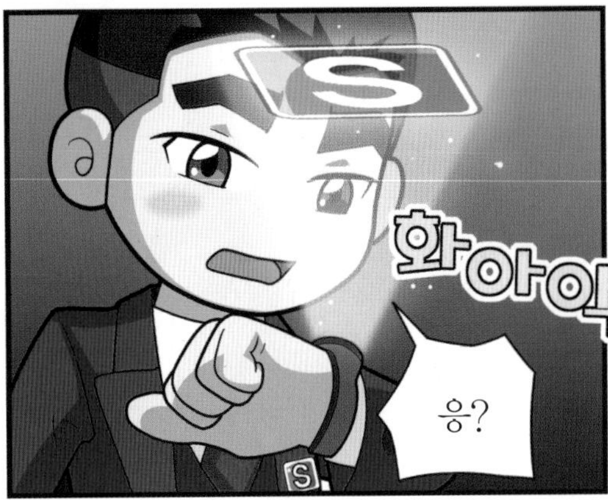

화아악
응?

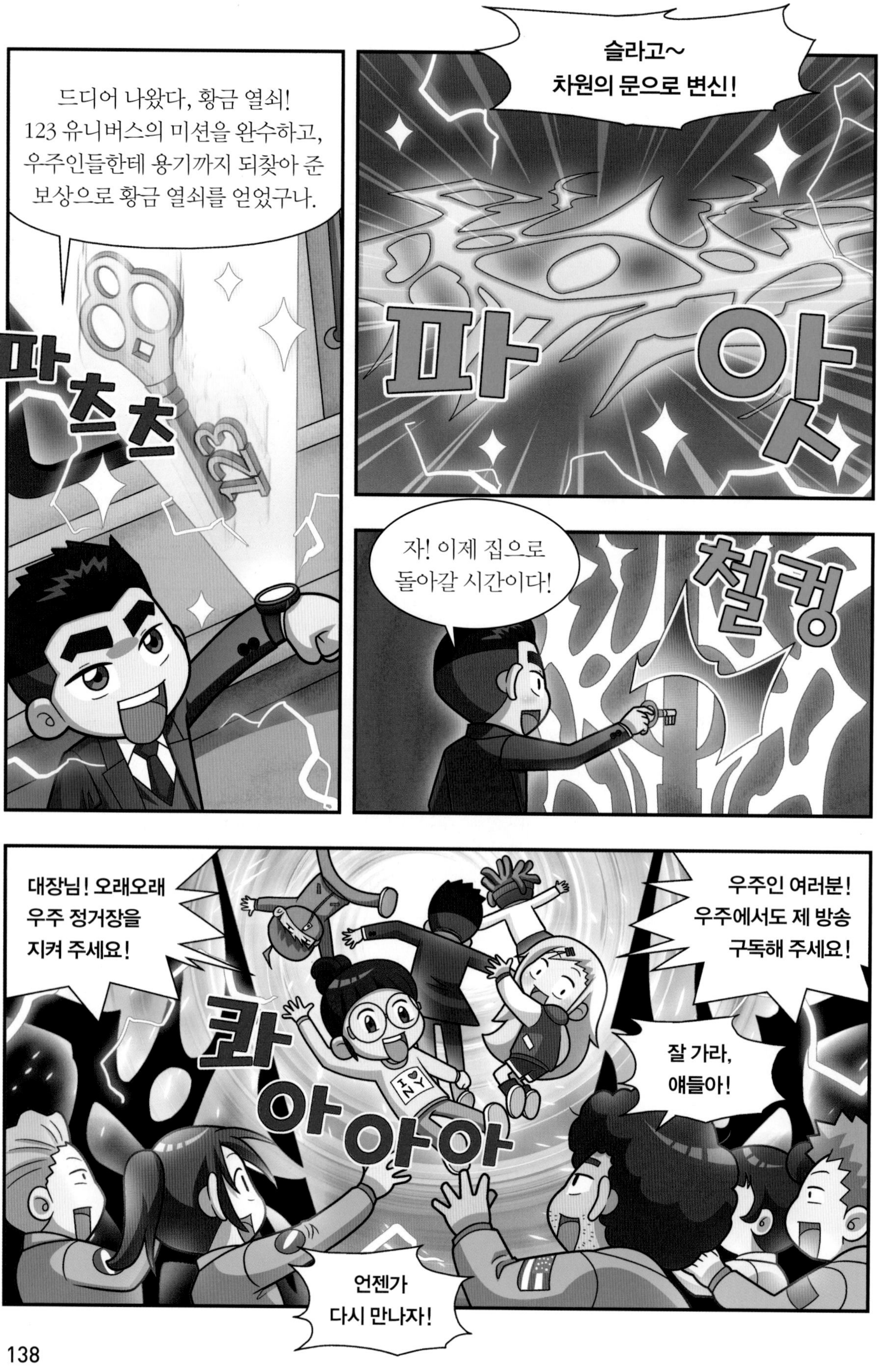
드디어 나왔다, 황금 열쇠! 123 유니버스의 미션을 완수하고, 우주인들한테 용기까지 되찾아 준 보상으로 황금 열쇠를 얻었구나.
파츠츠
슬라고~ 차원의 문으로 변신!
파앙
자! 이제 집으로 돌아갈 시간이다!
철컹
대장님! 오래오래 우주 정거장을 지켜 주세요!
우주인 여러분! 우주에서도 제 방송 구독해 주세요!
콰아아아
잘 가라, 얘들아!
언젠가 다시 만나자!

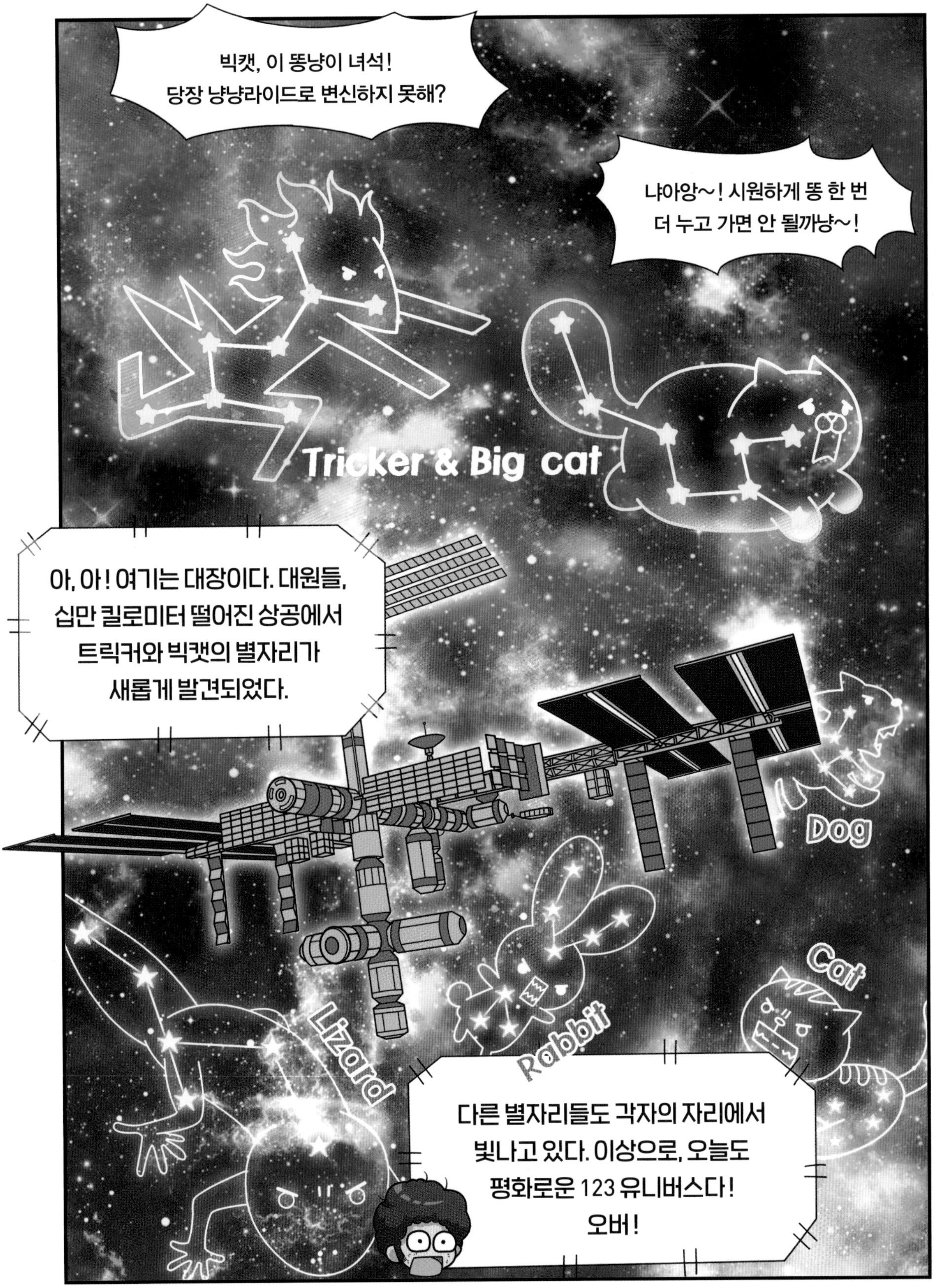
빅캣, 이 똥냥이 녀석!
당장 냥냥라이드로 변신하지 못해?
냐아앙~! 시원하게 똥 한 번
더 누고 가면 안 될까냥~!
Tricker & Big cat
아, 아! 여기는 대장이다. 대원들,
십만 킬로미터 떨어진 상공에서
트릭커와 빅캣의 별자리가
새롭게 발견되었다.
Dog
Lizard
Rabbit
Cat
다른 별자리들도 각자의 자리에서
빛나고 있다. 이상으로, 오늘도
평화로운 123 유니버스다!
오버!

* 분홍색 단어의 발음이 궁금하다면 143쪽을 펼쳐 보세요.

예스어학원
수업 시간

1교시 · **단어** Vocabulary 🔊

2교시 · **문법 1, 2, 3** Grammar 1,2,3 ▶

3교시 · **게임** Recess

4교시 · **읽고 쓰기** Reading & Writing

5교시 · **유니버스 이야기** Story

6교시 · **말하기** Speaking

7교시 · **쪽지 시험** Quiz

예스어학원의 수업 시간표야!
공부를 시작하기 전에
시간표 정도는 봐 둬야겠지?

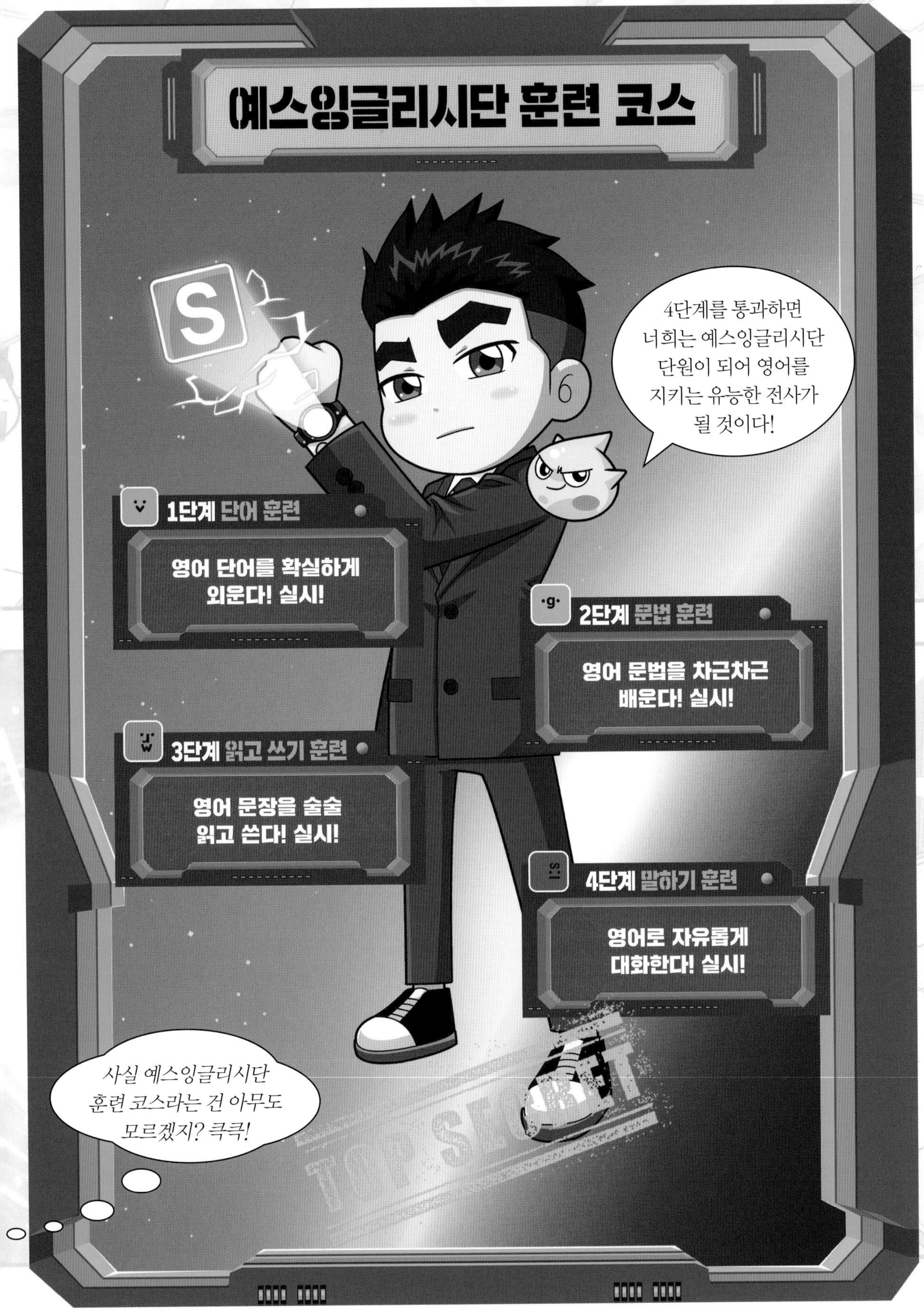
예스잉글리시단 훈련 코스
4단계를 통과하면 너희는 예스잉글리시단 단원이 되어 영어를 지키는 유능한 전사가 될 것이다!
1단계 단어 훈련
영어 단어를 확실하게 외운다! 실시!
2단계 문법 훈련
영어 문법을 차근차근 배운다! 실시!
3단계 읽고 쓰기 훈련
영어 문장을 술술 읽고 쓴다! 실시!
4단계 말하기 훈련
영어로 자유롭게 대화한다! 실시!
사실 예스잉글리시단 훈련 코스라는 건 아무도 모르겠지? 큭큭!
TOP SECRET

1교시 단어 • Vocabulary

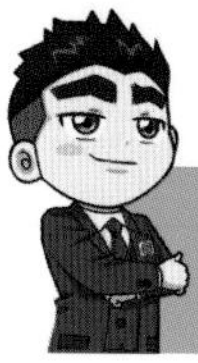

step 1. 단어 강의

영어의 첫걸음은 단어를 외우는 것에서부터 시작된단다. 단어를 많이 알아야 영어를 잘할 수 있어. 그럼 2권의 필수 단어를 한번 외워 볼까?

No.	애완동물	Pet
1	고양이	cat
2	개	dog
3	새	bird
4	토끼	rabbit
5	개구리	frog
6	도마뱀	lizard
7	새끼 고양이	kitten
8	강아지	puppy
9	거미	spider
10	거북	turtle

No.	음식	Food
11	햄버거	hamburger
12	양상추	lettuce
13	토마토	tomato
14	치즈	cheese
15	햄버거용 빵	bun
16	샌드위치	sandwich
17	바나나	banana
18	사과	apple
19	달걀	egg
20	주스	juice

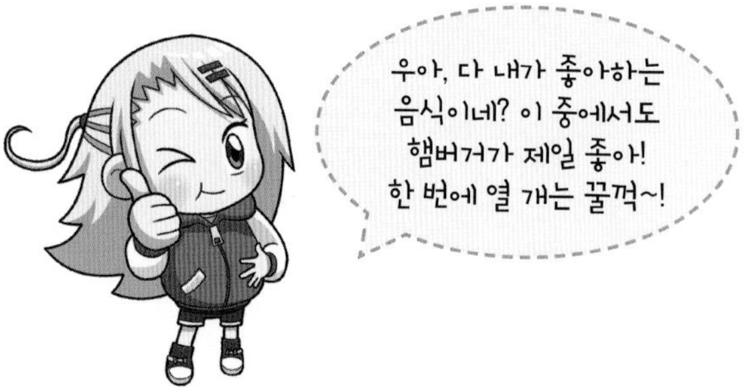
우아, 다 내가 좋아하는 음식이네? 이 중에서도 햄버거가 제일 좋아! 한 번에 열 개는 꿀꺽~!

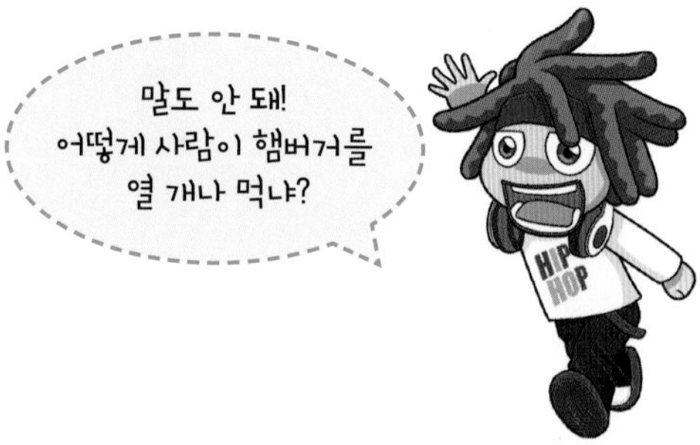
말도 안 돼! 어떻게 사람이 햄버거를 열 개나 먹냐?
HIP HOP

원어민 발음 듣기
QR코드를 찍어 봐!

No.	우주	Space
21	행성	planet
22	태양	Sun
23	수성	Mercury
24	금성	Venus
25	지구	Earth

No.	우주	Space
26	화성	Mars
27	외계 생물	alien
28	우주인	astronaut
29	달	moon
30	별	star

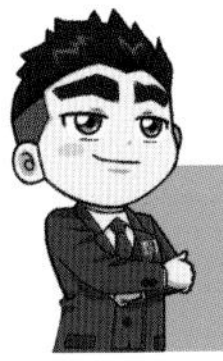

step 2. 단어 시험

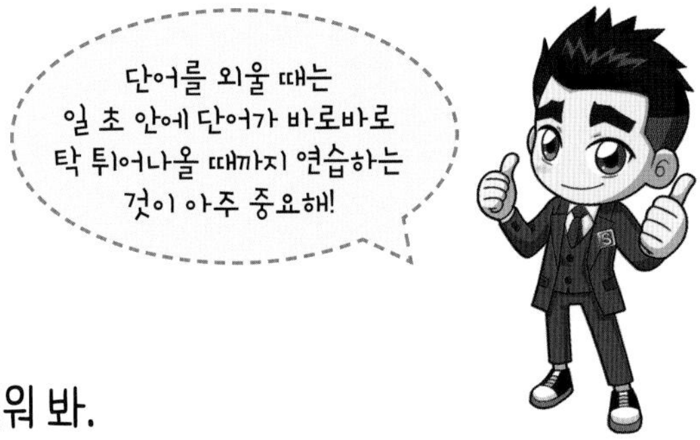
단어를 외울 때는
일 초 안에 단어가 바로바로
탁 튀어나올 때까지 연습하는
것이 아주 중요해!

단어를 확실하게 외웠는지 한번 볼까? 빈칸을 채워 봐.

- 고양이 ______________________
- 치즈 ______________________
- 토끼 ______________________
- 샌드위치 ______________________
- 강아지 ______________________
- 태양 ______________________
- 햄버거 ______________________
- 외계 생물 ______________________
- 양상추 ______________________
- 우주인 ______________________

* 정답은 162~163쪽에 있습니다.

2교시 ·g· 문법 1 • Grammar 1

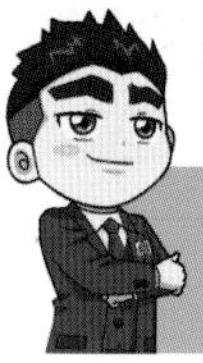

step 1. 문법 강의

명사는 어떤 대상의 이름을 나타내는 단어야. 토끼, 연필, 토마토는 물론, 사랑, 바람, 생각, 냄새처럼 눈에 보이지 않는 것들도 모두 부르는 이름이 있어. 명사는 크게 두 가지로 나뉘어. 소년, 고양이, 햄버거처럼 '셀 수 있는 명사'와 물, 비, 공기처럼 '셀 수 없는 명사'로 나뉘지.

셀 수 있는 명사	**cat** 고양이, **hamburger** 햄버거, **boy** 소년, **pen** 펜 …
셀 수 없는 명사	**water** 물, **rain** 비, **air** 공기, **peace** 평화, **love** 사랑 …

셀 수 있는 명사는 두 가지로 나뉘어.
형태가 있는 사람이나 사물을 나타내는 걸 '보통 명사'라고 하고, 사람이나 사물이 모여야만 하나가 되는 명사를 '집합 명사'라고 해.

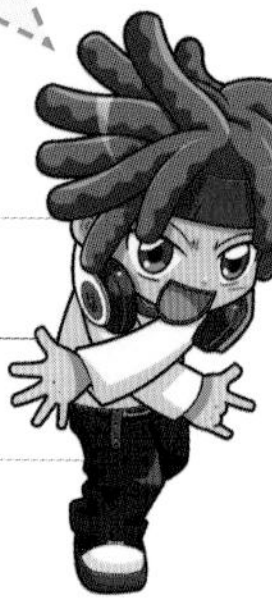
셀 수 있는 명사와
셀 수 없는 명사는 어떻게
다른지 설명해 주세요!

보통 명사	**girl** 소녀, **dog** 개, **chair** 의자, **egg** 달걀, **banana** 바나나 …
집합 명사	**family** 가족, **class** 반, **team** 팀, **group** 그룹, **people** 국민 …

셀 수 없는 명사는 크게 세 가지로 나눠 볼 수 있지.
사람 이름, 나라 이름, 행성 이름 등 하나밖에 없는 것들은 '고유 명사'라고 하고, 첫 글자는 항상 대문자로 써. 일정한 형태가 없는 것을 '물질 명사', 눈에 보이지 않지만 추상적인 개념을 나타내는 명사를 '추상 명사'라고 하지.

고유 명사	**Venus** 금성, **Mars** 화성, **Siwon** 시원, **Korea** 한국, **Seoul** 서울 …
물질 명사	**milk** 우유, **juice** 주스, **snow** 눈, **rice** 쌀, **sand** 모래, **cheese** 치즈 …
추상 명사	**beauty** 아름다움, **youth** 젊음, **news** 뉴스, **music** 음악, **art** 예술 …

동영상 강의 보기
QR코드를 찍어 봐!

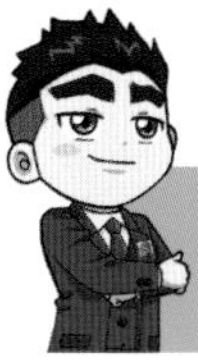

step 2. 문법 정리

셀 수 있는 명사와 셀 수 없는 명사를 구분해 봐!

셀 수 있는 명사		셀 수 없는 명사	
소년	**a** boy **–** boys	치즈	cheese **– some** cheese
달걀	**an** egg **–** eggs	쌀	rice **– some** rice
개	**one** dog **– two** dogs	모래	sand **– some** sand
고양이	**one** cat **– three** cats	눈	snow **– some** snow
나의 가족	**my** family	한국의 서울	Seoul **in** Korea
너의 반	**your** class	수성과 금성	Mercury **and** Venus
그의 팀	**his** team	젊음의 아름다움	beauty **of** youth
그녀의 그룹	**her** group	음악과 예술	music **and** art

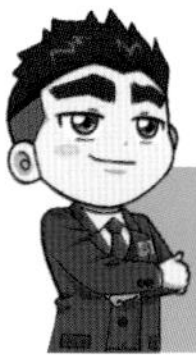

step 3. 문법 대화

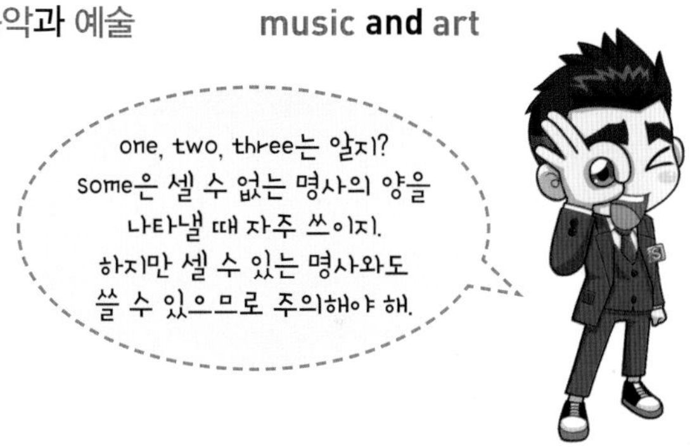
one, two, three는 알지?
some은 셀 수 없는 명사의 양을
나타낼 때 자주 쓰이지.
하지만 셀 수 있는 명사와도
쓸 수 있으므로 주의해야 해.

명사가 나온 대화를 한번 들어 봐!

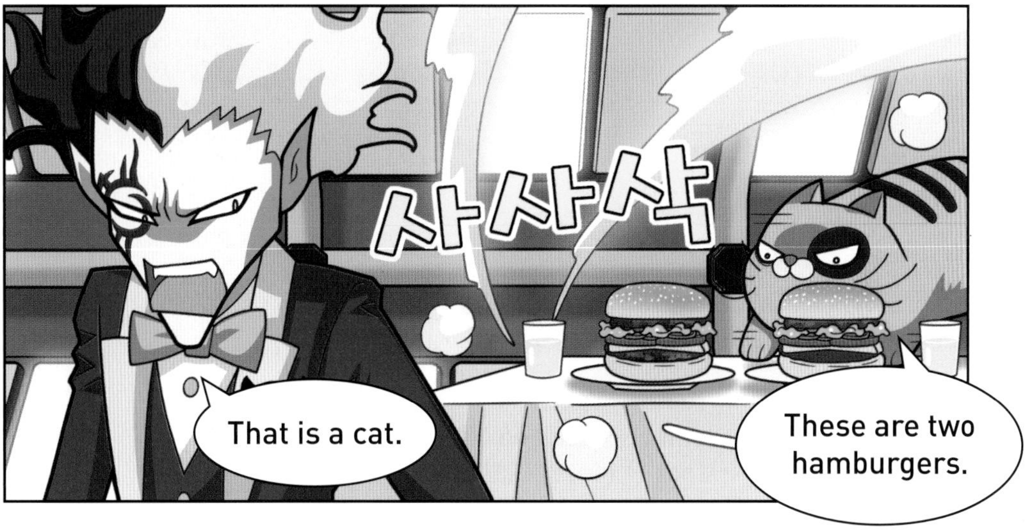
사사삭
That is a cat.
These are two hamburgers.

2교시 ·g· 문법 2 • Grammar 2

step 1. 문법 강의

셀 수 있는 명사에 대해 좀 더 알아볼까? 명사가 하나일 때 그것을 단수 명사라고 부르고, 명사 앞에 관사 a 또는 an을 붙이거나 the를 붙여서 쓸 수 있어.

a, an	하나, 하나의	a pen 펜 한 개, an apple 사과 한 개
the	그	the pen 그 펜, the apple 그 사과

명사가 두 개 이상일 때 그것을 복수 명사라고 부르고, 명사 뒤에 s를 붙여.

🔑 시원 쌤표 영어 구구단

복수 명사의 형태 변화	
대부분의 명사 단수 명사 + s	cat ⋯▸ cats bird ⋯▸ birds
-s, -o, -x, -ch, -sh로 끝나는 명사 단수 명사 + es	bus ⋯▸ buses tomato ⋯▸ tomatoes
-f, -fe로 끝나는 명사 단수 명사의 -f, -fe를 v로 고치고 + es	leaf ⋯▸ leaves knife ⋯▸ knives
자음 + -y로 끝나는 명사 단수 명사의 -y를 i로 고치고 + es	baby ⋯▸ babies puppy ⋯▸ puppies

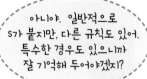

복수 명사는 명사 뒤에 s만 붙이면 되나요?

🔑 시원 쌤표 영어 구구단

특수한 형태의 복수 명사	
철자가 똑같은 경우	철자가 완전히 달라지는 경우
fish ⋯▸ fish 물고기 ⋯▸ 물고기들 sheep ⋯▸ sheep 양 ⋯▸ 양들 deer ⋯▸ deer 사슴 ⋯▸ 사슴들	tooth ⋯▸ teeth 치아 ⋯▸ 치아들 child ⋯▸ children 어린이 ⋯▸ 어린이들 foot ⋯▸ feet 발 ⋯▸ 발들

아니야. 일반적으로 s가 붙지만, 다른 규칙도 있어. 특수한 경우도 있으니까 잘 기억해 두어야겠지?

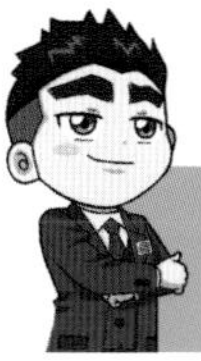

step 2. 문법 정리

단수 명사와 복수 명사를 비교해 봐!

단수 명사 ···› 복수 명사		단수 명사 ···› 복수 명사	
소년 ···› 소년들	**boy ···› boys**	나뭇잎 ···› 나뭇잎들	**leaf ···› leaves**
고양이 ···› 고양이들	**cat ···› cats**	늑대 ···› 늑대들	**wolf ···› wolves**
책상 ···› 책상들	**desk ···› desks**	칼 ···› 칼들	**knife ···› knives**
버스 ···› 버스들	**bus ···› buses**	아기 ···› 아기들	**baby ···› babies**
상자 ···› 상자들	**box ···› boxes**	강아지 ···› 강아지들	**puppy ···› puppies**
접시 ···› 접시들	**dish ···› dishes**	도서관 ···› 도서관들	**library ···› libraries**

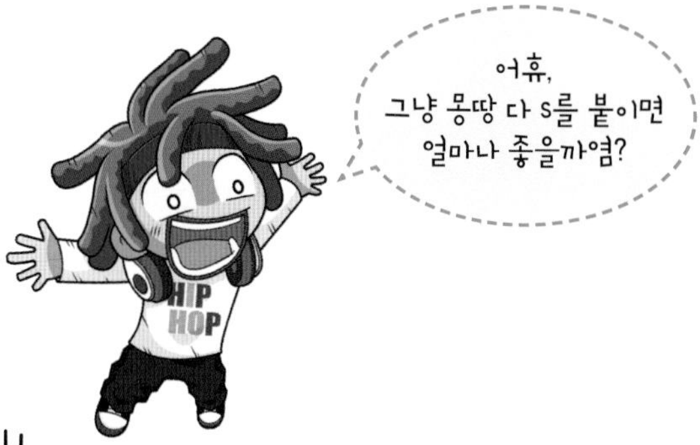
어휴,
그냥 몽땅 다 s를 붙이면
얼마나 좋을까염?

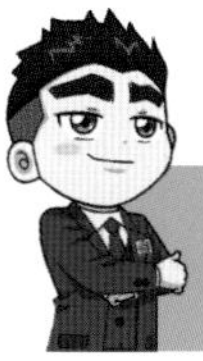

step 3. 문법 대화

단수 명사와 복수 명사가 나온 대화를 한번 들어 봐!

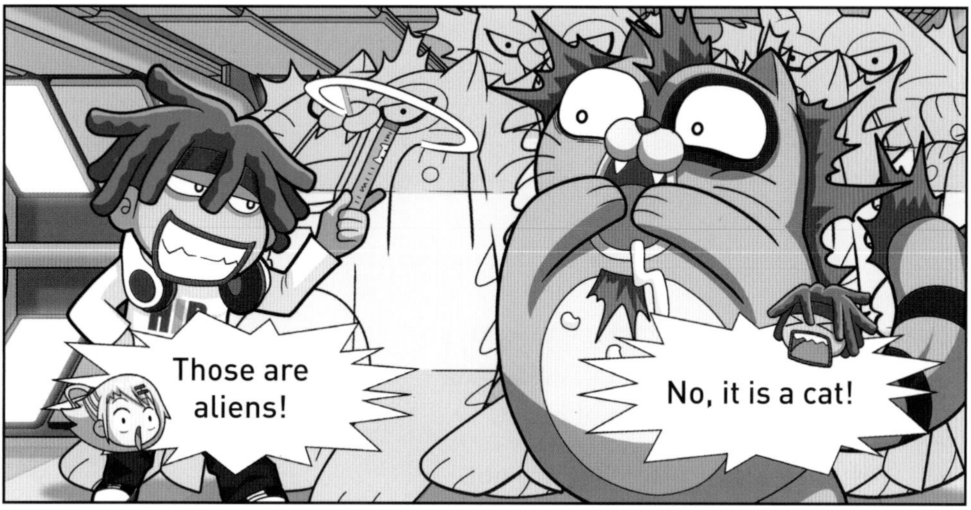
Those are aliens!
No, it is a cat!

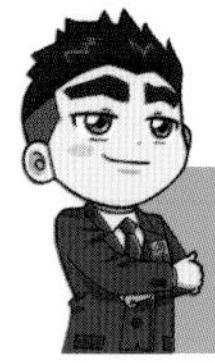

step 1. 문법 강의

사람의 이름 대신 쓰는 인칭대명사처럼, 사물도 지시대명사를 써서 부를 수 있어.
가까이 있을 때와 멀리 있을 때, 한 개일 때와 여러 개일 때 각각 다르게 불러.

지시대명사의 종류		
	한 개(단수)	여러 개(복수)
가까운 것	**this** 이것, 이 사람	**these** 이것들, 이 사람들
먼 것	**that** 저것, 저 사람	**those** 저것들, 저 사람들
앞에 이미 나왔던 것	**it** 그것, 그 사람	**they** 그것들, 그 사람들

지시대명사가 무엇이냐에 따라 Be 동사의 모양도 바뀐단다. 'this / that / it'은 Be 동사 'is'를, 'these / those / they'는 Be 동사 'are'를 쓰지.

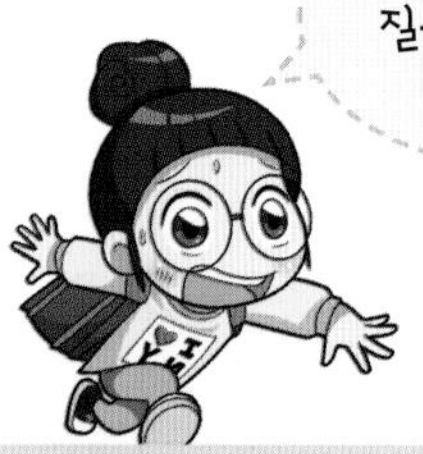

지시대명사를 써서 질문을 할 수도 있나요?

지시대명사의 의문문은 주어와 동사의 위치를 바꿔서 만들 수 있어.

지시대명사 평서문			➡	지시대명사 의문문		
지시대명사 That	Be 동사 is	명사 an alien.		Be 동사 Is	지시대명사 that	명사? an alien?

지시대명사 의문문에 대한 답		
단수	**Yes, it is.**	**No, it is not.**
복수	**Yes, they are.**	**No, they are not.**

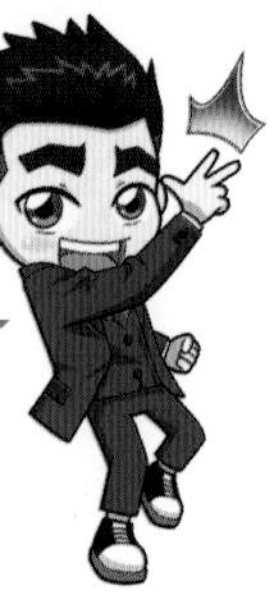

주어를 this나 that으로 물어보면 it으로, these나 those로 물어보면 they로 대답해.

동영상 강의 보기
QR코드를 찍어 봐!

step 2. 문법 정리

지시대명사가 들어간 문장을 봐.

지시대명사 평서문		지시대명사 의문문	
이것은 개다.	**This is a dog.**	이것은 개야?	**Is this a dog?**
이것은 사과다.	**This is an apple.**	이것은 사과야?	**Is this an apple?**
저것은 별이다.	**That is a star.**	저것은 별이야?	**Is that a star?**
저것은 달걀이다.	**That is an egg.**	저것은 달걀이야?	**Is that an egg?**
이것들은 새들이다.	**These are birds.**	이것들은 새들이야?	**Are these birds?**
저것들은 외계 생물들이다.	**Those are aliens.**	저것들은 외계 생물들이야?	**Are those aliens?**

step 3. 문법 대화

지시대명사가 나온 대화를 한번 들어 봐!

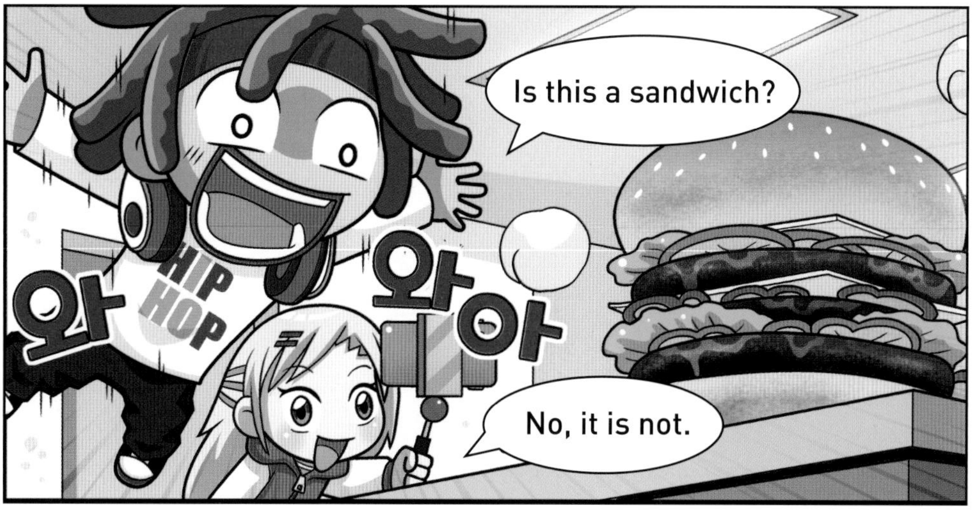
Is this a sandwich?
와
HIP HOP
와아
No, it is not.

시원 쌤은 모르는 채팅방(4)

루시 님이 리아 님을 초대했습니다.

리아야 반가워!

 우아 반가워! 초대해 줘서 고마워~

리아도 왔으니까 우리끼리 영어 실력대결 한번 해볼까?

가로세로 낱말 퍼즐 풀기 대회 하자! 우리가 배운 단어로 만들었으니 잘 풀어 봐!

 내가 퍼즐 왕이야! 퍼뜩 퍼즐 문제 주세염~!

 어디 내 퍼즐 실력을 한번 발휘해 볼까?

 내가 이길 거야!

CROSSWORD

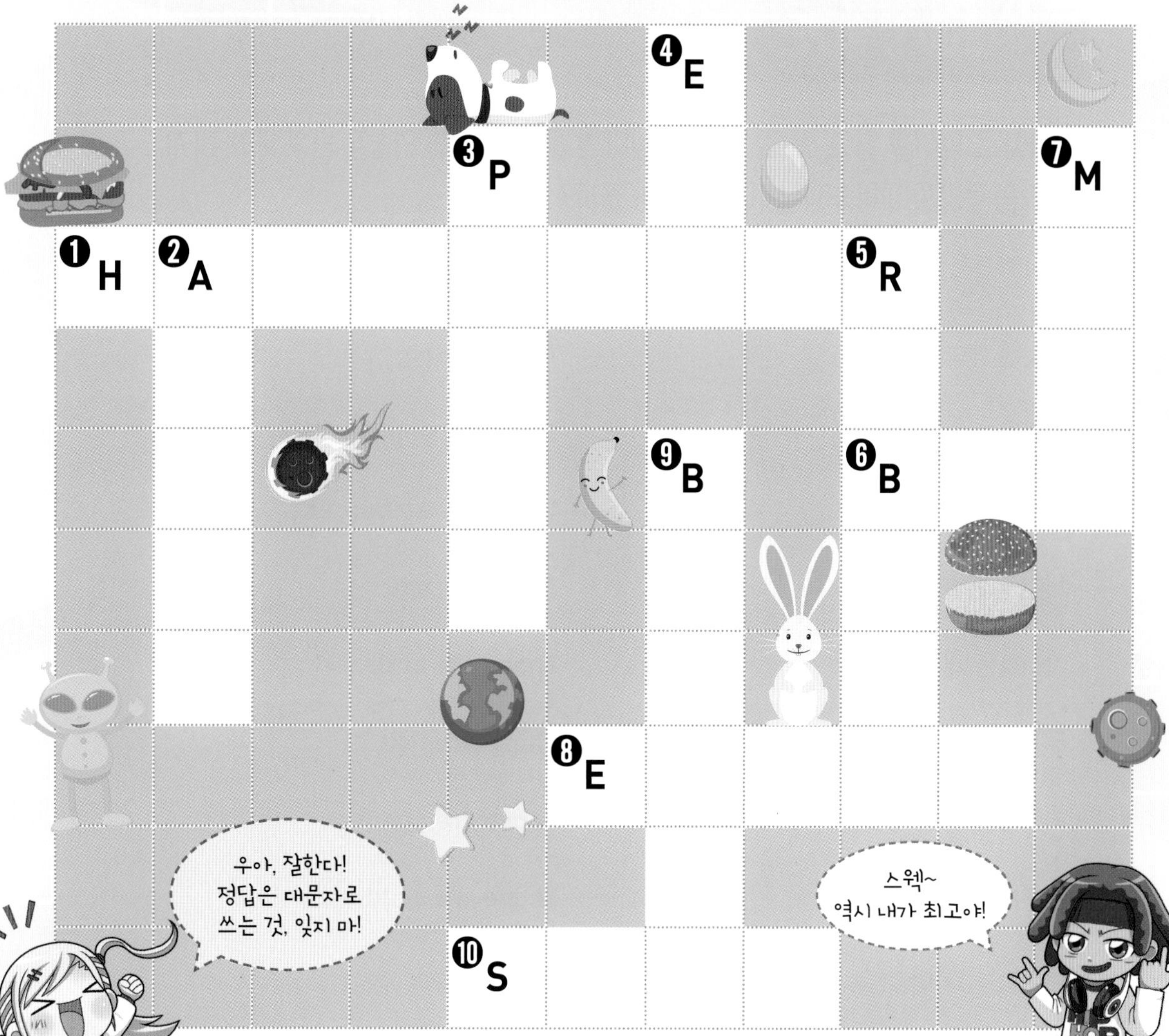

❹E
❸P
❼M
❶H
❷A
❺R
❾B
❻B
❽E
❿S
우아, 잘한다!
정답은 대문자로
쓰는 것, 잊지 마!
스웩~
역시 내가 최고야!

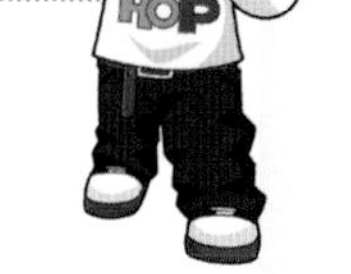

HIP
HOP

〈가로문제〉

❶ 빵 위에 패티와 토마토, 치즈 등을 넣은 음식은?

❻ 햄버거용 빵을 부르는 이름은?

❽ 우리가 사는 행성의 이름은?

❿ 밤하늘에서 반짝반짝 빛나는 것은?

〈세로문제〉

❷ 외계 생물의 영어 이름은?

❸ 개가 낳은 새끼는?

❹ 닭의 알은?

❺ 긴 귀를 가지고 폴짝폴짝 뛰는 동물은?

❼ 해가 지면 떠오르는 것은?

❾ 원숭이가 좋아하는 과일은?

* 정답은 162~163쪽에 있습니다.

4교시 읽고 쓰기 • Reading & Writing

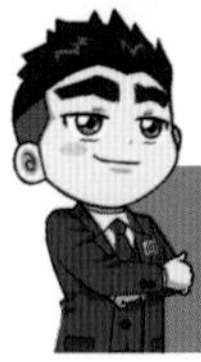

step 1. 읽기

자유자재로 영어를 읽고, 쓰고, 말하고 싶다면 문장 만들기 연습을 반복해야 하지.
먼저 다음 문장들이 익숙해질 때까지 읽어 볼까?

• 이것은 개다.	**This is a dog.**
• 이것은 사과다.	**This is an apple.**
• 저것은 햄버거다.	**That is a hamburger.**
• 저것은 달걀이다.	**That is an egg.**
• 이것들은 새들이다.	**These are birds.**
• 이것들은 물고기들이다.	**These are fish.**
• 저것들은 외계 생물들이다.	**Those are aliens.**
• 저 사람들은 어린이들이다.	**Those are children.**
• 그것은 고양이다.	**It is a cat.**
• 그것은 버스다.	**It is a bus.**
• 그것들은 세 장의 접시들이다.	**They are three dishes.**
• 그것들은 두 마리의 늑대들이다.	**They are two wolves.**
• 저 사람들은 나의 가족이다.	**Those are my family.**
• 그 사람들은 그녀의 팀이다.	**They are her team.**

문장 만들기 연습

1회 ☐ 2회 ☐ 3회 ☐

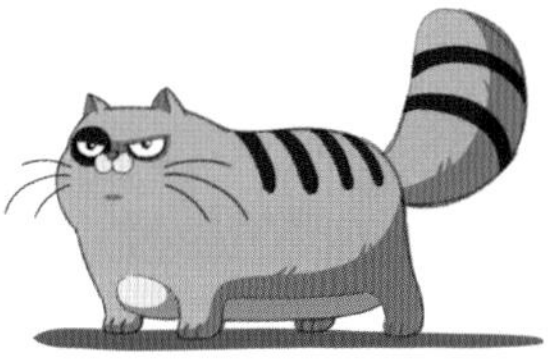

• 이것은 개야?	Is this a dog?
• 이것은 사과야?	Is this an apple?
• 저것은 햄버거야?	Is that a hamburger?
• 저것은 달걀이야?	Is that an egg?
• 이것들은 새들이야?	Are these birds?
• 이것들은 물고기들이야?	Are these fish?
• 저것들은 외계 생물들이야?	Are those aliens?
• 저 사람들은 어린이들이야?	Are those children?
• 그것은 고양이야?	Is it a cat?
• 그것은 버스야?	Is it a bus?
• 그것들은 접시 세 장이야?	Are they three dishes?
• 그것들은 늑대 두 마리야?	Are they two wolves?
• 저 사람들은 너의 가족이야?	Are those your family?
• 그 사람들은 그녀의 팀이야?	Are they her team?
• 맞아.	Yes, it is. / Yes, they are.
• 아니야.	No, it is not. / No, they are not.

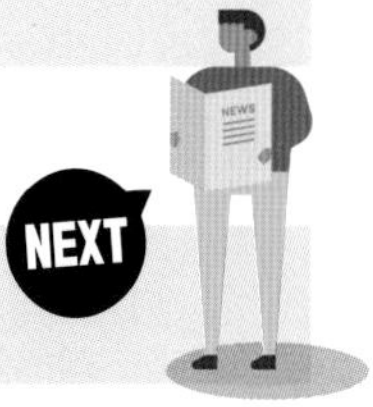
NEXT

step 2. 쓰기

익숙해진 문장들을 이제 한번 써 볼까? 괄호 안의 단어를 보고, 순서에 맞게 문장을 만들어 보자.

❶ 이것은 개다. _____ (is, dog, a, This)

❷ 저것은 햄버거다. _____ (a, That, hamburger, is)

❸ 이것들은 새들이다. _____ (These, birds, are)

❹ 저것들은 외계 생물들이다. _____ (are, aliens, Those)

❺ 그것은 고양이다. _____ (a, It, cat, is)

❻ 그것은 버스다. _____ (is, It, bus, a)

❼ 그것들은 세 장의 접시들이다. (are, They, three, dishes)

_____

❽ 그것들은 두 마리의 늑대들이다. (two, are, wolves, They)

_____

이제 의문문을 영어로 써 볼까? 영작을 하다 보면 실력이 훨씬 늘 거야. 잘 모르겠으면,
아래에 있는 WORD BOX를 참고해!

❶ 이것은 고양이야? _____?

❷ 저것은 외계 생물이야? _____?

❸ 이것들은 새들이야? _____?

❹ 저 사람들은 어린이들이야? _____?

❺ 그것은 상자야? _____?

❻ 그것들은 접시 세 장이야? _____?

❼ 저 사람들은 너의 가족이야? _____?

❽ 그 사람들은 그녀의 팀이야? _____?

WORD BOX

• Is	• a	• cat	• children	• her
• that	• it	• your	• they	• Are	• team
• these	• an	• birds	• this	• three
• alien	• box	• dishes	• family	• those

• 정답은 162~163쪽에 있습니다.

5교시 유니버스 이야기 • Story

우리가 두 번째로 다녀온 곳은 바로 123 유니버스란다. 수많은 별과 행성, 그리고 국제 우주 정거장이 있는 곳이지. 그곳은 우주를 탐사하는 용감한 우주인들의 유니버스이자, 명사의 단수와 복수의 유니버스야. 어떤 곳인지 우리 함께 자세히 살펴볼까?

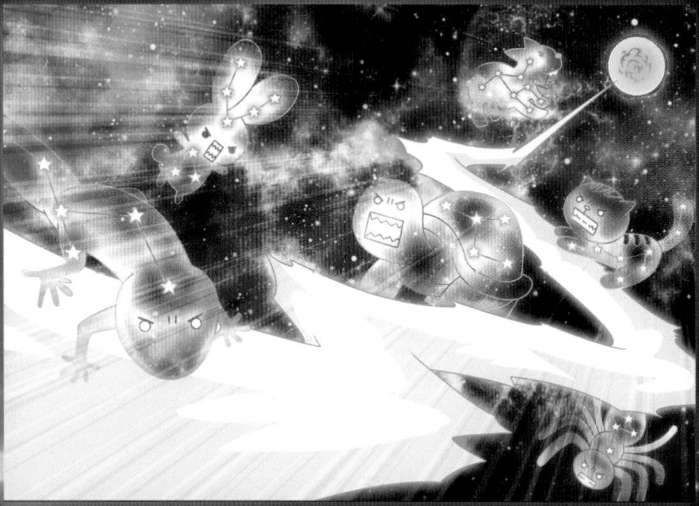

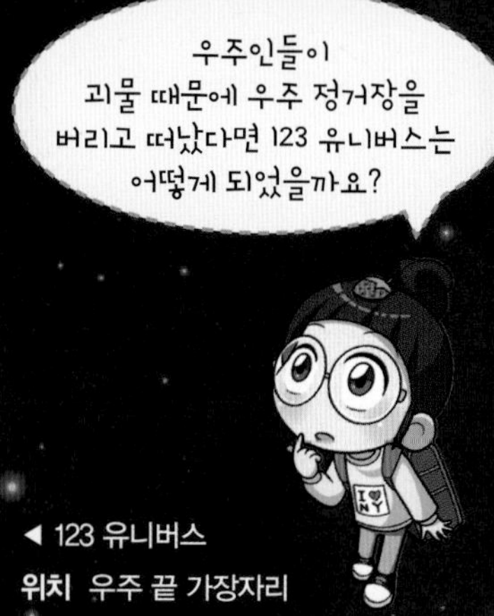
우주인들이 괴물 때문에 우주 정거장을 버리고 떠났다면 123 유니버스는 어떻게 되었을까요?

◀ 123 유니버스

위치 우주 끝 가장자리

상황 우주 정거장에 괴물들이 나타나 우주인들과 대치 중

키 문장 It is a cat.

123 유니버스 이야기: 명사의 단수와 복수

123 유니버스는 우주와 관련이 있는 영어 유니버스예요. 우주에는 수많은 별과 행성, 그리고 우주를 탐사하는 우주 정거장 들이 있지요. 우주 정거장에는 여러 나라에서 온 용감한 우주인들이 영어로 하나가 되어 우주를 탐사하고 있답니다.

그런데 어느 날, 우주인들은 갑자기 나타난 여러 괴물 때문에 우주 정거장을 포기하고 달아나려고 했어요. 과연 괴물은 하나일까요, 여럿일까요?

괴물들이 사실 고양이 한 마리란 것을 안 우주인들은 용기를 냈어요. 결국 괴물로부터 우주 정거장을 지킬 수 있었답니다. 123 유니버스의 키 문장인 "It is a cat."은 우주인들의 용기를 북돋워 준 말이지요!

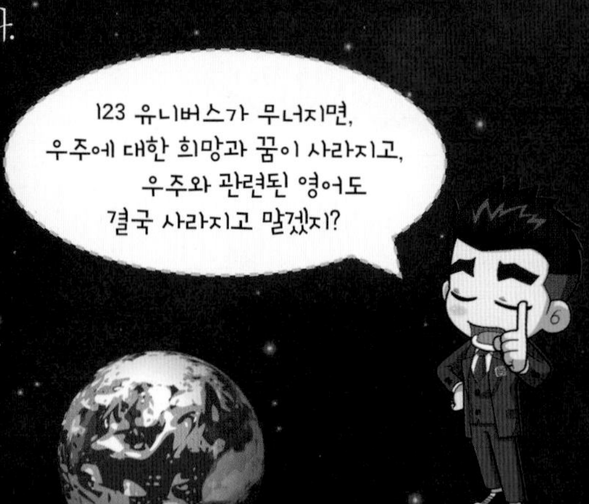
123 유니버스가 무너지면,
우주에 대한 희망과 꿈이 사라지고,
우주와 관련된 영어도
결국 사라지고 말겠지?

우리 지구의 실제 이야기: 우주와 관련된 영어

▶ 우주인의 모습

우주는 무한하고 신비한 공간이에요. 행성, 별, 은하계 그리고 모든 시공간과 그 내용물을 모두 통틀어서 우주라고 하지요. 과학 기술이 발달함에 따라 사람들은 오래전부터 우주를 탐사하기 위해 많은 노력을 했어요. 지금도 그 노력은 계속되고 있지요.

우주가 우리 삶과 밀접한 관계를 맺으면서 우주와 관련된 영어 단어들도 우리 귀에 익숙해졌어요. 이를테면, Earth(지구), Sun(태양), Moon(달), Mercury(수성), Venus(금성), Mars(화성), spaceship(우주선), astronaut(우주인), spacesuit(우주복) 같은 영어 단어들이지요. 이 밖에도 A-OK(완전무결한), thrust(추진력), orbit(궤도) 등 많은 영어 단어들이 생기거나 주목을 받게 되었답니다.

국제 우주 정거장

▶ 디스커버리호에서 찍은 국제 우주 정거장

우주 정거장은 지구 주위의 궤도를 도는 유인 인공위성을 말해요. 우주에 있는 과학 실험실이죠. 우주 비행사나 연구자가 오랫동안 머물 수 있어요. 관측이나 실험을 할 수 있고, 우주선의 연료 공급도 받을 수 있지요.

지구인들한테 무한한 호기심의 대상인 우주를 잘 알고 싶다면, 우주와 관련된 영어 단어들을 찾아보는 것도 좋겠지?

6교시 S 말하기 • Speaking

step 1. 대화 보기

만화 속에서 나온 인사, 굿 모닝 말고 또 어떤 인사가 있을까?

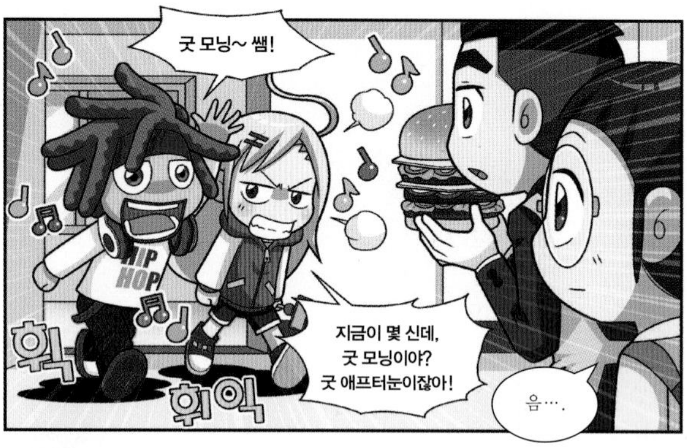

굿 모닝~ 쌤!
휙
휘익
지금이 몇 신데, 굿 모닝이야? 굿 애프터눈이잖아!
음….

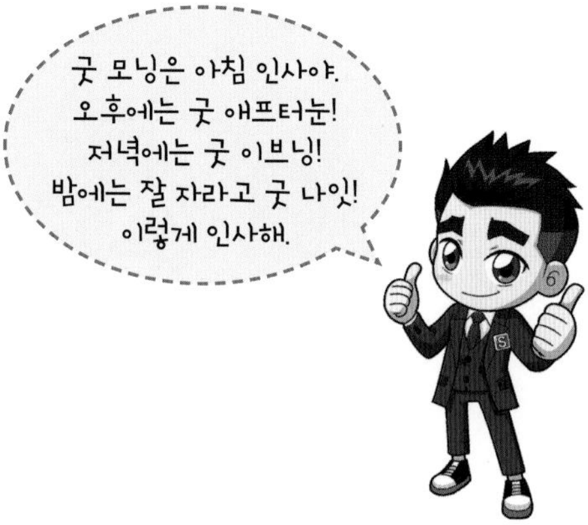

굿 모닝은 아침 인사야. 오후에는 굿 애프터눈! 저녁에는 굿 이브닝! 밤에는 잘 자라고 굿 나잇! 이렇게 인사해.

step 2. 대화 더하기

만화 속에서 나우가 시간대를 실수한 그 인사, 굿 모닝!
사실은 정말 많이 쓰는 인사말이야. 언제, 어떻게 쓰는지 알아볼까?
굿 모닝은 영어로 'Good morning!' 이라고 써. "안녕하세요!" 하고 예의 바르게 아침 인사를 해야 할 때 쓰지. 단어 그대로 옮기면 '좋은 아침'이라는 뜻이야.
친구나 선생님을 만났을 때 나누는 인사말이 이것뿐이냐고? 절대 아니야. 상황이나 관계에 따라 다양한 인사가 있단다. 몇 개만 알려 줄게. 친구들이 하는 인사를 보고 따라 해 보렴.

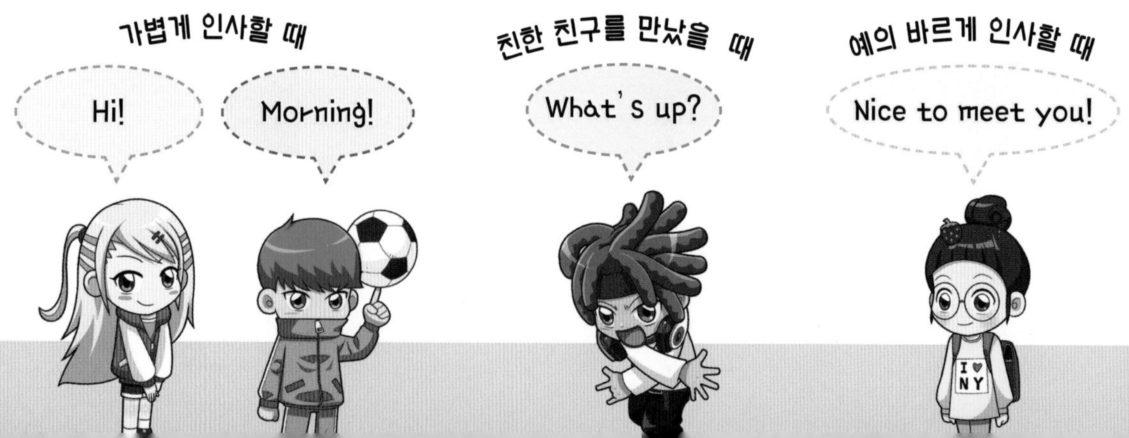

가볍게 인사할 때
Hi!
Morning!
친한 친구를 만났을 때
What's up?
예의 바르게 인사할 때
Nice to meet you!

한눈에 보는 이번 수업 핵심 정리

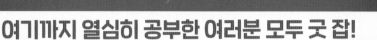

여기까지 열심히 공부한 여러분 모두 굿 잡!
어떤 걸 배웠는지 떠올려 볼까?

1.

명사를 배웠어.

셀 수 있는 명사	보통 명사
	집합 명사
셀 수 없는 명사	고유 명사
	물질 명사
	추상 명사

명사는 셀 수 있는지, 셀 수 없는지에 따라 구분할 수 있어.
셀 수 있는 명사는 한 개인지, 여러 개인지에 따라 모양이 달라져.

2.

지시대명사를 배웠어.

지시대명사의 종류		
	한 개	여러 개
가까운 것	this	these
먼 것	that	those
앞에 이미 나왔던 것	it	they

지시대명사는 상황이나 개수에 따라 각각 달라져.
따라오는 Be 동사의 모양도 바뀌는 것, 잊지 않았지?

어때, 쉽지? 다음 시간에 또 보자!

수업 시간에 잘 들었는지 쪽지 시험을 한번 볼까?

1. 음식을 나타내는 단어가 아닌 것은 무엇일까요?

banana

planet

hamburger

lettuce

2. 셀 수 있는 명사가 아닌 것은 무엇일까요?

family

cat

chair

sand

3. 지시대명사가 아닌 것은 무엇일까요?

she

those

that

these

4. 다음 중 틀린 말은 어느 것일까요?

① 명사가 하나일 때 단수 명사라 부른다.

② 명사가 두 개 이상이면 복수 명사라 부른다.

③ 단수 명사 앞에는 a, an, the를 붙여서 쓸 수 있다.

④ 어떤 단어이든 복수 명사 뒤에는 항상 s를 붙인다.

5. 다음 중 올바른 문장은 무엇일까요?

① This are birds.
② Those are one box.
③ This is a cat.
④ They are hamburger.

6. 다음 중 틀린 문장은 무엇일까요?

① Is this a cat?
② Are those an alien?
③ Are those children?
④ Are these birds?

7. 문장의 빈칸을 완성해 보세요.

① 그것은 고양이다.　　　　　(　　　) (　　　) a cat.
② 저것들은 햄버거들이다.　　(　　　) (　　　) hamburgers.
③ 저것은 달걀이야?　　　　　(　　　) (　　　) an egg?
④ 저 사람들은 너의 가족이야?　(　　　) (　　　) your family?

8. 다음의 대화를 완성해 보세요.

Are those aliens?

No, (　　) (　　) (　　)!

* 정답은 162~163쪽에 있습니다.

P 143

- 고양이   **cat**
- 토끼   **rabbit**
- 강아지   **puppy**
- 햄버거   **hamburger**
- 양상추   **lettuce**

- 치즈   **cheese**
- 샌드위치   **sandwich**
- 태양   **Sun**
- 외계 생물   **alien**
- 우주인   **astronaut**

P 151

```
                              ④E
                  ③P     G              ⑦M
  ①H ②A  M  B  U  R  G  E  ⑤R     O
     L        P           A        O
     I        P    ⑨B     ⑥B  U  N
     E        Y    A      B
     N             N      I
                ⑧E  A  R  T  H
                   N
             ⑩S  T  A  R
```

P 154

① <u>This is a dog</u> ✓

② <u>That is a hamburger</u> ✓

③ <u>These are birds</u> ✓

④ <u>Those are aliens</u> ✓

⑤ <u>It is a cat</u> ✓

⑥ <u>It is a bus</u> ✓

⑦ <u>They are three dishes</u> ✓

⑧ <u>They are two wolves</u> ✓

P 155

❶ Is this a cat ✓

❷ Is that an alien ✓

❸ Are these birds ✓

❹ Are those children ✓

❺ Is it a box ✓

❻ Are they three dishes ✓

❼ Are those your family ✓

❽ Are they her team ✓

P 160

1. planet

2. sand

3. she

4. ④

P 161

5. ③   6. ②

7. (It) (is)
   (Those) (are)
   (Is) (that)
   (Are) (those)

8. (they) (are) (not)

지령서

노잉글리시단의 행동 대장 트릭커!
다음 목적지는 888 유니버스다! 당장 떠나라!

목적지: 888 유니버스
위치: 영어의 시작점에서 한 뼘 거리
특징: 일곱 왕국 중에서도
한 왕국이 오랫동안 전쟁 중임.

WARNING

보스가 주는 지령

888 유니버스의 전쟁을 종료시켜라!
전쟁을 종료시키는 방법은 단순하다.
'그들'을 성 밖으로 나오게만 하면 된다.
그렇게만 한다면, 그들의 언어인 영어는
더 이상 명맥을 잇지 못할 것이다.
그 말은 세상에서 가장 꼴 보기 싫은 영어가
사라진다는 말이지. 하하하!
그러니 888 유니버스로 곧장 가서
어린 왕을 조종하여 성 밖으로 나오게 만들어라!
왕을 조종할 때는 따라라 빌런을 이용하도록!

추신: 만약 이번 지령도 실패한다면,
영어 단어 이백 개씩 외울 각오하라!
알았나!

노잉글리시단
Mr. 보스

나우와 친구들.jpg

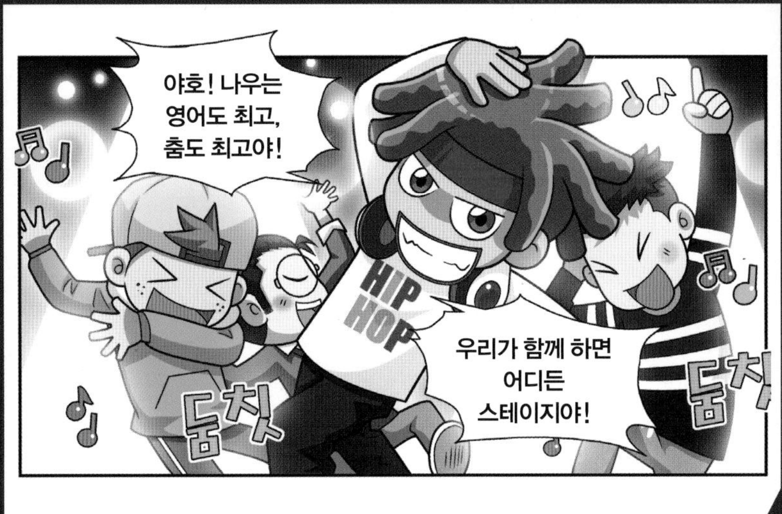

야호! 나우는 영어도 최고, 춤도 최고야!
HIP HOP
우리가 함께 하면 어디든 스테이지야!
둠칫
둠칫

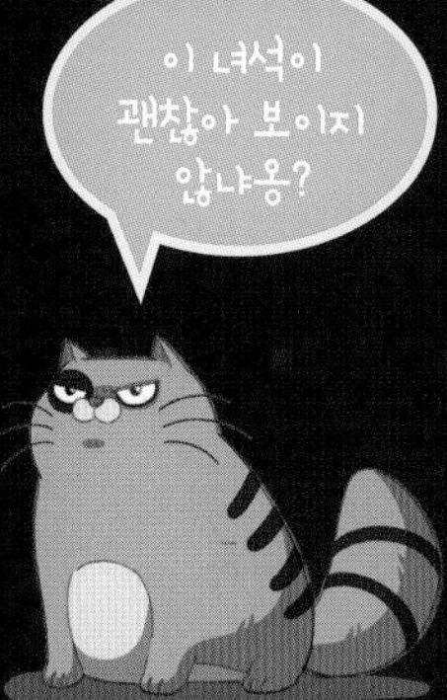

이 녀석이 괜찮아 보이지 않냐옹?

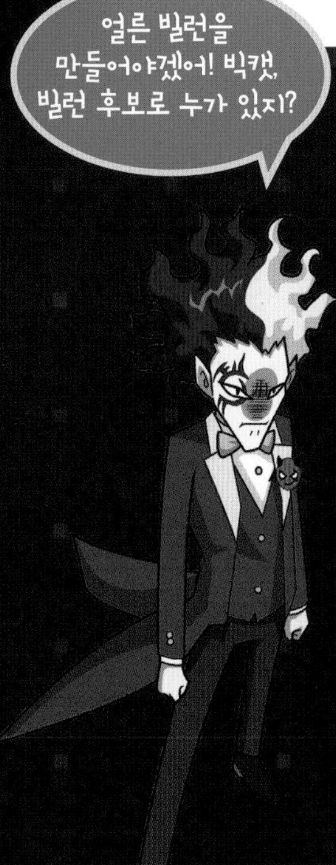

얼른 빌런을 만들어야겠어! 빅캣, 빌런 후보로 누가 있지?

빅캣의 디스.jpg

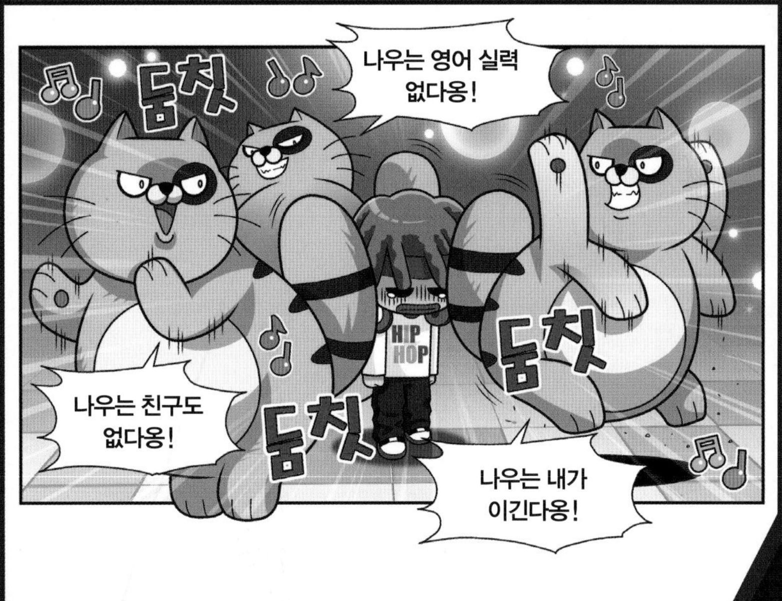

둠칫
나우는 영어 실력 없다옹!
HIP HOP
둠칫
나우는 친구도 없다옹!
둠칫
나우는 내가 이긴다옹!

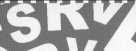

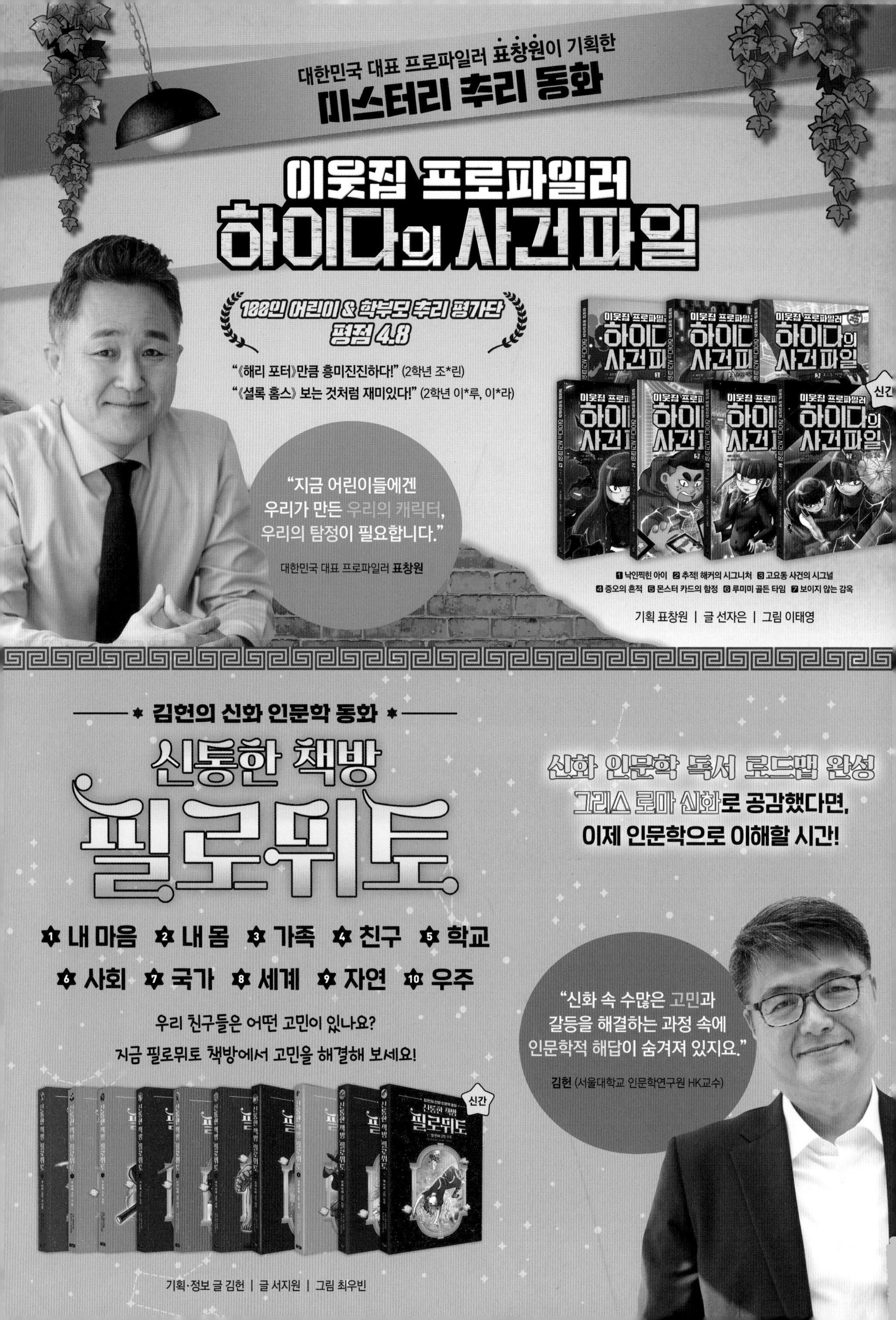
대한민국 대표 프로파일러 표창원이 기획한
미스터리 추리 동화
이웃집 프로파일러
하이다의 사건파일
100인 어린이 & 학부모 추리 평가단
평점 4.8
"《해리 포터》만큼 흥미진진하다!" (2학년 조*린)
"《셜록 홈스》 보는 것처럼 재미있다!" (2학년 이*루, 이*라)
"지금 어린이들에겐
우리가 만든 우리의 캐릭터,
우리의 탐정이 필요합니다."
대한민국 대표 프로파일러 표창원
신간
1 낙인찍힌 아이 2 추적! 해커의 시그니처 3 고요동 사건의 시그널
4 증오의 흔적 5 몬스터 카드의 함정 6 루미미 골든 타임 7 보이지 않는 감옥
기획 표창원 | 글 선자은 | 그림 이태영
김헌의 신화 인문학 동화
신통한 책방
필로뮈토
신화 인문학 독서 로드맵 완성
그리스 로마 신화로 공감했다면,
이제 인문학으로 이해할 시간!
1 내 마음 2 내 몸 3 가족 4 친구 5 학교
6 사회 7 국가 8 세계 9 자연 10 우주
우리 친구들은 어떤 고민이 있나요?
지금 필로뮈토 책방에서 고민을 해결해 보세요!
"신화 속 수많은 고민과
갈등을 해결하는 과정 속에
인문학적 해답이 숨겨져 있지요."
김헌 (서울대학교 인문학연구원 HK교수)
신간
기획·정보 글 김헌 | 글 서지원 | 그림 최우빈

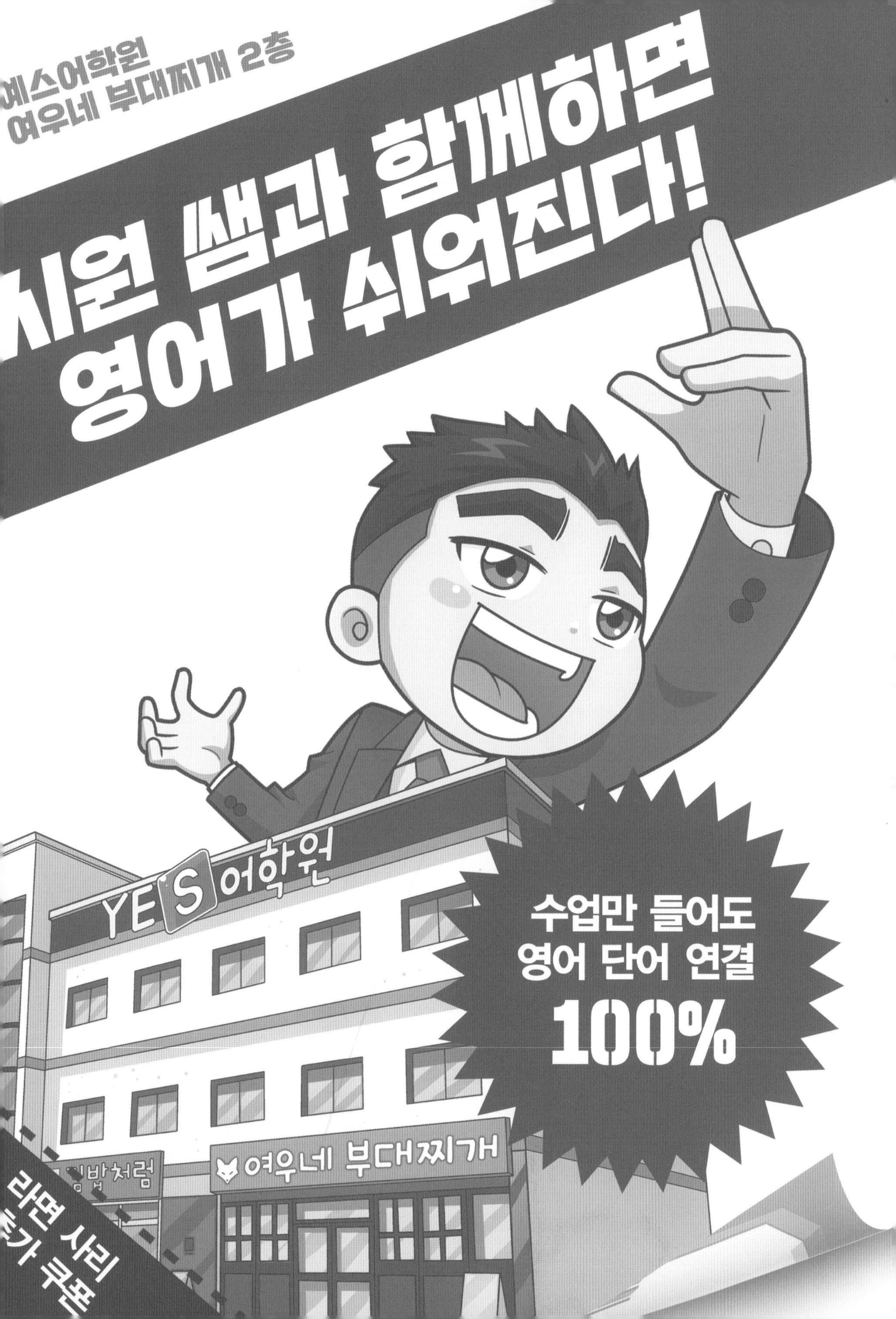
예스어학원
여우네 부대찌개 2층
시원 쌤과 함께하면
영어가 쉬워진다!
YES어학원
수업만 들어도
영어 단어 연결
100%
여우네 부대찌개
밥처럼
라면 사리
가 쿠폰

예스잉글리시 신입 단원 모집

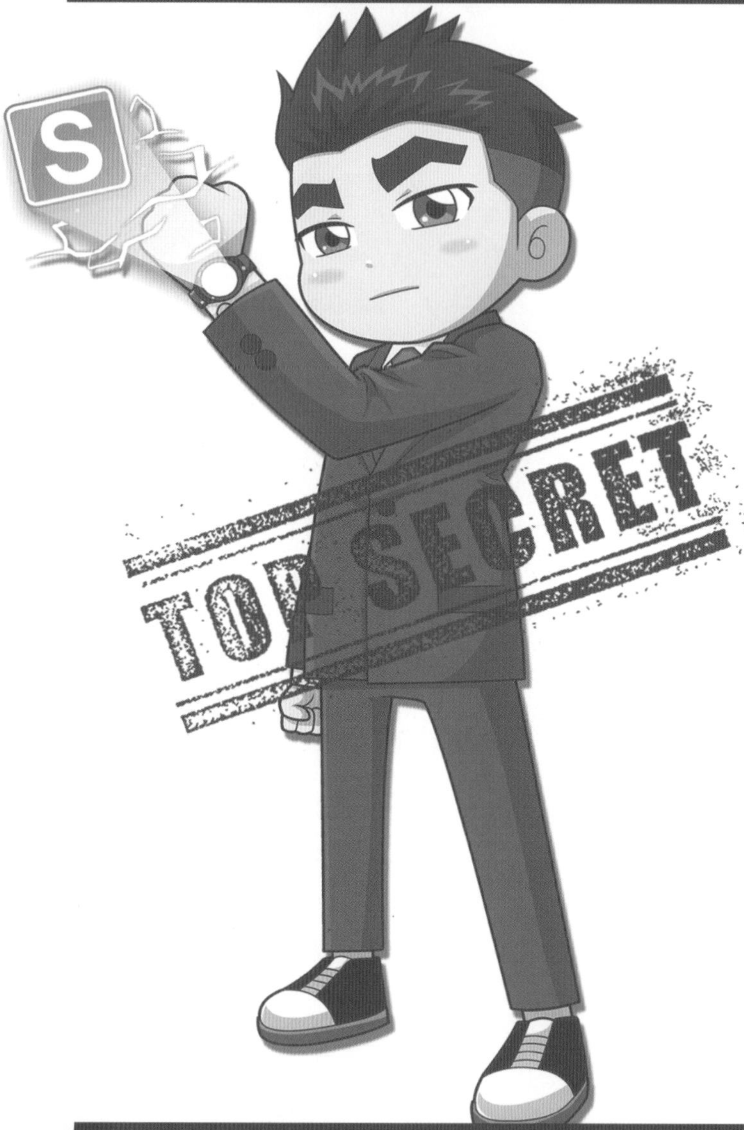
S
TOP SECRET

코드 네임 : 에스원 요원과 영어 유니버스를 구하라!